古裝穿搭研究室

超乎你想像的中國服飾史

龔元之 著

推薦序
衣著時尚的鑑往知來

「歷史說書人 History Storyteller」創辦人　江仲淵

衣著時尚是中華民族文化的重要組成部分。做為人類最古老的發明之一，衣著的歷史幾乎與人類文化史同步開始。服裝最初的用意是為了蔽體禦寒，但是自從人類服裝文明走出了唯一實用目的時代後，它的功能就趨於複雜了。

做為一種物質文化，古代中國的服飾形態變化多端，其發展歷程與經濟發展史同步，衣服不僅是一種時尚，還具有精神文化價值。尤其在中國，服裝做為一種精神文化，體現在社會、政治、文學、藝術，乃至於個人的人生態度、審美情趣等諸多方面。就這個意義上講，衣服不是為了防寒避暑而穿上，它所表達的是一種文化的傳承，思想的延續。

漢族的民族服裝很有辨識度，春秋戰國時代，漢族的民族服裝基本定型，這就是寬袍大袖的漢式服裝。寬大的衣裳是漢服與其他民族服裝的最大不同，飄飄然的衣袖反映出漢族的生活喜好，吟詩作畫、撫琴下棋、觀月賞花，追求悠閒清淨的安詳生活，不喜歡激烈運動。

不過這種服飾並沒有一直延續，這是中國時尚史有趣的地方，它不像大部分民族，堅守舊有的服裝，保護特定的傳統，衣服容易受到政治局勢的紛擾而有顯著的變化，例如清朝打下中國後，為了同化漢族而強制推行滿族的緊身長袍馬褂，或是因盛唐時期民風開放，異軍突起的「女扮男裝」時尚潮流等。

概括來說，漢族服飾體現著文化的厚實感；北方民族服飾表現出渾厚質樸的「戰鬥性情」；西北少數民族是典型的實用主義者；西南少數民族則傾向色彩華麗、安逸無憂。民族間的互動，造就了衣冠服飾的多樣性，中華民族的文化可以說是建立在民族的交融。

在所有衣裝史中，我認為最有故事性的當屬推動褲子的普及，我們現在見到男生穿裙子便覺得古怪，或是斷然認定他不正常，然而褲子一開始並不是為了男生專門設計，而是為了打仗，為了「殺人」而設計的！以某方面來說，我們如果要追求真正的文明，或許應該拋棄窄褲西裝，換上「沒有攻擊性」的裙子！

中華民族古代穿著衣裳，上半身著衣，下半身著裳，裳和裙子很像，是一種圍在腰部，遮蓋下身的不分褲腿的服裝，看起來很華麗，但走起路來很不方便，不適合戰火頻傳的中原大地。戰國時期的趙國屢遭北方民族騷擾，武靈王便突發奇想，推行適合騎馬射箭的窄袖緊身「胡服」，讓漢民族衣著從只穿「裙子」，變成也穿「褲子」了。衣著的演進不僅象徵著歷史脈絡的演進，也是中華民族交互融合的見證者。

中華悠悠五千年，每一段時期的服飾都是當朝文化的反應，他們沒有刻意去設計，而是在繼承中發展。做為人類生存的最基本需求之一，服飾伴隨著文化的興衰，成為歷史本身的一環。

「歷史從各個層面影響到服飾的變化，同時服飾又像一面鏡子折射出歷史的變遷。」龔元之老師所撰寫的《古裝穿搭研究室》，針對大家感興趣的服飾議題，以輕鬆而不失嚴謹的筆調，將中國歷史上不同朝代、不同地點、不同文化背景的民族流行服裝盡數帶出，筆下文字更不時穿插現代用語，讓讀者能更輕鬆地認識古代時尚的真實面貌，絕對是喜歡古裝的年輕讀者們，不容錯過的絕佳力作。

宏觀閱史，鑑往知來，願讀者共勉之。

推薦序

古往今來，決戰時尚伸展臺！

暢銷書人氣作家　螺獅拜恩

今晚設立在紫禁城的秀場可謂星光熠熠，無論設計師、模特兒或嘉賓皆為一時之選，這是藝術總監龔元之精心策劃的一場大秀，時間軸縱橫中國數千年，從服飾冠冕至妝容髮型無一不包，特地挑選的代表性服裝尤能彰顯該時代特色，是場美麗與知識的饗宴，無怪乎現場人山人海，門票一票難求，連坐在貴賓席的趙飛燕都輕吐香氣、蹙眉抱怨：「哎呀！人擠人的，看我這襲留仙裙又多了幾道褶子。」趙飛燕的粉絲一聽之下，趕緊模仿著在裙上弄出皺褶，學習偶像走在時尚尖端。

首先出場的是東漢桓帝的大將軍梁冀之妻孫壽，漢服上精緻多彩的刺繡不是重點，梳了墮馬髻的她以哭泣似的妝容和牙痛般的笑容引起觀眾注意，誇張扭腰臺步更引起現場一片驚呼，後備醫療人員不顧孫壽掙扎，強行將她綁在擔架上送醫之際，她仍揮手大喊：「誰敢放肆！我是東漢時尚教母啊！」

弭平騷動後，接著上場的是楊貴妃，其頭頂高髻金烏錦袍裙襬略寬、半袖入衫，領口開低，場中三三兩兩登徒子急切探頭想瞧瞧貴妃白皙深邃的「事業線」，孰料袍中竟穿了件輕薄貼身的圓領內衣，登徒子失望道：「什麼唐朝豪放女嘛！和聽說的不一樣啊！」殊不知座上賓唐玄宗正站在他們後面，一聲令下，秀場又少了幾個人。

楊貴妃的時尚態度引起賓客熱烈討論，武則天貌似不經意地撫平衣裳，其實旨在引人注意以異色綾錦拼接的七破條紋間色裙，她掩嘴笑：「貴妃衣裙太寬鬆，只怕是吃多了荔枝……遮醜吧？」塗了層層鉛粉，面白如玉、兩頰酡紅豔若桃李的楊貴妃，以手絹拭去被胭脂浸染成紅色的汗水，狠狠瞪了武則天一眼，嬌聲嗔怪：「老古董不知道寬袖長裙才是中晚唐時尚，人家婀娜多姿的豐滿身軀，可塞不進妳那衣袖緊窄的高束長裙。」

眼見兩個女人的戰爭一觸即發，某位膚色白淨、大袖翩翩的飄逸美女插嘴勸和：「武后有武后的纖細，貴妃有貴妃的飄搖，美！都美！」武則天與楊貴妃轉眼一瞧，只見該女纖長玉立，眼發異光，邊補妝邊嗑藥邊勸架，殷勤詢問：「強身體魄五石散，要不要來一點？」才驚覺是魏晉時代的美男子何晏，何晏話聲未落地，就被同事傅玄扯著耳朵拖走：「你這『服妖』！又穿女裝出門丟人現眼！快給我回去寫〈景福殿賦〉，皇帝還等著勒！」

悄悄闔上後臺簾幕，這場貫穿古今的時尚大秀仍未落幕，藝術總監亦即作者龔元之學有專精，史學造詣深厚、文采斐然，用典示例處處是文章，配合間或插入的逗趣歷史軼事與大量插圖映照，讀者對數千年的中國時尚史又多了層理解，理解那些古裝劇沒告訴我們的事、服飾的社會和政治意義，以及古代男男女女穿衣講究、風尚蔚然，爭奇鬥豔一點也不輸現代人。原本看似枯燥的時尚史讓作者寫成了一片繁花燦爛的風景，本書正是ＶＩＰ邀請卡，收下它，你將得以一窺滿頭珠翠、華麗燦金之時尚祕園。

目錄

第一章

關於古裝的大小事

第二章

引領潮流的周代服飾

第三章

和電視劇不一樣的秦漢服飾

第四章

魏晉南北朝的飄逸美學

第五章

你以為的唐朝爆乳裝

第六章

聽說很保守的宋朝服飾

第七章

文化交融的明朝服飾

附錄

古裝的剪裁、顏色與正式禮服

第一章

關於古裝的大小事

重衣羅襦上街去，穿越古今的美麗

漢服、唐裝、馬褂、旗袍……都是「老叩叩」才穿的玩意兒嗎？近十年來，在中國、臺灣、日本與韓國等地，悄悄興起一股漢服熱，許多對傳統文化充滿熱情的「七○後」和「八○後」年輕人，紛紛將寬袍大袖、襦裙曳地的傳統古服穿上街，讓溫柔寬和的傳統美感成為現代生活中的日常風景。

對現代人來說，「傳統服飾」是個很籠統的概念。各位若是在年節期間穿件釘了盤扣的大紅鋪棉唐裝逛街拜年，應該就已經感覺自己挺有傳統氣息了吧！重視身材的女孩子可能不喜歡厚重的棉襖，而是努力把自己塞進掐細腰身的高叉旗袍裡，抬頭挺胸、用力縮小腹，腳踩高跟鞋，顫顫巍巍走來，自覺娉婷嬝娜，比起平日更是優雅古典了幾分。

除了唐裝與旗袍，再問傳統服飾還有些什麼，這可能就讓人有些費思量了。喜歡看古裝劇的人大概能說出皇帝穿黃色的龍袍，頭上戴有珠簾的冕冠；唐朝女人身披薄紗，酥胸半露；清朝男人都剃了前額，腦後拖著長辮子，身穿黑青或帶花的綢緞袍子，女人則是頭頂著大拉翅，足蹬花盆底，身穿旗袍……至於其他朝代？感覺沒什麼特色，就是古裝，不管演的是漢朝或明朝，民女和店小二的衣服看起來都差不多。

看到這裡，讀者可能會忍不住反駁：「哪有這麼誇張！」

但事實上，還真的就有。一般民眾對「傳統服飾」嚴重缺乏認識，我可是親身經歷過了。

二〇一〇年，因為倒春寒的緣故，北京的花季遲了近一個月，往常四月底、五月初盛開的牡丹直到五月中旬才進入最燦爛的花期。我和朋友說好到景山公園賞花兼外拍，心想不要怠慢了這姍姍來遲的花王，因此挑選了最為推崇牡丹國色的唐代風格，也是極具時代特殊性的唐風齊胸襦裙——但奇妙的是，景山的遊客們幾乎沒有人能夠認得出來。

韓服？漢服？傻傻分不清楚

中國這幾年有不少愛好者努力推動「漢服運動」，從網路上來看，「漢服運動」辦得沸沸揚揚，各地紛紛響應號召，只差沒有揭竿而起。不過我們當天沒有見識到他們努力的成果，認為這些衣服是「漢服」者寥寥無幾——最普遍的認知是「這是朝服吧？」即朝鮮族服裝（臺灣稱為「韓服」，果然這也是有地方差異的）。還有女孩子真以為是韓服外拍，努力搭訕想來張合照，纏了大半天，開口說的卻是日文。

唯一一位答對時代的是來自廣東的小姐，她說：「我在想，妳們是不是在拍《貴妃祕史》？」一路被各種奇怪問題轟炸的友人與我哭笑不得，只得自嘲我倆不過是宮女級別，哪敢妄稱貴妃呀！

別笑，這種事情不只在中國才有，過了兩年，我們在臺灣又經歷了一次！這次地點換成士林官邸，角色是兩個昔日宮女和一位同好，服裝的時代往後拉了六百年，是明代的服裝，結果一路上遇見的遊客都在問「這是什麼衣服啊？」日本人問：「這是韓國服裝嗎？」韓國人問：「這是日本服裝嗎？」遇到中國人與臺灣人則問：「這是韓國／日本服裝嗎？」雖然也有一、二個「古裝？」「漢服？」之類的答案，但是總體來說比景山的經驗更慘，居然完全沒有人猜對朝代！

日、韓遊客雖說不曉得這些漂亮衣服是什麼，但認得出「這不是自己國家的衣服」，這樣也就可以了。可是中國人看到中國史上曾有過的服裝樣式，雖然讚美，卻也一樣覺得「這不是我們的衣服」，這巨大的隔閡讓我們三個傳統服飾愛好者面面相覷，一時無語。

現代漢服復興運動

你能想像在街道建築、日常服飾幾乎全然西化的現代社會裡，穿著寬袍大袖的「古裝」上街活動的情形嗎？

這不是模仿動漫的cosplay，而是由許多中國傳統服飾愛好者自發形成的活動。希望能藉由實際行為，重新培養時人穿著傳統服飾的風氣，一如在日本、韓國，民眾仍然習慣在各種重大場合穿上和服、韓服出門。

漢服運動的濫觴源自中國的民族政策，政府將境內人民區分為五十六個民族，並在身分證上予以標註（民族不同的父母可以替小孩選擇民族，十八歲以後至二十歲前可以自己決定屬於父方或母方的民族，之後不能變更）。在中國官方開始定義各民族的文化形象時，漢族人卻發現自己沒有公認的代表服飾，於是便出現一批較激進的民族主義者起身號召，希望透過穿著漢服此一「漢民族獨特的『民族服飾』形象」，來喚醒「漢民族之意識與自覺」。也因此，極端的漢服運動包含了強

烈的民族主義，更將西方思潮、宗教視為入侵中國的異物。

此外，對「漢服」定義、樣式的爭論也不少。首先，中國歷史悠久、朝代眾多，很難用特定時期的服飾代表「漢服」；其次，中國歷代傳統服飾其實有大量非「交領、右衽、寬袍、大袖」（這是「漢服」最普遍的定義）的樣式，因此常會有「立領、對襟能不能算漢服」等的紛爭。

在眾說紛紜的情況下，也有許多傳統服飾愛好者選擇以「個體戶」的方式活動，單純享受傳統服飾之美，並且樂於與同好分享漢服心得。可別小看這批「野生研究者」，他們對漢服研究的挑剔、嚴謹，有時並不亞於正規學術論著。

滿清之過？非也！

這種隔閡是怎麼產生的呢？

熟悉歷史或抱持強烈民族感的人，可能會嚴厲指出「是滿清入關後強迫漢人易髮、改服造成的！」滿清入關後強制推行剃髮易服，確實是中國服飾史上的一大重要事件，使服裝制度驟逢巨變（不過事實上易服令主要影響的是官員與士族男性，平民、婦女等一時未受影響）。但此答案明顯忽略了一點：清朝服飾，對現代人來說一樣是陌生的。

讀者們看到這裡，可能又要瞪大眼睛說：「不可能！電視上的清宮戲那麼多，我對清朝服裝很熟啦！」說是這麼說，但是你知道高聳如牌坊的大拉翅，以及豪華鑲滾的旗袍（氅衣），實際上是晚清時才有的嗎？像這樣的服裝是絕不會出現在鈕祜祿甄嬛或還珠格格身上的。而清初時男性髮型又稱「金錢鼠尾」，辮子必須細到能穿過銅錢中的方孔，其餘頭髮剃光，放到現在大概是極前衛的潮男造型，同樣不是現在所熟悉的粗大辮子月亮頭。

另一方面，抨擊滿清服裝制度造成傳統與現代斷裂的人同樣忽略了——就連清代服飾也沒有在現代流傳，如今我們所穿的唐裝和旗袍，在清末民初並不存在。唐裝大致源於男子短褂，女子旗袍則是源自男子長衫——新時代女性對傳統女性形象的反抗就從服裝上做起，拋棄上衫下裙「兩截穿衣」的習慣，學著男人只穿一件長衣了。

之後屢經變革，原本多皺褶但方便活動的平面剪裁，換成了挺拔但不好動作的立體剪裁，女子旗袍的盤扣成了裝飾品，全靠拉鍊來穿脫，這就是現代所謂的傳統服飾了。

一件衣衫的社會意義

比較務實的人可能會從實用角度來看問題：畢竟古裝看起來又長又拖沓，如《搗練圖》裡女人的裙子都拖地，這麼不方便的衣服，在快節奏的現代社會當然會被淘汰啦！

這種說法也有幾分道理，不管在古畫或影視作品裡，演員都穿著美麗而飄逸的服裝。但事實上，「色彩豔麗、寬大飄逸」的衣服，在古代只有金字塔上層穿得起——換句話說，就是供得起兩個以上的丫鬟貼身伺候小姐生活起居的富貴家庭成員，才可能有財力穿好衣服。

要知道奴僕比好衣服可便宜多了，一般殷實人家買不起綠綾印花衫子越羅裙與泥金絞纈披帛這等高級衣物替女兒打扮，但是買個小丫頭在廚下燒火作飯倒不困難。能穿得上華麗衣服的人，身邊必然僕從如雲，服裝的寬大、繁複造成的種種不方便，反而成了莊重優雅的襯托，正是以四肢不動之矜貴，來彰顯自身的富貴豪奢。

那麼勞動者要怎麼辦呢？《步輦圖》中，環繞在唐太宗身邊執役的宮女們雖然穿著豔麗的間色長裙，但是在腰上綁一綁，使裙子不會拖地礙事。若是民間的勞動者，就是穿著本色或灰暗的短衣，耐髒也方便工作。現在佛道教出家人的日常執役衣仍採用傳統樣式，可知「傳統」中本就包含有勞動工作的一大類，只是被現代人忽略了而已。

任何服裝都講究「人、事、時、地、物」，就像現代的各位不會把睡衣穿上喜宴，也不會穿著三件式西裝刷馬桶，不同場合有不同的穿著打扮，這一點不會因為「傳統」與「現代」而有所區別。

夫子時尚學——古裝劇沒告訴你的事

電視劇《後宮甄嬛傳》裡，女主角因錯穿故后服飾，瞬間由寵妃被貶為罪婦，讓人不禁納悶「有那麼嚴重嗎？」事實上，在古代社會，服飾也是朝廷用來治理天下的一種重要制度，一件小小衣衫要如何齊家治國平天下？

滿清入關後施行了「薙髮令」和「易服令」，對男子剃頭和髮型的要求十分嚴格，拒絕剃髮或髮型不符合制度的人統統斬首。例如當時規定頭皮上只能留一枚銅錢大的地方有頭髮，現在演清宮戲的男演員們若回到當時，就會因為剃得太少而慘遭殺頭。

左上：在景山公園賞花所穿著的唐風齊胸襦裙。

右上：女子和服的主要構件是長袍與寬腰帶，外觀呈現H型的直筒狀，完全不突顯身材。

左下：中國傳統的女子服飾是「兩截穿衣」，雖然不同時代流行各種不同穿法，但整體來說都是以上衣和裙子的原則搭配。

右下：女子韓服也是上衣加長裙，不過上衣非常短，大概只蓋到胸口，衣襟上會另外用色彩鮮豔的布條打結做為裝飾。另外裙子特別膨大，外觀上呈金字塔形。

《步輦圖》裡唐朝宮女裙子鼓起，並非個個都懷孕，而是攔腰紮了帶子，把裙子拉高固定住以方便走路。

但在服裝上，清初推行滿式衣冠，只嚴格審查官員和士族男性，婦女和平民的服裝一時之間並未受影響，因此有「男從女不從」、「官從民不從」等諺語。

官員與士族男性——並不是指「讀過書的男人」，讀書人至少得通過院試取得秀才身分，才算是有「功名」在身，不然仍是平頭百姓——在總體人口中，其實是相當小的群體。由上述來看，易服令主要管的是這一小撮男人，對大部分民眾都沒什麼影響嗎？

非也，正是這小小一撮，總人口中比例甚微的一群男人的服裝樣式，在中國服裝制度中占據最主要的位置；他們身上的服裝也因身分高低而訴諸各種「設計理念」。

清朝男子髮型演變

清初延續後金時期傳統，只留一撮約金錢大的頭髮，稱為金錢鼠尾辮。蓄髮處則從後金時期的腦後，漸漸上移至頭頂位置。

蓄髮位置不變，但蓄髮面積漸廣，約一個掌心大，也有人稱之為豬尾辮。英國外交官馬戛爾尼伯爵就曾記述乾隆時代中國人蓄有直徑數英吋的頭髮，並綁成粗黑髮辮。

頭髮前緣剃去寸許，保留後半的長髮，被稱為牛尾辮，也是清宮劇裡常見的髮型。

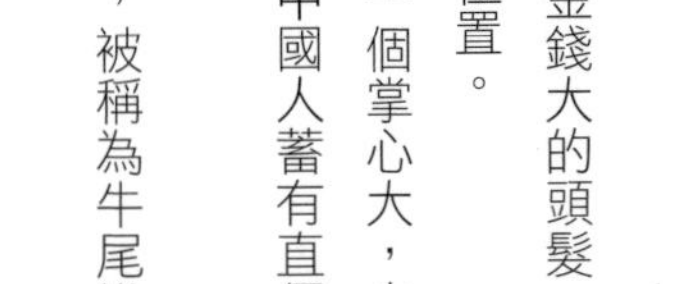

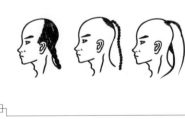

穿在身上的身分標誌

大家應該都記得周公曾「制禮作樂」，奠定周代的禮樂制度。這些禮儀、音樂都附屬在周代的封建制度中，是「貴族」應該要遵守的規矩。

不同級別的貴族能執行的任務、參加的儀式、使用的器具和享用的飲食、娛樂都不一樣，必須要明確區別。

這樣說很籠統，大家可以看看左頁的《左傳》小故事，就能大概理解古人對禮樂制度施行的重視。既然不同身分的貴族能參加的儀式和享用的音樂不一樣，服裝當然也包含在「禮樂制度」中，按爵位高下和儀式場合有所不同。

這些差異在我們現代人看來可能覺得太過細微，只是衣服上多幾個花紋、帽子上多幾串或少幾串玉珠、裙子顏色不一樣而已。但對當時人來說，這些小小差異，就是區分身分尊卑與典禮隆重程度的標誌。

你可能會注意到上面說的禮樂制度，都是「貴族」的規矩，那平民呢？

所謂「刑不上大夫，禮不下庶人」，平民基本上不在這套禮儀制度中，理由也很簡單：禮書中記載的絕大多數典禮、儀式都是為貴族交際往來而設，平民根本沒資格涉足這類場合。他們要穿什麼？這重要嗎？

話雖如此，平民也有婚喪喜慶，總要穿得正式點以示尊重吧！

鄭玄為《禮記》寫註時說庶人的禮服就是深衣，對於士以上的貴族們，深衣是「善衣之次」，乃正式度低於朝服和祭服的最低等禮服。貴族級別最低的禮服，就是平民最高級的禮服啦！

之後各個朝代大致上是這種狀況，皇帝、皇族、文武百官等各級身分的貴人都有與其身分相應的各種服飾，以便在重要的朝會、祭祀、辦公等場合穿著。

春秋時代・外交小劇場

《左傳》版

（襄公四年）穆叔如晉，報知武子之聘也。晉侯享之，金奏《肆夏》之三，不拜。工歌《文王》之三，又不拜。歌《鹿鳴》之三，三拜。

韓獻子使行人子員問之，曰：「子以君命，辱於敝邑。先君之禮，藉之以樂，以辱吾子。吾子舍其大，而重拜其細，敢問何禮也？」

對曰：「《三夏》，天子所以享元侯也，使臣弗敢與聞。《文王》，兩君相見之樂也，臣不敢及。《鹿鳴》，君所以嘉寡君也，敢不拜嘉？《四牡》，君所以勞使臣也，敢不重拜？《皇皇者華》，君教使臣曰：『必諮於周。』臣聞之：『訪問於善為咨，咨親為詢，咨禮為度，咨事為諏，咨難為謀。』臣獲五善，敢不重拜？」

白話版

晉國熱情招待魯國的使者，把壓箱寶的音樂都拿出來演奏。但奇怪的是，這傢伙怎麼對高級樂曲《肆夏》、《文王》毫無反應，反而聽到普通的《鹿鳴》就跳起來連連拜謝，他的品味也太差了吧？

趕緊派人詢問：「為您奏了許多高級的曲子，您不賞臉，偏偏奏個低階樂曲就樂了起來，這是哪門子的規矩呢？」（迷之聲：哎喲！你們魯國不是禮儀之邦嗎？）

魯國使節解釋：「《三夏》是天子招待諸侯的音樂，《文王》是諸侯相見歡的音樂，我一個臣子哪受得起啊？聽見了也得裝作沒聽到，所謂非禮勿視、非禮勿聽嘛！《鹿鳴》的三首曲子才是符合現在場合和我出使工作的樂曲，這時拜謝才能體現出我有教養啊！」（迷之聲：呿，不懂亂用，你們晉國人真沒規矩！）

龔式眉批：本故事很能體現出魯國人自我感覺極為良好的文化優越感。

穿對衣服天下太平

除此之外，政府對平民服裝的規定又多又雜，歷朝歷代都不太一樣，但中心思想卻很簡單：貴族和官員用的東西，百姓就算買得起，也統統不准用。

為什麼這些服制意義重大呢？

因為這些規則表現出制禮者對「理想社會」的概念和願望：按照自己的身分穿著相應的服裝，也就代表人人都安於本分；大家都明白自己的身分和職責，做好分內該做的事。天子勤政、文武官員認真工作不貪汙，各行各業在自己的職業上盡心盡力，社會就會安穩和諧，天下就能太平了！

各位回想一下還要穿制服的學生時代，學校規定了制服、鞋子要怎麼穿著搭配，有些人甚至還遇上髮禁，而當時大家是怎麼看待、應付這些制度呢？這樣一想，大概就會對這些服裝制度抱持著平常的懷疑心：古人有那麼乖巧守法嗎？

在社會控制力強的時候或許是的，西周時用「禮」約束貴族，讓他們乖乖守規矩，知禮、守禮就代表是有身分、有教養的貴族，和老百姓不一樣，可以說是一種榮譽制度。

但是到東周「禮崩樂壞」，一個諸侯國隨便用天子的音樂招待魯國使者；魯國臣子季孫氏在家廟表演天子用的八佾舞，讓孔子暴怒抓狂，再再都顯示這種內在控制已經愈來愈無力了。

平民時尚逆襲宮廷

政府雖然有意用服裝來區分身分，讓人們「守本分」，並且寫在法律裡，禁止「逾制」，違反的都要逮捕，但施行效果並不好。老百姓只要負擔得起，各種金飾、珠玉、象牙犀角、綾羅綢緞（這些都是法律規定庶民不能用的），盡量往身上穿，盡其所能地打扮。

當時熱衷的時尚路線有兩種，一種是模仿高官和宮廷裝束，用現在的中國流行語即是「高端、大氣、上檔次」。皇室風範、至尊品味，從古到今都是很有吸引力的廣告詞，向來不會退流行。再一種是不明著犯法，而是劍走偏鋒，另起潮流。去年昆蟲風，今年花卉風，明年來個傷痕妝，沒多久就變一次流行，創造出許多新的美感，可能反過來改變了宮廷與貴族的日常服裝。

對於這些不守規矩的傢伙，政府抓不勝抓，衛道之士其實也拿他們沒辦法，只能感嘆、控訴世風日下、人心不古，現在社會風氣敗壞、政府貪腐、經濟不穩等亂象，都是大家亂穿衣服的錯。

這種論調在現代人看來，恐怕覺得太可笑了，但這是古代中國人特別神經，才會這樣亂發感慨嗎？也不盡然。

衣著適當也是種美德

歐洲中世紀後期，宮廷女作家克里斯蒂娜・德・皮桑在著作《淑女的美德》中就抱怨當時法國的奢華風氣：

古時候，公爵夫人不敢穿戴皇后的服飾，伯爵夫人也不會穿戴公爵夫人的服飾，普通老百姓不會穿戴貴族的衣服……如今這些規矩都不存在了，大眾想穿什麼就穿什麼，只要經濟上承擔得了，人人都想要擁有最好的。

接下來皮桑開始說明，不按等級亂穿衣服是怎樣彰顯出驕傲、嫉妒與貪婪的罪過，還會引發別人對穿衣者人品的不當聯想……總之，在她與她所代言的「傳統（女性）美德」看來，逾越服裝制度是一件攸關品格、德性、他人觀感、家庭前景、社會風氣等的重大問題，萬萬不可輕忽。

時至今日，我們身處的社會已經不如過去的階級嚴明，法律不再規定哪些造型、花紋、顏色、服飾是某些人獨享。而在這個時代裡，傳統服飾與當代服裝究竟代表了什麼樣的意義，是大家可以好好思索的問題。

繁複的驕傲，華夏冠冕文化

茫茫大地，在中國人認真計較穿什麼衣、戴什麼冠的時候，其他地方的人還只有簡單的毛皮布料遮裹身軀而已。擁有高水準的服飾製作技術，以及把衣冠視同禮樂文明的象徵，也難怪周人會產生這種坐擁中土、睥睨四方的豪情了。

說到中國人的傳統服裝式樣，看過古裝劇的人都會有印象，有的人還可以舉出孔子的感嘆「微管仲，吾其被髮左衽矣」！清楚地說出中國「衣裳冠冕、交領右衽」的服飾特色。

不過說是特色，大家看慣了也不覺得這有什麼特別，隔壁的韓國、日本也是交領右衽嘛！民族傳統服飾就長那樣不是嗎？

其實不然，以樣式定型的時間來看，中國在世界服裝史中，可說是相當特殊的。

怎麼說呢？

傳說黃帝垂衣裳而天下治，黃帝妻子嫘祖已經會養蠶織布做絲綢衣服了。這傳說也許追溯得太早，但透過考古可以判斷在殷商時已有「冕服」——人們頭上戴著冠或帽，穿著交領或方領的衣物。到了周朝，「衣裳冠冕、交領右衽」更早已成為具有文化意義的服飾造型了。

和周朝對應的其他古文明是古埃及、古希臘和古羅馬。各位在腦海中回想一下這三個時代的人物造型，就能體會中國的「衣裳冠冕」在當時是何等異樣了！

遠古文明比一比

對古埃及人來說，光著上身，只穿一條輕薄的腰衣裙或貼身長筒裙，可說是無比正常。國王雖然可戴上華麗的頭巾和假鬍子，但同樣是裸身穿圍裙，差別只是國王穿百褶裙、貴族穿部分褶裙，普通人的圍裙不打褶而已。若是再拿塊布，中間挖洞套頭穿著當披肩，那就是慶典時的隆重裝扮了。

另外，古埃及人對頭髮的處理也頗有特色。除了賤民之外，古埃及人不論男女，都把頭髮剃光後再戴上假髮，由假髮的樣式來區別身分階級。女性在慶典時會在頭上戴著內藏香膏的錐形飾品，等頭部冒出的熱氣把香膏融化後，流入假髮中散發芳香，以此為美。

再看古希臘羅馬時代的雕像，當時人的服裝就只是一塊布加上幾個別針與腰帶，連縫製的工藝都沒有，別針固定、腰帶一捆就成了。

一開始希臘人使用毛料或較硬的麻布，折返布邊後用兩個別針在肩膀上固定再繫上腰帶。因為布料比較厚實，皺褶不多而顯得俐落。後來流行使用薄透的細亞麻布，從肩膀到手臂用一連串的小別針釘合，綁上腰帶後會垂落出較細緻的皺褶。

這兩種款式分別被用兩種希臘建築的柱式來命名，正好反映出希臘人早期簡單樸實，後來逐漸重視細節裝飾的審美觀。

三百壯士的真面目

對希臘男人而言，衣服並不是非穿不可的東西。他們平時穿的是僅到膝部的短袍（單肩或雙肩固定後加腰帶），而運動時會全裸，一來方便活動，二來可以展示自己精壯的身軀。這種對於「關節明確(articulated)」的體型崇拜，讓他們在製作青銅盔甲時也會做出健美雄壯的肌肉紋路（或許有灌水之嫌），以此表現英雄氣概。但由於技術限制，青銅盔甲只有超有錢的公民才穿得起，經濟狀況稍好的人上戰場時也就是穿（可能有部分強化的）亞麻胸甲而已——這樣的裝備已經被稱為重裝步兵了。輕裝者依舊只能布衣，甚至裸體上陣（因為披裹式的衣服容易掉，有些人懶得穿），只能靠頭盔與直徑一公尺的大盾進行防禦而已。

古羅馬人在服裝上頗追隨希臘，因此希臘風的服裝在羅馬雕塑中很常見。不過羅馬人也有自己的特色，通常會先穿上一件用兩塊T字形、方形布料縫合或以別針固定住的短袖上衣（約至膝蓋），再披上長披肩。男性公民會用一塊極長的半圓形毛料，以複雜的方式纏繞在身上，稱為「托加」。因為料子很重，又只是纏繞而非固定住，穿著者必須行動穩重，以表現出莊嚴的舉止。

雖然希臘人和羅馬人在慶典的時候會戴上花冠——如大家熟知的「桂冠」一詞，就來自希臘時代給競技優勝者戴上月桂枝葉編成頭冠的風俗——婦女會佩戴鮮花與首飾，古羅馬婦女還特別熱衷做髮型。但是相比於有著各種冠冕、髮飾造型的中國，他們的頂上花樣可就太簡單了。

來瞧瞧「國王的新衣」

周／漢

左上：為唐代畫家描繪的蜀主劉備像。畫像中劉備所穿的玄衣（微帶紅的黑色上衣）、纁裳（淡紅色的裙子）配上前後垂十二旒（珠串）的冕，是中國古代帝王的基本造型。但實際的細節，歷代各有不同，例如此圖冕版底下為通天冠，這是晉朝開始的做法；而上衣加飾朱緣（紅色領邊袖邊）、下裳的綠緣及左右肩的日月紋樣，則是隋代的制度。畫家在繪製古代帝王時往往參考現行服制和可見的古代資料，多少會有些失真。

埃及

左下：為古埃及法老王斯門卡瑞（在位時間：西元前一三三四年～一三三三年）壁畫。從石雕上，可以看到左邊的法老王除了華麗的項圈之外，上身什麼也沒穿，下半身則是纏綁著只有國王可穿的百摺腰衣裙，搭配以條紋風格的腰帶和裝飾物；右邊的王后則是慶典式裝扮。

羅馬

右：為古羅馬的哲學家皇帝，馬爾庫斯．奧列里烏斯像（在位時間西元一六一年到一八〇年）。皇帝身穿的托加長袍是只有羅馬男性公民能穿的特殊服裝，事實上就是把一塊長約六公尺的半圓形羊毛布料，用特殊方式纏在身上而已。羅馬公民按照身分穿著不同顏色的托加，皇帝的紫袍是用地中海的貝殼染出，價格十分昂貴。

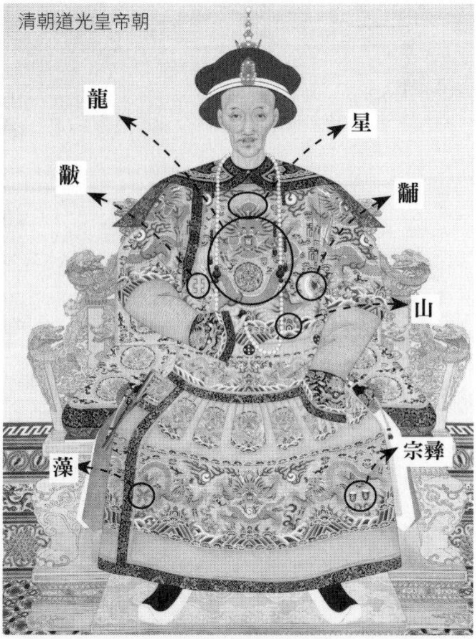

清朝道光皇帝朝

明朝萬曆皇帝袞

《尚書》十二章紋

由明入清，不但民間禁用漢人衣冠，連皇帝服制的樣式也全面更改。儘管如此，《尚書》中君王所用的十二章紋仍然跨越王權更迭的時空限制，代代傳承了下來。仔細看看明朝皇帝與清朝皇帝袍服上的紋樣，是否覺得很熟悉呢？

宗彝

古代宗廟祭祀的酒器，象徵道統傳承與社稷給養。

藻

以水草之潔，象徵冰清玉潔的德行。

火

火光明亮，光輝能照耀四方。

粉米

粉米為糧，取其外型潔白、且能供養萬民。

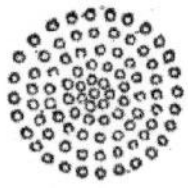

黼

斧型花紋，勉勵在上位者能行事果敢、有決斷。

黻

形狀如兩弓相背，象徵背惡向善、唯德是親。

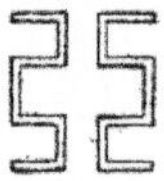

日

日輪中繪有金烏，象徵照明無私。

月

月輪中繪有玉兔，象徵照明無私。

星辰

日、月、星三光象徵帝王之德照臨萬物、遍及四方。

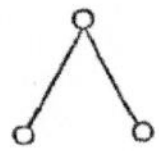

山

山勢沉穩，象徵王者能穩定四方。

龍

龍有神異變換之意，象徵人主善於應變。

華蟲

即雉雞，以其身上的五色彩羽象徵文采流麗。

千年立體剪裁奧義，中國深衣的祕密

漢代深衣會利用斜拼或另加小腰的方式來增加腰圍，衣裳拼接處的「腰線」大概在低腰牛仔褲的腰帶位置。這種設計是為了達成「被體深邃」，把身體緊緊包裹纏繞起來的效果，除了美觀，更有因應當時生活型態的實用性。

嘗試服裝復原製作，是我大學畢業後到北京讀研究所才開始的。雖然現在主要關注的是中國傳統服飾，但最早開始蒐集資料和試圖仿製的卻是日本的「十二單」。

聽起來很誇張吧！我大四時熱衷於《源氏物語》、《枕草子》等作品，對日本平安文化[1]著迷不已。當時夢枕貘的《陰陽師》也正當紅，為平安朝風雅浪漫的貴族情調再增添了一抹神祕詭譎的暗影，這對年輕小姐實在太有吸引力了！

於是我一方面蒐集十二單的資料，包括服裝構件、造型、可能的剪裁方法、四季的顏色搭配技巧等等，另一方面研究現代和服的版型，並且用真人實穿十二單的照片來計算服裝尺寸等。雖然現在看來當時的仿做仍有不少問題，但不可諱言，在這過程裡累積的經驗，實在是讓我掉進服裝製作大坑的最大推

1. 日本平安時代，橫跨西元七九四年至一一九二年，為日本古代的最後一個歷史時代；前一個朝代奈良時代，則為西元七一〇年～七九四年。二時代皆對應到中國的唐朝（西元六一八年～九〇七年），受唐風文化影響甚深。

手。由十二單開始練習製作服裝，也可以說是誤打誤撞，走了最簡單的路——因為這種服裝完全由直線構成，沒有任何彎曲線條，而中國傳統服裝就有不少曲線，例如袖根、袖型、下襬常呈圓弧線等，相對複雜一些。

從十二單到深衣

從製作十二單跨足製作中國傳統服裝並不難，因為二者有許多共通點，如前後中縫、接襟、上領等。我畫慣了十二單的版型，做了平安時代的服裝，莫名其妙地就上溯到奈良時代，嘗試起唐風裝束（日本模仿唐朝的服飾），開始練習正倉院[2]收藏的服裝款式，就這樣不知不覺開啟了另一條服裝製作的道路。

時至今日，我嘗試復原的傳統服裝款式有多少種，連自己都懶得算了，但是有一種式樣，雖然一直深感興趣，但是始終不曾動手——深衣。

「深衣」一詞有兩種概念，一種是專指《禮記．深衣》中記載的常禮服；另一種則是指特定的服裝剪裁方法。

大家應該都聽說過，中國古代服裝是「上衣下裳」的兩件式穿著。看看原住民服飾就很容易理解這種穿搭法的形成：在資源有限的情況下，因為身體最需要保護和保暖，因此首先包裹軀幹部分，再者是重要部位，要用布或板子遮擋一下（裳是兩片式，雖然後來變成裙狀，但實際是一遮前、一蔽後的兩片布）。至於全腿遮蓋，那得等生產力提升再說，重要性還在頭部防護之後。你可以拿塊布條纏一纏，當綁腿頂著先……

雖說「傳統」是要上下兩件式穿搭，但是這種穿衣法不太方便，尤其那時使用衣帶，不管哪邊的帶結鬆開就糗了，而且做兩件也耗費布料，於是人們便創意性地將上衣和下裳縫在一起，做成了像是連衣裙般的袍子。這種拼合上衣下裳、樣式寬大、可以把身體緊緊裹住的衣袍，且在腰部有一條縫合線的製作方法，也稱為「深衣」，如馬山楚墓、長沙馬王堆漢墓出土的衣物，就多以這種方式製作。

平面剪裁vs.立體剪裁

當我轉換跑道改做中國傳統服飾時，「漢服熱」僅在網路的一隅開始發燒，對社會大眾來說還是個陌生玩意。即使在服飾愛好者中，對「漢服」這個詞彙的使用也有不少爭議。我一向討厭紛爭，與其筆戰，我更想好好研究並試做真正的「漢」服：馬王堆出土的深衣。要找到馬王堆服飾的資料不難，畢竟那是極具盛名的重要墓葬，但是看著那些衣物的線圖與文字描述，我陷入了思考，然後決定還是換種款式來做吧……

當時也說不出為什麼，就是覺得衣服和之前做慣的東西「不一樣」，不可以貿然下手。直到很久以後，我做過更多款式才能理解究竟深衣與十二單等服裝的差異在哪——是立體構成和平面構成的不同。

現在服裝界大多說中國傳統服裝是平面剪裁，西服是立體剪裁，這說法大致不差，但並非完全如

---

2. 日本奈良時代的國家藏庫，藏有一千多年來的日本文物，以及當時跨海東運至日本的唐朝、波斯精品文物，又被稱為絲綢之路的終點。

此。西方在希臘羅馬時期以披掛式服裝為主，雖然後來也開始剪裁服裝，但一直都是平面剪裁，到中世紀後期才發展出立體剪裁的初階技巧。

平面剪裁的時代想要顯腰、顯瘦，只能在裁剪時把腰收細一點，再用繫帶收緊腰腹。立體剪裁則是在裁剪時不只收窄身體兩側，也從其他部位裁切掉多餘的布料，使衣服成為立體造型，例如現在女裝胸下背側的掐腰，就是要製造這種效果。另外也會裁掉肩袖部分的多餘料子，使手臂自然下垂時，腋下不會產生許多皺褶。

現在的男用唐裝，袖子通常是採用立體剪裁，穿起來顯得更為挺拔。不過這種袖型也有其缺點：雖說手臂自然下垂時好看，可是只要抬到一定高度，不僅衣服會扭曲拉扯，動作也會受限，不如平面剪裁靈活、舒適，因此有些人特別偏愛「老袖」的裝袖法。

聽我這麼說，你可能會看著深衣線圖（四四頁）反駁：這衣服哪是立體剪裁啊？它只有兩側收腰，沒有做掐腰之類的啊！這樣說也沒錯，深衣確實不像西方的立體剪裁，直接把衣服做成一個類似人體的形狀，但也是把服裝做成立體造型——透過在腋下部分加裝一塊長方形布片（小腰），使衣身在腰腹部分變得更「厚」。

有的深衣並不加裝小腰，而是採用特殊的斜拼方法，在布料寬度有限的情況下，增加腰圍長度的同時，使肩袖呈更符合人體肩膀的傾斜角度，其思維方式同樣也是立體而非平面。

斜裁的奧妙

深衣奇特的地方僅有這裡嗎？不只，看看馬王堆辛追夫人曲裾圖（四五頁），可以發現下裳部分是平行斜線，而不是垂直線或扇片。縫片的製作方法是將布料以一定角度斜著裁開，再把布邊相接，拼成一整塊的下裳。

這種做法一方面節約布料，另一方面也省下處理縫分的麻煩。更有趣的是，此時裙身（下裳）部分的經緯線成斜向，垂墜感會比經線垂直的時候更好。利用紗線在不同角度會有不同垂墜感的特性而發明的「斜裁」技術，被時裝界公認是到二十世紀初期，才由法國的服裝設計師瑪德琳・薇歐奈(Madeleine Vionnet)首創。以斜裁法所製作的裙子自然貼身，波浪均勻細膩，被認為是服裝剪裁史上的革命性發現。然而馬王堆辛追夫人的服裝設計師可能在二千年前就已經注意到這個祕密了！

不只下裳，深衣的領緣、袖緣和擺緣都是斜拼而成，斜紗向的衣緣也有特殊的效果。

我以前做一條長裙時，打算在裙腳加裝一道緣邊，結果裁縫師看到我拿去的料子即面露難色，測量了好一陣子才點頭說勉強能做。我困惑地問：「這料子如此大塊，本來還想可能剩下不少呢，為什麼妳說可能不夠？」她告訴我：若只是一、二公分的窄緣，用正紗向的布條來做也可以，影響不大；但是當緣邊有一定寬度時就得要用斜裁，因為紗線在斜向時比較有彈性，布料的伸縮度會更好，這樣才能讓裙緣隨著裙襬圓滑流暢地活動，好穿也好看。我聽了裁縫師的說明，再看到馬王堆的資料時，不禁大為感慨：於裁縫之道，我輸人家二千多年啊！

實用的低腰線剪裁

有人可能會注意到，前面提到深衣會斜拼或另加小腰，目的之一都是為了增加腰圍。現代人一定會大惑不解：我們都想顯腰顯瘦，深衣為什麼要增加腰圍，難道當時以水桶腰為美？話不是這麼說的，雖然深衣的特色就是上衣下裳拼在一起，「腰部」有一條縫合線，但是這條線並不在人體的腰圍位置。馬山楚墓的上衣衣長平均是四十八公分，馬王堆的上衣大約是五十公分，而一個身高一百六十公分的女性，背長約為三十八公分，換句話說，深衣的「腰線」大概在低腰牛仔褲的腰帶位置。

深衣之所以要增加腰圍，是為了達成「被體深邃」（披覆身體，使身體深藏不露），也就是把身體緊緊包裹纏繞起來的效果。這不單純為了美觀，更重要的是實用性——因為那時的中國人是不穿內褲的。褲子在現代是生活日用品，不過事實上，能「完整包覆下半身」的褲子所需裁剪技術較高，古人一開始做不出來。當時所穿的「褲子」，以今天的眼光看來就是大腿襪，進階的可以做出開襠褲，不管哪種，重點部位都很容易溜出來晃蕩。為了避免突來狂風之類的意外，人們只好把衣服做得十分寬大，用多圈纏繞來解決可能走光的問題。

內褲之必須

據史料記載，直到西漢昭帝時，大臣為了避免小皇帝隨便撲倒宮女，才特別研發了有襠的褲子，稱為「窮褲」，乃是合襠褲之始。

先前有個新聞說在新疆發現了一條三千多年前的褲子，物主是一位游牧民族男子[3]。也就是說，游牧民族至少在商周時代就已經能做出合襠的褲子了。科技來自於人性，如此傲視諸夏的剪裁技術，實在是因為對騎馬民族來說，合襠褲真的是生活必需品——試想，那個時代還沒有發明馬鞍和馬蹬，騎馬者要用雙腿夾緊馬背，而不是單純坐在上面。倘若沒有褲子保護，讓男人光溜溜的大腿和重要部位在馬背上磨蹭，跑起來時撞啊撞的……這也太殘忍了吧?!

趙武靈王推動「胡服騎射」也是這個道理，諸夏本來並不騎馬，而是操縱著馬車進行車戰，貴族站在戰車上射箭或砍人，小兵跟在車邊跑，大家衣袍包得緊，穿不穿褲子都無所謂。但是趙國的主要敵人是中山國等善於騎射的游牧民族，戰車機動性差，因此趙武靈王才會主張讓國人也來個「胡服騎射」，裁短衣袍、穿上合襠的長褲，學著騎馬射箭，師夷長技以制夷。

用現代方式表現的話，我們大概可以想像趙武靈王是這樣勸他的臣子：「阿叔，俺也沒辦法。俺也不想穿得像個飆仔，但那些飆仔突然衝出來砍人，又逃得飛快，俺們慢吞吞地把警車調出來追不上啊！俺們飆馬的功力已經比不上他們了，如果不穿個褲子保護一下，先別提會不會絕後，在馬背上撞兩下，別說砍飆仔，哪個漢子都只能倒在地上哀嚎了吧！這都是不得已的呀！」

「胡服騎射」雖是戰國時代的重要事件，不過到西漢初年的馬王堆墓葬裡，依然不見合襠褲的蹤影。顯然對諸夏來說，此物並非日常用品，可能正如史料記載，直到西漢中期以後，人們才逐漸接受了合襠褲。隨著合襠褲逐漸普及，深衣避免走光的功能便消失了。耗費大量布料的深衣變成儀式化的禮服，漸漸退出人們的日常生活，直到二千年後，才隨著馬山楚墓和馬王堆漢墓的發掘重現在世人眼前。

3. 二〇一四年六月，中國新聞媒體報導在吐魯番洋海古墓出土兩條褲子，歷史可追溯到三千三百年前，其形式與現代褲子相近，可說是中國最早的有襠褲。

唐風裝束與十二單

上圖是按照正倉院藏品規格製作的吳女裝束——也就是日本奈良時代留存的唐風女裝，背子（最外層背心式的小外套）是我用蘇木染的淡蘇芳色；下圖則是由牡丹唐衣、松重表著、紫薄樣三衣組成的十二單，不過按照平安時代的規矩，這種配色應該在春末初夏時穿著。

版型：

「十二單」本來是指將數件單衣重重疊穿的裝扮，即「好多件單衣」的意思；現代所說的「十二單」是專指將衣物按照一定的步驟疊穿後，再加上名叫「唐衣」的短外套和「裳」的一片長裙，所以也稱「裳唐衣」或「唐衣裳」。

而從正倉院藏伎樂吳女的上衣版型圖來看，可以發現縫片上有許多弧形線條，與方塊構成的十二單頗不相同。十二單（裳唐衣）大致是以這種製作版型簡化、穿著層次複雜化的方式，從唐代女裝演化而來。

十二單・唐衣

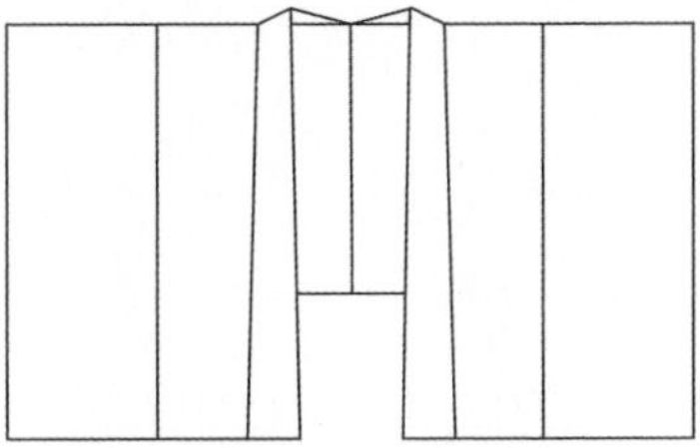

正倉院吳女裝束背子

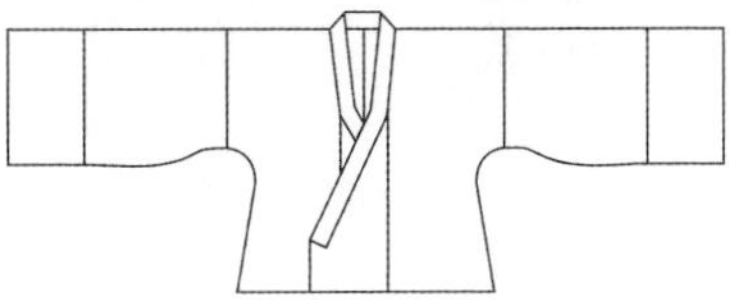

染色：

布料染色也是製作、復原服裝的一種小樂趣，吳女裝束的背子和十二單的牡丹唐衣，都是自己用中藥材「蘇木」染成的。方法是將蘇木用水浸泡後，拿砂鍋煮滾，小火熬二十分鐘，放冷後倒出。

接著加水煮滾，再取一、二次染液（第二次煮出來的染液都還挺濃的，我都煮個三、四輪，煮到顏色很淡才把渣子丟掉）。然後把要染的布料先洗過（布料必須是天然材質，因為化纖對草木染的固色效果很差），去除布料上的雜質，再把布料用明礬媒染，略洗一下，放進染鍋裡攪拌、攪拌、再攪拌（染鍋盡量大一點，讓布料能有空間翻攪，不然可能會有地方沒染到）。染後拿出來清洗，若要加深顏色就再次媒染後下染鍋，反覆數次。洗淨後陰乾，稍微放上一段時間等色彩穩定，就可以拿來玩了。

日本稱這種用蘇木加明礬媒染成的顏色為「蘇芳色」，按色階可分為濃蘇芳、蘇芳、淡蘇芳等色。蘇木經明礬媒染後呈略帶褐色感覺的紅色，用青礬（硫酸亞鐵）、膽礬（硫酸銅）則可以染出紫色、褐色等不同色調，很有一種化學實驗的樂趣，蘇芳色的濃淡，可以參考綺陽會色目表中的深淺蘇芳等四個色。

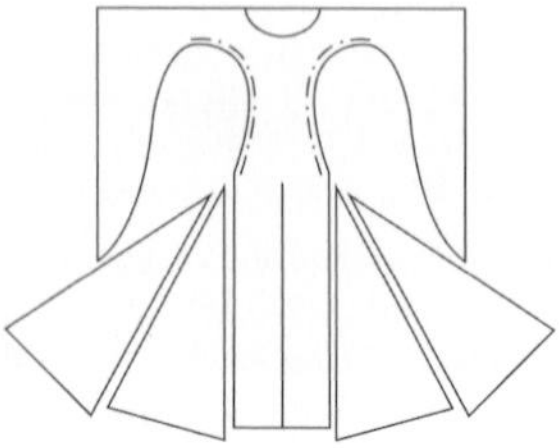

畫中女主角穿的，是一種名為 bliaut 的中世紀長袍，雖然可以塑造細腰修長的視覺效果，但從版型圖就可發現，它是平面剪裁，只收腰而已。

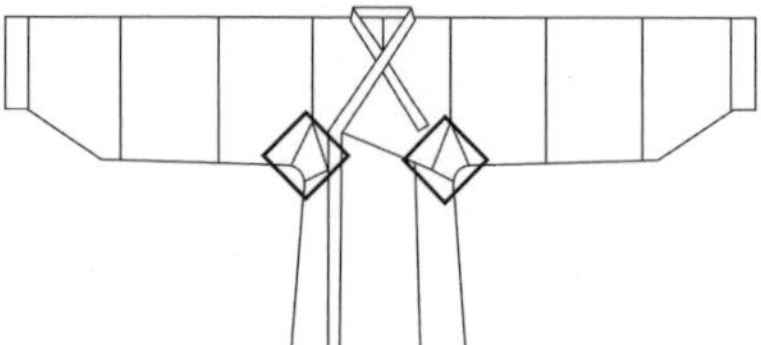

中國深衣在腋下加了一塊長方形的小縫片（也就是前文提及的「小腰」）來接合正反兩面的縫片，創造出立體的空間，也更能貼合身體的厚度。

穿錯啦！辛追太太！

說起馬王堆墓葬，最具知名度的莫過於下圖這尊「辛追夫人」復原塑像了。但事實上，根據漢朝的標準，辛追夫人的曲裾其實有著嚴重的比例問題喔！

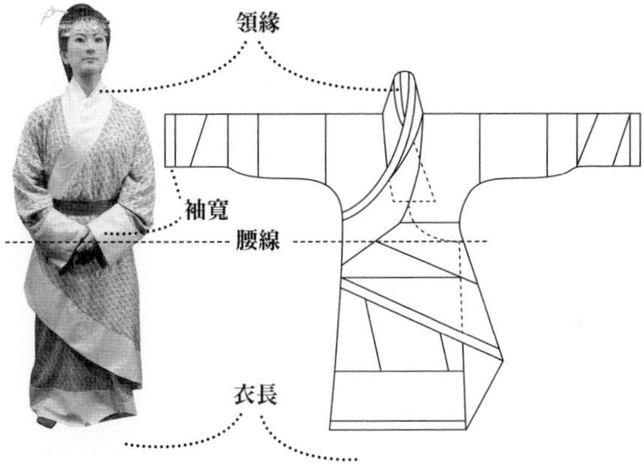

領緣：衣袍領緣應在二十公分左右，穿著時需往外翻折。

袖寬：衣袖寬度應在三十公分左右，袖口略窄約二十五公分，復原品的袖子太窄了，袖寬至少要有三十公分才對。

腰線：腰帶位置過高，別忘了大漢朝的低腰時尚！

衣長：馬王堆中大部分的衣袍長度都超過一百四十公分，以辛追的身高來說，這些衣服會拖地十公分以上，但復原品卻只到腳背。

第二章

引領潮流的周代服飾

傲視全球的周朝時尚

總體來說，三大古文明對衣服的製作都是「基本上沒什麼製作」。埃及人的腰裙是一塊布直接綁在腰間，希臘人和羅馬人將布料披掛或包裹在身上，很少會對布料進行裁剪與縫合。

由此可見，除了下半身繫裙外，還會特別裁剪布料來製作上衣，縫上一塊料子讓衣服可以在身前相交，甚至衣服上還加了一條領子！穿著如此需要大量剪裁的服裝，再仔細戴上頭冠的周代中國人，在那時的地球上實在是太不正常啦！也就是說：當中國人已經認真重視穿戴時，其他地方的人還只會用簡單的毛皮、布料遮裹身軀而已。中國的絲綢對他們來說更是細膩美麗的神祕珍品，受到中亞、歐洲各地各民族一致追捧，比等重的黃金更為昂貴。直到魏晉南北朝晚期，東羅馬帝國才透過走私與商業間諜竊取了蠶絲的奧祕。

跟著周人看世界

現代經常可見一些奇奇怪怪的評論，說希臘人經常裸體，中國古人卻都穿衣戴冠，且還要寬袍大袖、峨冠博帶，可見中國人保守、西方開放。令人不禁想吐槽：「希臘時代之後的西方人為什麼不裸了呢？」一切的癥結其實出自製衣技術，當時只有中國人擅長製衣著冠啊！

且不說西方，就是中原地區周邊的民族也一樣缺衣少冠。《禮記・王制》中記載了當時周遭的民族：「東方曰夷，被髮文身，有不火食者矣。南方曰蠻，雕題交趾，有不火食者矣。西方曰戎，被髮衣皮，有不粒食者矣。北方曰狄，衣羽毛穴居，有不粒食者矣。」

夷、蠻、戎、狄其實並非民族名稱，而是中原人民對某個位置的「非我族類者」的蔑稱，類似於「洋鬼子」，反正都是漂洋過海來的，管他是哪國人。就周人的觀察，東邊和南邊的人都是吃生食，還喜歡在臉上、身上刺青；西邊的人穿毛皮衣、北邊的人拿羽毛做衣服，他們都不吃穀物。而且東邊和西邊的人習慣披散著頭髮，在梳髮戴冠的周人來看實在太野蠻了，一點都不文雅。

位居中土的驕傲

據說周朝的先祖中曾經有三兄弟，大哥、二哥因為看出爸爸想讓小弟繼位，卻又煩惱按照正統繼承順序必須要傳位給長子，於是兩人就很自覺地離家出走。又為了表示絕不和小弟搶王位，兄弟倆乾脆斷髮紋身，徹底改換成蠻人造型，跑到荊蠻去了，這兩個人就是吳國的先祖。

依現代人看，男人刺青披髮，雖然有點引人側目，但也不過是嬉皮風，沒什麼大不了的。但是在當時人眼中，這實在是極為嚴重的大事。

這是因為當時的人沒什麼國家民族概念，主要是用生活方式區分族群。吃類似的食物、穿相似的衣服、婚姻的概念相近、祭祀亡者的方式相當，就屬於同一掛的。否則就算是同一個祖父的子孫，二伯當年出門放羊沒回來，三十年後有個趕著大群牛羊的牧人來認親，即使確實是二伯的兒子、自己的堂哥，在周人眼裡，他也等同於異族人了。

這就是所謂「夷狄入中國則中國之，中國入夷狄則夷狄之」。服裝、禮儀是最顯而易見的表現。原來披髮皮衣的野人開始學著把頭髮盤好戴冠，穿上周人的服裝，學著周人舉行各種祭祀儀式，從此就算是一個周人。即使貴為周的王子，要是哪天把頭髮剪短而無法盤起，只能披頭散髮，還在身上刺青，跳進河裡和鱷魚比賽游泳，這一看就是大腦進水，周人不會承認他是同族。

何況以衣冠之製作水準來看，中土實在比周邊地區高明先進太多，在當時堪稱高科技的結晶。把衣冠視同禮樂文明的象徵之心與自豪之情，在周人睥睨四方之時不覺油然而生，這也是人之常情。

代代傳承的文化認同

這種從文化出發的族群觀，深深影響了往後的中國，例如一統天下的漢朝，即是按照《周禮》中對君王冕服樣式的記載，做出復古的君王冕服。漢朝原是楚人建立，曾有位楚王霸氣非凡地表示：「我蠻夷也，不與中國之號謚。」既然本不同族，漢朝又為何要仿周禮的冕服？正是因為這種出於文化的族群認同感，漢代君王認同了周代以來的文化與禮儀，自認為是它的傳承者，從此便自認是同一個族群了。

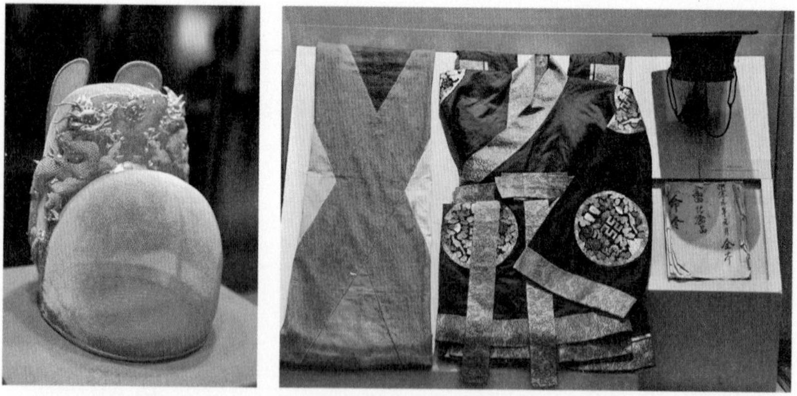

左：明朝的金翼善冠是用金絲編製而成，通體無接頭、無斷絲，頂上的二龍戲珠圖案更展現出高超的纍絲鏨金工藝。

右：袁世凱祭天時的服裝，可以看到袖口上有清晰可辨的山、龍、粉米、火、宗彝、藻、斧、華蟲和黻等章紋。

此後不管是漢人或胡人所建立的朝代，大致上都使用同一套源於周禮的袞冕服飾制度（雖然隨著時代推演，衣冠愈來愈花俏），君王在主持重大儀式時，必定做復古裝扮，以示傳承，即使在元朝亦是如此。清朝建立後禁用漢人衣冠，君王冕服自然也沒能倖免，不過清朝的帝王袞服其實仍延續著傳統，刻意把《尚書》中君王冕服的十二章紋也統統放到身上，認為這才是帝王霸氣！這同樣也是對歷史文化的尊敬與繼承，甚至到了袁世凱復辟稱帝時，還特別按照這套制度做了君王冕服呢！服飾＝禮儀＝文化＝族群，這種觀念影響之深遠，由此可見一斑。

東周人的服飾觀——一件衣衫的蝴蝶效應

周公制禮作樂，奠定了周代貴族小至一衣一食，大至政治外交的諸多禮儀規範。在禮制的理想狀態下，貴族們都按照禮制的規定，行禮如儀地從事一切公眾與私人活動；老百姓則是在遵守禮法的貴族統治下，按照井田制度等既定規則生活，不受打擾與壓榨。於是人人各安其所，過著幸福快樂的日子——當然，世界哪可能這麼美好？

西周初年制定的禮樂宗法等制度，到後期屢遭挑戰，例如周厲王因國人暴動而逃亡，近因是壓制民意，不許百姓議論國事；遠因則是實行「專利」，由王室來獨占山川林澤的收益，不許人民擅用，這兩種作為都違反自西周以來的傳統。號稱中興的周宣王，也幹了不少類似料民徵兵、干涉魯國繼承權的破事，一直受到臣子的批評；周幽王廢嫡立庶更是引來犬戎之禍，嚇得諸侯盟誓時都要強調「毋以妾為妻」，以免禍事重演。

穿衣與逾矩

禮樂制度的崩壞不僅展現在政治層面，服飾的逾制情況也十分嚴重。山西曲沃有一處晉國的王室墓園，裡頭葬了西周至春秋初年的歷代晉侯及夫人，墓園的出土文物中，最令人震驚讚嘆的是一套玉組珮（出自晉穆侯繼室楊姞之墓），由玉璜、玉珩等各種玉石組件串聯而成，光玉璜的數量就有四十五件，組合起來總長超過二公尺！

這樣說大家可能感覺不深，但讀資料時看到這個數字，我可是一口茶嗆了出來——璜的數量愈多，整組玉飾的級別就愈高，一般晉侯墓的玉組珮大多僅有四、五件玉璜而已，這套玉組珮堪稱「一個打十個」！而且，光玉組珮就超過二公尺，搭配的衣服必須多長、多華貴，才能與這套首飾相襯啊？

現代人習慣在服裝上彰顯個人品味，穿衣打扮務求與他人不同，十分忌諱「撞衫」，因此很難理解東周的道德家幹嘛天天感慨「禮崩樂壞」。只要大行不虧，何苦糾結於別人喜歡穿什麼衣服、戴什麼首飾、聽哪些音樂等小事？可是在當時看來，人的一言一行都反映了內心的欲望！一個人若是不遵守服裝制度這種「小問題」，就一定會在大方向上違反常規。《左傳》中記載魯昭公元年的一次諸侯會盟，楚令尹公子圍「設服離衛」，公然穿著國君的服裝擺出儀仗，與會諸大夫看到他的架勢紛紛吐槽：「哇！帥耶！好像國君哦」、「連王宮都住過了，穿個國君服裝剛好而已」，認定他絕對有不臣之心。果不其然，公子圍回去就勒死國君，宰了他的兩個兒子，自行登基，是為楚靈王。

偏衣：一場偏心的悲劇

另一個「獨特著衣風格」的故事更是悲慘：晉獻公伐驪戎時帶回美人驪姬姊妹，俗話說老年人談戀愛如老房著火，一發不可收拾，何況迷上的是野性風的戎狄美女？很快的，獻公立了搶來的美女驪姬做夫人，也想讓驪姬的兒子奚齊當下任國君，這時太子申生就成為獻公極欲搬開的大石頭。於是，獻公命令申生攻打東山皋落氏，並賜給兒子偏衣和金玦，命令他「盡敵而返」。偏衣是指以中縫為界，左右兩邊顏色不同的衣物，即使以現代人的眼光來看也頗為前衛；金玦則是用青銅做成玉玦狀之物，這兩樣物品不但不符合出征的禮儀，甚至違反當時的常識。申生拿到偏衣和金玦後極為困惑，到處問人「我爹這啥意思？」

雖然有臣子安慰申生說：「國君把自己的衣服分了一半給你穿，這是好事啊！不要想太多。」但大部分的臣子紛紛唱衰：「國君叫你去打仗，還送這些東西給你，這和詛咒沒兩樣嘛」、「送一件這麼奇怪的衣服，你爸根本不愛你吧」、「這種造型太誇張了，就算是瘋子也不會穿。還說什麼『殺光敵人再回來』，是不希望你回來的意思吧！」這些議論源於當時人對著裝的概念：「衣，身之章也；佩，衷之旗也。服其身則衣之純，用期衷則佩之度。」服裝是用來彰顯身分且傳達內心意念的物品，所以按規矩衣服該穿純色，配飾則要戴玉。獻公送給兒子的東西不倫不類，無怪乎人人大感不安。雖然申生沒聽從臣子勸他逃命的建議，依然出征並大勝而歸，但幾年後還是死於驪姬的陷害之下，晉國便陷入十餘年的混亂，國勢因而大挫。

影劇中的周人美學

周朝距今已二千多年，漫長的時光予人遙不可及之感，而出土文物不但款式與現代風尚大異其趣，色澤也多半暗沉無光，令人難以想像這些飾品曾經風華，但在我們習見的古裝影劇裡，其實也有許多取法於周朝美學的設計，為劇中人增色添光呢！

古樸優雅組：

馮小剛於二〇〇六年拍攝的古裝電影《夜宴》，乃是取法五代十國的歷史架空故事，在架空的背景下，可以看到人物衣著雖大致傾向唐裝風格，但配戴的飾物卻直追周朝古風。對照前文提到晉國楊姞夫人墓的超豪華大型玉組珮，人物身上的玉珮項鍊同樣都是以綠松石串珠加上玉珮的組合，不同的是，楊姞夫人的項鍊由半圓形的玉璜為主，而電影裡青女佩戴的是圓形玉環。

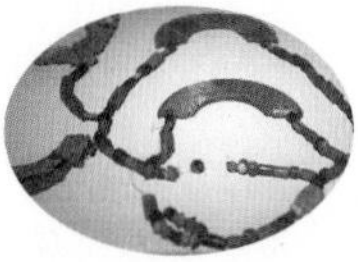

野性細工組：

電視劇《神話》以秦朝為背景，距離周朝不過幾十年時間，服飾風格仍與周朝頗多相近。瞧瞧劇中人物戴的這條一珩二璜玉項鍊，和周朝文物相比，主要結構都是以仔細打磨的古玉、瑪瑙珠管與綠松石串連綴起大片的玉璜、玉珮等物。周朝的貴族便把這種玉組珮配戴在脖子上，可說是相當野性的長項鍊。

瘋狂華麗組：

電影《孔子：決戰春秋》中，最惹人爭議的莫過於衛靈公夫人南子的造型了。演員周迅在頭上戴著造型華麗的金冠和長度超過一公尺、宛如頭紗般披覆周身的綠色珠串，就算是一般觀眾，也不禁在心中嘟囔：「周朝怎麼可能有這種怪造型？」

但先別急，且看這條陝西韓城出土的芮公夫人首飾套組，項鍊總長超過一公尺，由梯形玉牌、玉珠、玉龜及瑪瑙珠管等五百多種零件構成十一條串飾，呈放射狀裝飾於前身（圖片僅為胸前的主要裝飾部分）。全套首飾還配有二條玉握（玉手環），每條手環都以二、三百顆玉貝、玉蠶、玉龜、玉珠和瑪瑙珠連串而成，華麗與狂野的程度，可說與電影中的南子不相上下，而兩個諸侯夫人的奢華，卻都同樣表現出當時禮制崩壞、諸侯競奢的樣貌。

穿出心中的價值觀

史書中雖有不少對人物服裝違制逾禮的批評，但也反映了春秋時代的知識分子對服裝制度和其背後的禮法觀念還是非常重視，才會在看不順眼時出言批評，並對服膺這套道德規範的行為給予讚美。

例如孔子的弟子子路在衛國當官時發生內亂，孔子聽聞內亂消息但尚不知細節時，就悲傷地斷言子路死定了：因為子路一向剛直又堅守原則，絕不會與叛黨同流合汙，必定為主君奮戰致死，乃性格決定命運。但子路的直接死因卻相當戲劇性：「石乞、盂黶敵子路，以戈擊之，斷纓。子路曰：『君子死，冠不免。』結纓而死。」子路是在打鬥中被人砍斷了冠纓，為此停下戰鬥，重新結冠而被砍死。

對一般人來說，生死交關的當頭保命才要緊，有沒有戴帽子根本不是重點。也只有子路這樣即使身亡也要堅守原則和理念的人，才會用生命來捍衛他心中更高的價值。

墓穴裡的國家音樂廳

戰國時期，各國紛紛變法改制，僭號稱王——春秋時只有大剌剌自稱「老子就是蠻夷」的楚國使用王號，但諸侯還是稱之為「楚子」。到春秋末期，連小國吳越也敢稱號為王。戰國以後，中土大地上的「王」愈來愈多——連周代最根本、最重要的封建宗法、等級制度都被推翻，附屬於封建等級制度，用來輔助、彰顯貴族身分的禮樂，就成了無根之萍，完全失去依歸。

傳統的禮樂制度在這時成了貴族互相攀比、自嗨的噱頭，連曾侯乙墓——一個小小國某位名不見經傳的國君墓，都陪葬了天子級別的超豪華全套編鐘編磬！

這種等級的樂團本來只有周王室和魯國公室能夠持有，季札到北方出使時，特地拜託魯國人讓他觀賞「周樂」，就是因為唯有王室和魯國擁有全套樂舞的演出權，即使齊、晉這些霸主，理論上都只能演奏一部分符合他們級別的音樂而已。但是到了戰國，就連小國國君都毫無顧忌地享用天子級的音樂，還放進墓裡帶去死後的世界，所謂「禮崩樂壞」正是此時的寫照。

土豪的進擊：愛怎麼穿就怎麼穿

這種奢靡的風氣自然不單表現在國君身上，而是從上到下都追求高調奢華。江陵馬山的楚墓中曾出土一件錦袍，單看文物照片覺得沒什麼特別，但有人試著復原了這件衣物，我才注意到大得驚人——衣長二百公分，通袖長三百四十五公分！因為墓主是個身高和我相當的女性，可以推測她穿上衣服時衣襬曳地兩尺長，垂落的袖口還能幫忙掃地。

在布料昂貴的古代，如此豪華的衣服只有大貴族能穿吧？不，據考古學家按照隨葬品判斷，墓主的家族也不過略高於「士」，只是底層貴族罷了。

但在貴族、富商爭相以豪華服飾展現自己的雍容華貴時，孟子正在勸諫梁惠王實行仁政：「五畝之宅，樹之以桑，五十者可以衣帛矣。」推廣桑植，讓家家戶戶都種桑養蠶，增加絲綢產量，這樣平民老人才能有比較暖和、舒服的絲衣可以穿。換句話說，有錢有勢的人極盡所能地浪費布料，把衣服做得又寬又大，還織錦彩繡地在衣服上做各種花樣，輕薄絹衣以消暑、絲絮綿袍以禦寒的同時，一般老百姓根本穿不上絲綢，只有毛褐粗麻，聊以度冬夏而已。

中西潮流比一比

因為偏衣太違反古代中國人的常識，我們只好用西方中世紀服裝來理解一下什麼叫「以中縫為界，左右異色」。這種服裝是用兩種不同顏色圖紋的布料一左一右拼合成衣，若是男子的褲裝，除上衣可能異色外，褲子左右腿也各是一種顏色，時尚潮男的全身上下左右，共有四個對比強烈的色塊。已婚的貴族婦女還會刻意在衣服的一半放上娘家的旗幟顏色和家徽，另一半放上夫家的，以此顯示自己身家不凡，但從東周人的審美觀來看，卻被評論為瘋子都不會穿的衣服。由此可以發現：中世紀歐洲在服裝審美觀上，實在與中國大異其趣。

後人根據江陵馬山楚墓錦袍規格所製作的復原服飾，在該墓出土的衣服中，這件最為寬大（而最小件的衣長也有一百五十公分），衣服的上身是用八幅布拼成，穿著時拖地六十公分左右。對照戰國楚墓繪畫來看，可發現服裝造型其實十分相似，只是誇張化了。

第三章

和電視劇不一樣的秦漢服飾

自由雍容的漢朝時尚——餘光仍看漢家風

兩漢長達四百年的漫長歲月裡，自然有各式各樣的時尚流行，除了知名的留仙裙、墮馬髻等服飾，甚至還有愁眉、啼妝、齲齒笑、折腰步等充滿想像力的妝容與姿態，比起當代的一〇九辣妹妝、洞洞乞丐風，不知到底哪種更炫？

有學生拉我去看他們舉辦的漢服活動展，盯著展板上的說明文字與配圖看了很久，終於忍不住抓了一個學生問：「說明文字是誰寫的？」學生緊張地問：「寫錯了嗎？哪裡有錯？」「嗯，也不能說是『錯』啦！只是解釋方式完全是近代民族主義式，然後倒推為古代也是有著如此清楚的民族界線。」

我看著學生困惑的表情，決定採用時事來譬喻：「舉例來說，現在中國和越南為了採油平臺的問題鬧矛盾，對吧！身為愛國青年的你，有一天和另一個越南愛國青年為了這事一言不合而大打出手。你老家在哪裡？天津？你是漢族嗎？很好，你在面對中國人的時候，會介紹自己來自天津，是漢族人。但是對和你打成一團的越南青年來說，他才不管你是哪裡人哪族咧！你就是個『中國人』！你也不會管這人是北越還是南越人，是什麼民族（越南也是多民族國家），總之就是個越南人啦！」

誰會自稱「漢人」？

這個道理放到「漢」這個時期也是一樣的，漢初的統治集團是和劉邦打天下的老鄉，都是楚人——也就是當年自稱「我蠻夷也，不與中國之號謚」的熊大爺之後人（放到西周或春秋時代，諸夏才不認為和他們是一掛的）。另外項羽的自我認知也是楚人，張良則自認是韓人——那時的人不認為自己屬於一個統一族群，而是按地區（或說戰國時代的各國統治疆域）來劃分彼此，如天津人在當時便會自稱燕人。只有在面對差別更大的「外人」，如匈奴、羌人、百越時，來自齊、楚、燕、秦等地並以此自居的人們，才會根據統治政權「漢朝」自稱，或是被稱為「漢人」。當然，那時所謂「匈奴」、「羌人」、「百越」也都是統稱，內部也分成無數的小群體，彼此間的長相和語言可能都有很大差距，不管從語言或體質來說都不是一個「民族」，而是某一地區許多民族的統稱。

換言之，以今天的眼光來看，漢代的「漢」、「匈奴」這些詞彙與其說是民族分類，不如說是政權或國籍的劃分，如「美國人」、「日本人」。而「羌人」、「百越」則是對某一區域住民的統稱，類似於現在說「中亞各民族」、「東南亞人」。因此漢朝人並不會認為所穿的服裝是「民族服飾」，但他們還是對自己的服裝頗為自豪。

漢匈比美大吐槽

《史記》裡記載了一次漢朝與匈奴兩方的風俗辯論，漢朝一方就吐槽匈奴「無冠帶之飾，闕庭之禮」，顯然頗以服裝與禮節之美為榮。

不過匈奴這邊派出的辯士也不是普通人，若稱他為「史上第一漢奸」，大概難有人出其右——此人名為中行說，漢文帝時為求北疆和平，按慣例挑個宗室女封為公主送去和親。除了山寨公主外，還有許多倒楣的宮女、太監得一同北行——這比當兵抽中「金馬獎」還淒慘萬倍，一去大概就回不來了。不幸名列其中的中行說百般抗議，卻無法扭轉上司的決定，最後只能憤恨地誓言「必我也，為漢患者」，一到匈奴便效忠了單于，從此成為漢朝的心腹大患，可說是毫無疑問的「漢」奸。

中行說輔佐於匈奴時，勸諫單于不要著迷追捧漢人的衣食，還建議玩個實境秀：穿著漢朝送來絲綢做成的衣服在長草棘叢中策馬奔馳。絲織品遭到這種暴力對待後自然變得破破爛爛，以此展示舒適美麗的絲綢，遠比不上毛皮衣物適合草原生活。

對於漢朝使者批評匈奴服裝與禮節粗陋，中行說強調匈奴人的飲食衣著都是來自於畜牧，騎射技術也是生活的一部分，日子簡單又快樂。不像漢人困於衣食禮儀繁瑣，還要給貴族築宮室什麼的，能戴冠有什麼了不起啊！中行說的發言顯然回避了美觀問題，雖然替匈奴方辯駁，不過也沒辦法昧著良心說「匈奴人的衣服超漂亮」，只能說「簡單方便就是好」。《鹽鐵論》中說匈奴「無文采裙襌曲襟之制」，服裝造型和花樣十分簡單，相對來說，「有文采裙襌曲襟之制」就是漢人的服裝特色了。

自由的漢朝風範

在服飾方面，漢朝或西漢時期，可說是一個受「傳統禮法概念」束縛最少的時代。此前長達八百年的周朝已經滅亡了，西周制定的服章制度隨著禮崩樂壞，逐漸無人聞問；春秋戰國時期各國雖然都發展出富有地方特色的服飾，如《墨子》中記載「齊桓公高冠博帶，金劍木盾」、「晉文公大布之衣，牂羊之裘，韋以帶劍」、「楚莊王鮮冠組纓，縫衣博袍」、「越王句踐剪髮文身」，不過各國制度化的服裝也隨著秦國大軍的征服而消亡。

據說秦每征服一國，就把國君的服飾賜給臣僕，當作新的臣子服裝設定：「秦滅楚，以其君服賜執法近臣御史服之；高山冠，蓋齊王冠也。秦滅齊，以其君冠賜近臣謁者服之。趙武靈王效胡服，以金璫飾首，前插貂尾，為貴職。秦滅趙，以其君冠賜近臣。」

雖然秦滅六國後，對新的一統王朝也有服制規定，但是秦朝僅傳了兩代而已。舊的服裝制度已經潰散，新的王朝與制度還沒讓大家習慣就暴斃了，此時所建立的漢朝，面臨的是沒什麼服裝制度可依據的局面。

秦朝服制改良沿用

因為沒什麼制度可依，漢初根本「不設車旗衣服之禁」，老百姓想怎麼穿都可以，沒有任何規定。後來才按照爵位高低，規定不同場合、官職、身分所著用的服飾。這些服裝規則可能參考了不少秦朝的制度，例如秦朝廢除了西周的六冕，只留下「袀玄」，也就是上下都是玄色（帶紅的黑色）的衣袍，做為唯一的男子禮服；西漢在齋戒祭祀時的祭服主要也是袀玄，搭配絳紅領口袖緣的中衣、褲與襪，象徵一片赤誠之心，再戴上漢高祖劉邦設計的長冠，就是祭祀時最隆重的造型。

此外，漢代官員需佩印綬，這也是繼承了秦朝的制度並創造性地加以改革。透過綬帶的顏色和長度不同，以此來區別公卿貴冑的身分；諸侯王的赤綬長兩丈一尺（約四．八公尺），九卿的青綬為一丈七尺（約三．九公尺），俸祿一百石的小官綬帶只有一丈二尺（約二．八公尺）了。

至於大家經常在電視上看見頭戴冕冠、前垂十二旒長長玉珠串、玄衣纁裳的經典皇帝造型，那絕不是西漢皇帝會有的打扮。一直到東漢明帝時，因為熱愛儒學的皇帝同時也是個復古控——而且是個有著豐富資源的復古控，他與臣子們一同研究《周官》、《禮記》、《尚書》等儒家典籍中對古代服制的記錄，並按照書中的記載，重新設計製作出已消失數百年的古代君王公卿與后妃夫人的服裝，從此成為後代君王祭服的濫觴。

不過這些復古服裝主要是用在祭祀中，后妃夫人們還能把參加親蠶儀式的服裝當成朝服，男性上朝時都只穿深衣制（上下分裁再縫合）的黑袍而已。

基本配備：長袍、襦褲、襦裙

在祭祀與朝堂之外，漢朝人平常穿什麼呢？

馬王堆出土的帛畫中，有幅導引術圖，裡面就畫出了好幾種服裝搭配法，讓我們知道當時的體操服也可以十分多樣化，不管是穿長袍（有一件看起來還是曲裾繞襟的）或是襦裙（裙子底下可以露腿或者穿打底褲），甚至打赤膊只穿短裙短褲都能運動。可能是為了方便活動，長袍下多搭配大口褲，這也是漢代武官的常見造型。

一般人的服裝大致也與這張圖相去不遠，除長袍外，男子常著襦褲，有時外加裙裳；婦女則主要穿襦裙，裙子底下也會穿褲子——據說漢初婦女穿的都是開襠褲。但是漢昭帝時，權臣霍光希望讓身為皇后的外孫女早日懷孕，因此要求宮女們都穿上有襠的褲子，使皇帝對宮女下手時多了一重麻煩，其意義大概有點像現在的防強暴內褲。但是很遺憾的，漢昭帝年輕早逝，那位皇后才十五歲便做了寡婦，一生都沒有機會生兒育女。

充滿想像力的民間時尚

據古代ＹＹ小說[1]《趙飛燕外傳》（不用懷疑，古人也喜歡這種作品）所言，漢成帝曾與趙飛燕泛舟遊於太液池，趙飛燕曼歌翩舞間突然狂風大作，幸好樂師急忙按住她的鞋子，身輕如燕的她才沒有被風吹走「遙登仙界」。風停之後，趙飛燕華貴的雲英紫裙上多了許多皺褶，顯得分外飄逸優雅，宮女們紛紛模仿著在裙子上疊出褶子，稱其為「留仙裙」。

東漢桓帝時的大將軍梁冀之妻孫壽創造了愁眉、啼妝（像哭泣般的妝容）、墮馬髻（偏墜一側的髮型）、折腰步（誇張扭腰的走路姿勢）、齲齒笑（牙痛般的笑容）等一系列放到現代伸展臺上都不遜色的造型，引得全京城婦女紛紛效法，堪稱東漢時尚教母。她的丈夫梁冀也不甘示弱，製造了平上軿車（有屏風的車）、埤幘、狹冠、折上巾（各種巾冠）、擁身扇（巨大的障扇）、狐尾單衣（拖尾長袍）等服飾車器。據說六朝時代也流行過一種拖尾的長裙，就是模仿梁冀的狐尾單衣。

對於漢朝時尚感興趣的讀者，可以去翻翻兩漢書的《五行志》，書中所謂的「服妖」，就是某一時期的特異流行。看看現代令老古板們皺眉的一〇九辣妹妝、熊貓妝、洞洞乞丐風等造型，與漢朝時尚相比，到底哪種更炫呢？

---

1. ＹＹ小說為中國新興的網路文學類型，即「意淫」之諧音，指透過幻想、架空、歷史誤讀來滿足個人情懷的作品。

上：有著精緻多彩刺繡與曲襟造型的漢式服裝，人偶們頭上的冠帽也是重點之一。現在的「漢服運動」主要關注點在服裝式樣，但對當時人而言，冠帽的重要性可能還勝於衣服，更能體現身分的差異。

左下：漢朝男女陶俑，與前面的木俑相比，雖然服裝的華麗度下降了好幾級，沒有精緻的彩色花紋，但還是可以看出他們有著「頭戴冠帽、衣襟繞身、數重衣物」的共同特點。

右下：常見於各種唐朝古裝劇裡的墮馬髻，其實是由東漢的孫壽所發明，可說走在時尚潮流尖端數百年。

古今漢裝比一比

電影《赤壁》雖描述三國時期的故事，然而片中服飾風格仍可看出漢朝遺風的影響，如戰士所穿的軍服，主要即根據西漢戎裝所製，現在就讓我們來看看這古今之間，到底有何差異吧！

絳衣大冠：

漢朝的武官裝束是「絳衣大冠」，武吏通常戴赤幘，因為當時人認為軍戎之事的搭配色是赤色，血染山河煞氣威武嘛！從這裡來看，劇照中將領絳衣玄甲就挺符合漢代的配色，不過頭上竟然沒有任何冠帽，這就比較奇怪了，就算把頭盔摘下來，底下通常還是會戴著巾幘（吸汗、隔熱、防衝擊，你值得擁有）。而小兵服裝太暗淡了些，還全是非主流的黑幘。此外服裝整齊到像穿制服，他們的老闆財力雄厚啊！

短衣＋大口褲：

漢代時武人身穿「短衣」，雖然叫短衣，但長度大約及膝。再把大口褲在小腿處綁緊或加裹護腿，形成了類似南瓜褲的效果。由此來看，這些小兵的上衣短了些，褲子又不夠寬大，自然難以達成上圖的著衣效果。

y 型領＋裡衣：

深 y 露裡衣才是漢朝的時尚，外衣領口拉低一點吧，這些兵哥太保守啦！（而且左邊那位小哥，你裡衣的衣襟壓反了！）

第四章

魏晉南北朝的飄逸美學

魏晉飄逸美學——錦繡堆疊，裾帶飄飄

行走中燕尾飛舞，迎風而立時衣帶輕揚的仙女風格，可說是漢末魏晉時最飄逸脫俗的造型。想來大喬、小喬、甄妃、孫夫人等三國貴婦的衣櫃裡必然有好幾套充滿燕尾纖髾的華服，用來搭配出色的美貌。

說起「三國」，大概有不少人會立刻眼睛一亮，滔滔不絕地講解精彩紛呈的各種計策和戰役。就算不是把《三國演義》倒背如流的重度書迷，一般人也能說起美人計、桃園三結義、火燒連環船、趙子龍單騎救主等著名橋段，堪稱中國歷史上知名度最高的時代。

相對來說，一般人可能就對「魏晉南北朝」這個名詞沒什麼印象。但事實上，三國即屬於魏晉南北朝裡的一段歷史，因為曹丕篡漢後建立了魏，蜀漢與孫吳才相繼稱帝，蜀漢被魏所滅，司馬家族又篡奪曹魏，進而征服孫吳，一統天下。三國分立時期僅六十年，近三百七十年的魏晉南北朝是三國時代的六倍長呢！電視上熱播的《蘭陵王》、《陸貞傳奇》等，故事背景都在南北朝時代。

當然，現代戲劇（尤其賣俊男美女為主的古裝偶像劇）在畫面上要符合現代人的口味，只能「創造性地參考」當時的服飾造型——但這絕不代表那個時代的服裝沒有特色。甚至可以說有些造型實在太有特色，恐怕現代人無力招架，服裝設計者只好淡化處理了。

深衣的退化與轉型

到底是怎樣的有特色呢？還是要從之前的朝代說起。春秋戰國時代，諸夏（認同並實行周文化的族群）的服裝造型有兩大類，一種是上衣下裳，也就是衣服裙子兩件式，貴族的隆重禮服都是這一款；另一種是像連衣裙似的、將衣裳縫綴相連的深衣——我們曾在〈千年立體剪裁奧義，中國深衣的祕密〉中介紹過這種服飾，由於當時沒有完整的褲子，必須把身體緊緊包裹避免走光，深衣得要做得特別寬大，以「被體深邃」而得名。不過隨著裁剪技術的進步，等人們可以做出完整包裹下半身的褲子後，深衣就失去了實用功能，逐漸淡出了人們的生活。

看了電視劇《漢武大帝》、《美人心計》的讀者可能會惋惜地想：就算纏繞衣襬沒有實用功能，但是很漂亮啊！衣服的美觀功能也很重要。

說得沒錯，但是相較於美觀，製作深衣的「代價」實在不小。以馬王堆出土的深衣為例，製作一件曲裾需要用上三十二公尺的布料，用漢代的單位衡量約為十四丈，但當時一匹布只有四丈（約九．二公尺），也就是說，三匹布還不夠做一件衣服。

相較之下，若是改做裙子，一匹布做兩條裙子還有剩。在生產力不高、布料十分昂貴的古代，穿深衣真的太花錢啦！

衣帶飄飄扮仙女

深衣慢慢離開了日常生活，成為一種儀式用的禮服保留在女裝中（女人比較樂意為美觀掏錢嘛），造型也有所改變——原本剪裁時下擺平齊的直裾深衣穿上身後，因為衣服過於寬大，又只是纏繞而沒有綁帶定型，穿著或活動時，下擺衣角容易下墜形成兩個小尖角。漢朝人可能覺得這對小燕尾挺萌的，也開始在衣服上變花樣，把原本正常的衣角故意剪得更尖、加得更長，或者在本來不會產生燕尾的曲裾上也接上兩條長長尖尖的衣角。

這種人工製造尖角的衣服稱為袿衣，《釋名》曰：「婦人上服曰袿，其下垂者上廣下狹，如刀圭也。」在西漢中後期已經是高級女裝。後來，女裝造型更加誇張，一對燕尾已經不能滿足女性的浪漫，她們在衣服各處加裝了更多細長的尖角絲帶，名為「襳髾」。行走中燕尾飛舞，迎風而立時衣帶輕揚的仙女風格，可說是漢末魏晉時最飄逸脫俗的造型。

不僅衣服要飄逸，頭髮也要飄逸——當然啦！古代女性不流行飛揚柔順、輕輕一撥就回復原來樣子的散髮造型，頭髮必須在頭上盤好，並且用芬芳的髮油加以定型。《詩經》中就曾經有個可愛的姑娘發出感嘆：「自從情郎去征東，我的頭髮就毛糙得像爆炸頭。當然不是因為沒有洗髮精和定型液，只是沒人欣賞，我哪有心思去做美容？（自伯之東，首如飛蓬。豈無膏沐，誰適為容？）」

但是在這個時代，女性一邊把頭髮梳理成美麗的髻，一邊還要在兩鬢梳出薄如蟬翼或細細兩綹的鬢髮，髮髻中再挑出一小撮垂髮（也叫做「髾」）讓它們在行動間自然搖曳，插在髮上的金質花樹隨步輕顫。

孅美秀服的繡䙰

除此之外，衣外面還可以加穿短袖小外套，更增添層疊繁複的美感。西漢末年王莽之亂後，更始帝的軍隊進入長安，凱旋光復首都是多麼榮耀的事！因此每個人都穿上了當時最時尚、最漂亮的服裝：「時三輔吏士東迎更始，見諸將過，皆冠幘，而服婦人衣，諸于繡𧝓，莫不笑之。」「諸于」是一種大袖的袿衣，而「繡𧝓」是有著彩繡花紋的短外套，都是女性盛裝，那個場面相當於一票壯漢頭戴男士禮帽，卻身穿低胸晚禮服招搖過市——期待已久的平亂救星，竟全是女裝癖，長安官民無不看得嘴角抽搐，大感傷眼。

新疆曾出土一件東漢至魏晉時期的短袖上衣，服裝史學者們認為那就是史書中記載的「繡𧝓」。由於環境乾燥，這件衣物還保持著十分鮮豔的色彩。衣身是明亮的天藍色，袖子則是打滿細褶的大紅喇叭袖，袖緣還綴著天青、褐紅、白色三道緣邊——強烈的對比色、誇張的袖口造型，現代人穿來跳康康舞都毫不突兀，完全突破了我們對古人衣著的想像。

遙想兩千年前一群粗豪軍勇身穿著鵝黃或天青的繡𧝓，寬闊的肩膀把鮮紅的細褶短袖撐成了俏麗的荷葉邊，襯著青碧或淺粉色衣垂盪的絲質大袖，燕尾飄帶在風裡翻飛，回眸一笑間……嗚啊！太恐怖了！

文青也是花美男

話又說回來，那確實是個男人也講究穿衣打扮的時代。據說東漢就有士大夫習於「胡粉飾貌，搔頭弄姿，槃旋偃仰，從容冶步」——胡粉，乃高級進口妝粉是也——男人不但要化妝，還講究美姿美儀走臺步。魏晉時代著名的美男子以何晏為代表，《魏略》中說何晏「性自喜，動靜粉帛不去手，行步顧影」，永遠不忘記帶著粉盒補妝，無時無刻都在關心儀態的自戀花美男，甚至透過嗑藥（五石散，原本是一種感冒藥）來讓自己精神煥發。

而何晏愛美的表現之一，便是他「好服婦人之服」，特別喜歡穿女裝，想來不會放過諸于繡镼、飛纖垂髾這等豪華又優雅的服裝款式。白皙美男子穿上這樣一套衣服，畫面大概……還是頗為詭異吧！

何晏的同事傅玄非常受不了他的女裝癖，說他根本是「服妖」，穿得這什麼樣子啊！由於何晏善於清談，又精擅儒學玄學，乃當時藝文界領袖，雖然女裝愛好並沒有感染社會大眾，造成男扮女裝的流行（男人化妝早在他之前就已經有了），但是他卻帶動了魏晉南北朝的嗑藥風氣，不服食五石散好像就不能自

最in仙女必備要素

1

2 3

髮型：

1. 步搖：北魏時期的步搖冠飾。

2. 髮髻：從顧愷之的《女史箴圖》中可見，魏晉的盛裝仕女喜歡在髮髻插上這種花樹或雀鳥狀的步搖飾品。

3. 纖髾：這飄揚的黑線可不是手抖筆誤，而是有人故意從髮髻中挑出一綹纖長的鬢髮，行走時隨著步履搖曳，也是當時流行的髮型。

4

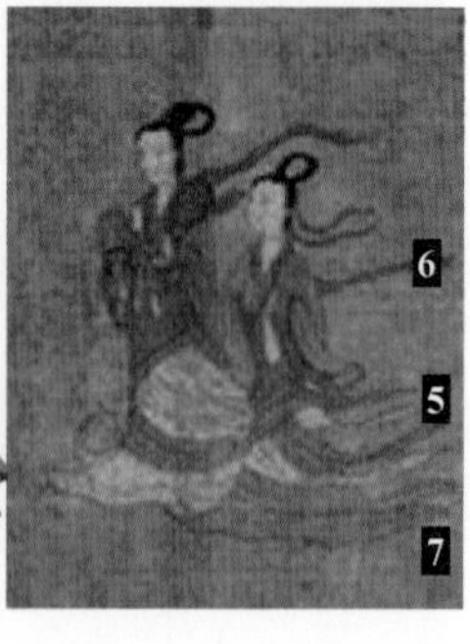
6 5 7

服裝：

4&5. 燕尾：徐州西漢楚王墓出土的女侍俑，女侍所穿的直裾下擺能明顯看出燕尾效果，疊穿幾件就可以產生數對燕尾。這位侍女在深衣下搭配了大口褲，假使把直裾的衣角加長、剪成尖角並加裝飄帶，裡搭長裙，再在直裾外面圍一條也縫上許多飄帶的蔽膝，最後換個髮型就可以做出《洛神賦圖》的畫面效果了。

6. 飄帶：除了下襬的纖髾外，髮帶與衣帶同樣也能塑造飄然若仙的效果，本圖的紅色帶子應皆為髮帶。

7. 長裙：內搭長裙，通常曳地半公尺以上。

命為名士。而嗑藥之後的各種誑誕放蕩的表現，也被美化成魏晉的風流瀟灑。套用現代的說法，這位文壇偶像給那個時代做了最壞的示範。

華麗不分男女——繡镼

在東漢墓出土的女俑身上，我們可以看到這種特別的外衣式樣——大約只及上臂的短袖加裝了寬闊的波浪花邊，使單色的陶俑增添了幾分華麗感。

雖然陶俑原本可能有上色，但色彩在時光流逝下逐漸消褪，使後人難以一窺原本的著裝效果。但新疆出土的服裝實物則讓我們發現，這種外衣不僅樣式特殊，有著令許多人驚訝「這個是西方造型吧？中國古代也有?!」的細褶喇叭袖外，用色也極其大膽，天藍與大紅的鮮明對比外，還有不少大紅配純白、赤褐配純白的搶眼細節，足見其用心。

在當時繪畫中，有時人物也會穿著顏色豔麗、對比強烈的短袖外衣（可惜較少表現出荷葉花邊的細節效果），可見得這種服裝的配色宗旨，就是要求一出場便抓住眾人目光。

不過既然名為「繡镼」，這種衣物大概不僅色彩鮮豔、材質華美，還經常施以精緻刺繡，可想見其豪華。更始部將雖然沒見過世面，只覺得好看就把繡镼袿衣往身上套，導致被首都市民嘲笑。但這也可以看出繡镼的華麗魅力，不管男女都難以抗拒呀。

上：顧愷之《女史箴圖》是根據東晉張華《女史箴》內容繪製的系列插圖，如這張圖就是勸誡女性不要恃寵而驕，對再親密的人也要相互尊重，兩人關係才能長久。為了使讀者有共鳴，圖中人物全都一身時尚打扮，如圖右女子頭戴步搖，髮帶、衣帶飄飄外，下半身的兩重燕尾也相當明顯。

下：顧愷之《列女傳圖》是以古代賢明女子的故事為主題畫的一系列插圖。雖然人物都是古代婦女，但是卻有強烈的時代特色，可以由多角度觀察當時人的服裝特色，還能看到清楚的襳髾與髮型。

左：南朝的竹林七賢畫像磚，裡面的人物個個衣衫不整，這種喝酒嗑藥嗨到茫的流行，就是何晏帶動的。

右：唐代孫位《高逸圖》的題材也是竹林七賢，服裝則與《北齊校書圖》頗為相似，身披透明外衣的半裸逸士和服裝整齊的僕從形成明顯對比，可知在當時，有身分的男人才有追求流行的權力！

魏晉美男時尚學，狂放飄逸新帥派！

魏晉花美男不僅化妝薰香修飾容貌，出門排場也講究優雅從容，以富貴堆砌出神仙氣度，此外還有與五石散密不可分的狂放精神，宛如電影《東成西就》插曲所唱：「自然的瀟灑，才真是氣派，一舉手一投足，都帶來風哪，這才是帥！」

若說中國歷史上「美男子」最多的時代，大概就屬魏晉時期了。當然啦！在沒有大規模基因改造或育種栽培的情況下，不可能一夕之間人人都變成帥哥美女，美人在各時期的比例應該也不會有太大變化。

為什麼魏晉時期的美男子好像特別多呢？主要是人們對「優質男」的評價標準變了，例如現在搶手的男性特質是「高富帥」，而在我讀大學時流行一句話：「不到一七五公分的男人是半殘，不到一七〇公分的男人是全殘。」從此可以看出來：我們這時代的男人首要標準是身高！就算一個男生人品好又帥，但是身高只有一六幾的話，在愛情市場的分類標準就是個長相不錯的殘廢……

外「貌」協會的魏晉人

魏晉對身高的要求倒沒那麼嚴格，強調的是「美姿容」。

「美」可能是威風凜凜、雄壯奇偉，可能是英俊瀟灑、玉樹臨風，也可能是秀美纖細、弱不勝衣，就算相貌一般，但氣質出眾都可以。總之只要讓人「感覺好」，當時人都會不吝惜稱讚：美！

這風氣倒不是魏晉時才誕生的。大家都知道中國選拔人才的制度在漢代是徵辟，方法是「察舉」，由地方官在轄區中挑選品格良好、學問淵博的人推薦給上級。這和推薦甄試或多元入學的概念有點像，不是只考單一能力，而是希望選拔出不同類型的人才。

不過什麼制度到後來都會出現問題，察舉制實行到後期，政府考核不嚴，各種走後門現象頻傳，當時人就諷刺：「舉秀才，不知書，察孝廉，父別居，寒素清白濁如泥，高第良將怯如雞。」察舉本為選拔各類人才，挑出的卻是大量名不符實的廢柴。再則是許多士人為了被長官注意到，刻意在地方上造勢，用各種激進的辦法來博取名聲。

博名作秀，花招百出

例如有一孝廉，分家時把家產大半據為己有，只分給兩個弟弟少許薄產。弟弟們雖然生活窮苦，但還是對兄長執禮甚恭，鄉親們都覺得這大哥太可惡了，兩個弟弟真是好人！

上：南北朝時期的《北齊校書圖》，內容描繪北齊皇帝高洋任命十一位文士校訂國家典籍，呈現當時名士兼具工作與享樂的情景。

下：後人重繪的《女史箴圖》記錄了當時貴族出行的陣仗，圖中所乘的是輿。《世說新語》中有人看到名士「乘高輿，被鶴氅裘」的出遊景象，不禁發出「此真神仙中人」的感慨。

弟弟們聲望節節高升，終於被地方長官注意到，兩個弟弟都舉了孝廉。這時大哥召集鄉親，告訴大家這其實是他的一片苦心——因為弟弟沒名聲，他只好先扮惡人，他們才有機會出仕啊！不僅如此，大哥還把當時的財產重新分配，公平地分予兩個弟弟，地方父老深感這大哥為了成就弟弟竟不惜自汙，實在太偉大了！

這個故事在《醒世恆言》裡也有記載，叫做〈三孝廉讓產立高名〉。標題就清楚地告訴大家，當時人重視名，會用各種作秀、表演的方法博取美名。而社會大眾也很吃這套，若有人做了一些超出常規的特殊行為，頓時便名聲大噪。像董卓年輕時就是個願意殺自家耕牛

左上：甘肅出土的魏晉時代畫像磚，畫中人物正在處理食材，可以看出一般勞動階層的服裝以輕便為主，袖口褲管都比較窄小，裙裳也短，以免妨礙工作。

左下：南朝的「列隊出行」畫像磚，與左上圖相對比，圖中人物各個大袖飄飄、裙長曳地，一看就是有僕人負責搓洗裙角的貴族擺闊造型。

右：放大看《北齊校書圖》的細節，會發現名士們的服裝相當豪放，除了一件類似吊帶小背心的內衣外，上身只披了一件幾乎透明的披肩，近乎半裸地辦公，一旁侍女還把酒壺都提了過來。這景象若放在現代的公家單位真是驚世駭俗，但畫家顯然認為這一幕風流高雅，值得紀念。

以宴請朋友的海派男兒，在地方上有「健俠」的美名呢！

熱愛選美的社會風氣

這樣的社會氛圍中，品評人物就成了一種風氣，人們喜歡評論某一人物的品格、德行，或者就某種品行來評價誰最優秀。像《三國演義》中名場面「煮酒論英雄」，就是以「英雄」為主題的品評會。

這些品評裡，人物的外貌自然也是評價標準之一。但當時人的審美觀主要還是「偉丈夫」型的，高大魁梧、美鬚豪眉的陽剛風格，就屬於漢代式的美。相對來說，魏晉乃至於南朝的品味較為中性，他們不只讚揚「高八尺、美鬚髯」的關公式大漢，也欣賞「白皙美姿容、善言笑」的花美男類型。

當時所謂「美姿容」不單純指相貌漂亮，還包含著儀態與氣質。若空有皮相但氣質平庸，評價並不高；若貌不突出但神采非凡，在人們心目中還要更高一等。如曹操認為自己長相不威武，怕無法震懾匈奴使者，找了個型男來假扮自己，但匈奴使者卻認為「姿貌短小，而神明英發」的床頭捉刀人才是真英雄。故「神」是這時最高級的評鑑項目，「有風神」、「雅有遠韻」這種氣質型評語是當時最頂級的評價。

花美男的崛起

然而，精神氣質畢竟難以捉摸，大多數人還是只能在外表下工夫。《顏氏家訓》中就批評「梁朝全盛之時，貴遊子弟，多無學術……無不熏衣剃面，傅粉施朱，駕長簷車，跟高齒屐，坐棋子方褥，憑斑絲隱囊，列器玩於左右，從容出入，望若神仙。」世家子弟不僅化妝薰香，把容貌修飾得十分優美，出門排場講究的也是一派優雅從容，以富貴堆砌出神仙氣度。

文青必備迷幻藥：五石散

五石散是由五種礦石配製成的藥粉，其配方說法不一，大致是鍾乳、硫磺等。五石散藥性燥熱，本來是給感冒後體弱發冷的病人暖身的藥。何晏服後覺得渾身舒暢，稱讚它「非唯治病，亦覺神明開朗」，不但病好了，連精神都大振了！於是五石散便在上流社會流行了起來。

當時五石散的流行程度到何等地步呢？服食後的人全身發熱，在寒冬也穿薄衣；有時候藥性發作會痛到在地上打滾，稱為「石發」。有人沒錢買五石散吃，照樣冬天學著服藥的人只穿薄衣在寒風裡散步，不時裝模作樣在地上滾幾圈慘叫幾聲大呼「我石發了」，好顯示自己夠時髦，趕得上流行。

現代人大概覺得流行吃礦石太不可思議了，尤其硫磺有毒，怎麼可以吃呢？清代才子袁枚在筆記小說《子不語》裡就曾探討這個問題：

「琉璜有毒，人人所知，然服之而壽考康寧者有之，疽發於背、於頸死者有之。禍福互異，由各人體氣本不相同也。本朝托冢宰庸於冬至日嚼雪吞冰，不知其冷，自稱陽臟故然……宋夏英公服鐘乳、琉璜，偶離此二味，則手足如冰，真不可解也。杭州王畫師林常服琉璜，久之毛孔中常突起小泡，青煙一道，直射而出，皆作琉璜氣。據云其毒從毛孔中出，便無他患，至今其人年高，卒無恙云。」

我是寒涼兼血壓極低的體質，頗能體會吃了乾薑、肉桂等溫熱藥物後從身體裡暖和起來的舒服感受（尤其冬天時，體內的冷不是靠厚衣暖被能解決的），真的連精神都變好了。但大家都知道，藥是不能亂吃的，像高血壓者就要慎用熱性藥材。或許何晏體質極寒，五石散對他剛好合適，畢竟沒有記錄說他吃五石散吃出副作用來，但人人都把醫療用的五石散當成健康食品吃的時候，體質不合的自然會出現嚴重問題。

藥效造成的病態美

首先是渾身發燙，五石散本來就是給感冒傷寒病人增溫的藥，沒病的人吃了自然燥熱不已，此時得穿薄而透風的衣服，讓體內熱氣能散發出來（脫光更好），絕不可以捂緊保溫，那必死無疑。所以服用五石散的人，不僅要穿得薄、穿得少，還要搭配運動、冷食和大量飲酒，才能使藥性加速發散，以免累積在體內而中毒。

再來是皮膚敏感。服藥後據說肌膚看起來白裡透紅，十分美麗，但相對的是皮膚會相當敏感，難以忍受粗糙和硬質的布料。穿絲衣是必須的，而且是久未洗滌的絲衣——過去洗衣服稱「漿洗」，洗完之後要替衣服上漿。漿洗過的衣物比較硬挺，不但穿起來挺拔美觀，而且油汙不易進入纖維，之後可以很輕鬆就把衣服清洗乾淨。

可是吃了五石散的人沒辦法忍受衣物上漿後的觸感，只能等漿性消失再穿或乾脆不穿。南朝的繪畫以線條優美著稱，衣服皺

陝西出土的北魏陶俑，仔細看他們的臉，會發現臉孔都刻意塗白，「傅粉施朱」顯然不僅是南朝風尚，在北朝也一樣流行，最左列靠近觀眾的這位臉上的粉都塗到快成面具啦！

褶勾勒生動，應該就和這時士人們衣物柔軟有關。

魏晉風流的重要推手

第三是精神問題。五石散之礦物成分雖不具成癮性，但是服用久了精神確實會受到影響。輕則神智恍惚，容易胡言亂語，做出各種奇怪行為，像是跑進豬圈裡與豬共飲；重則急躁易怒，一點小事就暴跳如雷。

當時人有許多性情狂躁的記載，如對雞蛋發脾氣，把蛋扔到地上用木屐踩，踩不破還放到嘴裡咬破吐掉；或者看到蒼蠅不爽便拔劍追砍等，大概都與服石藥脫不了關係。而且石藥吃多之後身體也會各處疼痛，皮膚潰爛，也就是前面說到的「石發」。名醫皇甫謐就因石發的痛苦而嚴重憂鬱，甚至想拔刀自殺，聽起來超可怕的對吧！

不過大家有沒有發現，這些副作用含括了我們對魏晉名士的絕大部分印象：在王侯面前依然豪放不羈；蔑視一切禮法的名士們狂飲爛醉、衣衫不整地徜徉林下，高歌痛哭地吟詠出詩篇——服藥一事，影響了人們的服裝、行動、美學與精神，所謂「魏晉風流」，可說是嗑藥嗑出來的一代特色。

潮流直擊！魏晉美男歷史街拍

政治流

上：南朝的服制中，天子乃至諸王都穿絳紗袍，服裝上採紅色系，左圖的陳文帝雖然披著華貴皮草，內搭依然是一件紅衣。不過絳紅色並不是王室專用，臣子有五時朝服，按不同的季節穿著，其中也有絳紗袍。但白紗帽卻是天子專屬的單品配件，在當時的意義相當於後來的「黃袍加身」，不是一般人能戴的。可能正因如此，閻立本在畫右圖的陳後主時就沒給他一頂白紗帽戴，誰叫他皇帝當得太不像樣了呢！

文青流

下：《北史・李蠢傳》中記載李蠢「嘗著巾帔，終日對酒，招致賓客，風調詳雅」，其雅集場面大概就與《北齊校書圖》這幕相去不遠。豪放的文藝青中老年在聚會時，規規矩矩的外衣就別穿了，有些人身上掛著小吊帶（宋代周瑀墓中出土了一件與圖中同款的內衣），有的人乾脆上空，只披著一塊近乎透明的半圓形披肩，也就是〈李蠢傳〉中提到的巾帔。雖然上身半裸，但他們下身還是圍著裙裳——用現代方式理解的話，英雄可以爆衣，但褲子還是得穿好。在那個時代，如果不圍裙裳只穿褌褲，相當於穿著四角內褲上大街，是很沒教養的行為，文青們自然不能那樣沒品嘍！

音樂流

北齊的《顏氏家訓》說梁朝貴族子弟喜歡「駕長簷車，跟高齒屐，坐棋子方褥，憑斑絲隱囊，列器玩於左右」（乘華麗的車，穿高齒屐，坐精巧的座墊，倚花俏的靠枕，隨身攜帶喜愛的玩器）。這些現象從東晉顧愷之的《斲琴圖》中都可以看到，東晉的士人多頭戴小冠或幅巾，衣袖寬大，侍從手上也拿著靠枕或羽扇等「生活小物」，就算是做著製琴的體力活兒也不能放棄生活品味，怎能不顧盼似仙？

New Arrivel！時尚配件

帽

南朝時，天子流行戴「白高帽」，而士庶流行戴黑紗帽。

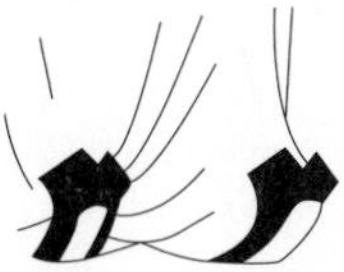

高齒屐

由漢代的雙岐履演化而來，在鞋子前端加上高聳的齒狀裝飾，並非「高底下加齒的木屐」喔！

短靴

長及小腿肚的半筒靴，穿時將褲管塞到靴子裡（多像今日的流行），從貴族到僕役都可穿。

冠

以玉石做成中空小冠子，在其中塞入盤成長錐形的髮髻，然後用白玉簪從後貫入固定。

幅巾

不戴冠帽，只用縑帛做成的一方頭巾將頭髮固定在頭頂，而且會盤扭出各種花俏造型。

由胡服演化的褲褶服風靡南北朝，而圓領的緊窄袍服雖不符合南方的審美觀，卻占據了北方男人的衣櫃；隨著隋唐的一統，成為全中國的男裝主流，在北齊到南宋的六百多年間長盛不衰，以其流行時間之長、影響之廣來看，胡服無疑取得了巨大勝利。

我剛上大一的時候，中國史老師半開玩笑地解釋什麼是禮：「就是你天性不會做的事。猴子都是跑跑跳跳、蹲坐搔癢，你教一隻猴子端端正正地跪坐在自己腳板上，這就是禮啦！」

沒錯，各位回想我們在日劇中看到女人穿著和服跪坐的樣子，試過的人就知道那實在很不舒服，坐久了腳一定會發麻、刺痛，不過這種忍耐力正是懂禮的表現。如果舒舒服服地把腿伸直，或者不時扭動、換姿勢，不免會被腹誹「沒樣子，真不懂規矩」！這種跪坐法就是唐宋以前的標準坐姿，稱為「跽坐」。早期的中國屬於「席居時代」，人們基本上席地而坐——不是直接坐木地板，而是鋪一張席子，再坐在上面，身分高的人還須重疊數張席子而坐，以示尊貴。我們現在看到的日式榻榻米，大致就是日本吸收中國文化後發展出來的「席」，在正規的公家禮儀中，天皇、大臣還是坐於席上。

光腳才是禮貌

不管鋪地的席子是草織、竹編或毛毯，踩髒總是讓人不快，因此席居時代人們往往不把鞋子穿進室內。如果要登堂入室面見上位者，還要把襪子脫掉露出光腳，才算是有禮貌。《左傳》中就曾經記載過

「一雙臭襪子引發的血案」：

衛侯為靈臺於藉圃，與諸大夫飲酒焉，褚師聲子韤而登席，公怒。辭曰：「臣有疾，異於人；若見之，君將𣪘之，是以不敢。」公愈怒。大夫辭之，不可。褚師出。公戟其手，曰：「必斷而足！」聞之。褚師與司冠亥乘，曰：「今日幸而後亡。」

衛出公在宴席時，看見他的臣子竟然穿著襪子（當時的襪子是用皮革縫製的，故從「韋」部）出席，頓時勃然大怒，因為那樣對他極不恭敬。因此衛出公憤怒到不聽臣子解釋，揚言非得砍了他的腳！臣子逃跑之後看國君還是不依不饒，乾脆一不做二不休，舉起反旗，把衛出公打到逃往宋國去了。光腳還是穿襪子（其實褚師聲子好歹還有把鞋子脫了）的選擇，竟成了攸關生死與一國命運的大事，現代人大概很難想像吧！

胡服胡坐好自在

禮法如此，但人的天性總是耽於逸樂，能輕鬆點誰不喜歡？東漢靈帝十分喜歡胡人的衣飾習俗，據說就因為皇帝熱愛舶來品，舉凡胡服、胡帳、胡床、胡坐、胡飯、胡樂舞等便在東漢末年的京城中大行其道。胡床不是床，而是一種交椅，坐的時候可以把腳自然垂下；胡坐則是盤腿坐姿，比跪坐都要舒服不少。與其說是因為上行下效而流行，倒不如說人們藉著「皇帝喜歡」的藉口，終於找到機會好好放鬆一下。

在魏晉南北朝時代的繪畫中，我們可以看到這些「不規矩」的坐姿比比皆是，甚至成了另一種超凡脫俗的表率。嵇康《與山巨源絕交書》中說自己當不得官的理由之一是他受不了端坐時「危坐一時，痹不得搖」的痛苦；閻立本的《歷代帝王圖》裡，陳朝幾位皇帝也都是以胡坐方式坐在床榻上，時代風氣可見一斑。唐代以後椅子更加流行，現在說起席地跪坐，我們腦袋裡浮現的都是日本人的樣子，已經沒什麼人記得老祖先也是跪坐的了。

最哈漢的北魏孝文帝

大家可能對胡服沒什麼概念，頂多就是腦袋出現《漢武大帝》等戲劇中出現的匈奴人那種毛皮鑲邊衣帽造型。歷史課本裡也只告訴我們胡人原本都是穿胡服，但是在北魏孝文帝時，他像是被人盜了帳號似的，拚命把原本鮮卑的姓氏、語言、風俗、服裝全都改換成漢式，嚴格要求鮮卑族人全部學習漢魏衣冠禮儀，凡是不從者，就算是太子也照砍不誤。

按照北魏孝文帝的改革內容來看，雖然中國分成了南北朝，但北朝穿的也是漢式服裝嘍！這個嘛……可以說對，也可以說不對。北朝在重大儀式時，確實認真仿效中國傳統，例如制定冕服制度、眾臣著漢魏衣冠等，但他們的「漢化」其實參雜了很多自己的創意和風格，例如北周就把天子冕旒（王冠上的珠串）增加了一倍，本來十二排珠子，成了二十四排。

《隋書．禮儀志》就吐槽：「後魏已來，制度咸缺，天興之歲，草創繕修，所造車服，多參胡制……輿輦衣冠，甚多迂怪。」大致可以想見北朝宮廷中的「漢魏衣冠」，應該類似外國人穿他們心目中的中國風，我們看來卻不倫不類的感覺吧！

在當時的紀錄中，鮮卑人的特徵之一是「黃頭」或「黃鬚」，唐代詩人張籍《永嘉行》描寫永嘉之亂：「黃頭鮮卑入洛陽，胡兒執戟升明堂。晉家天子作降虜，公卿奔走如牛羊。」顯然到了唐朝人眼中，金色頭髮還是鮮卑人的特徵。

此外，鮮卑人被蔑稱為「白虜」，有可能是因為他們的皮膚較為白皙的緣故，《新唐書》中有一支原屬於鮮卑的部落仍被記載為「人皆長大，赤鬚、皙面、綠瞳，以黑髮為不祥」。高大、金髮或紅髮、碧眼白膚的鮮卑人穿著大袖飄飄的冕服，想像起來還真有點像是外國人 cosplay 中國皇帝呢！

胡漢融合的褲褶服

但是在朝堂之外，胡服可以說是全面獲勝。怎麼說呢？胡服本來是指胡人的服飾，衣袖和身長都比較短小緊窄（所謂「短小緊窄」是和漢式寬袍大袖相比，胡服比起現代的襯衫還是寬大不少），一般是上身窄袖短袍下搭長褲，利索的造型十分適合北方騎馬民族的生活。

由於漢末以後戰爭頻仍，這種造價便宜（短小緊窄比較不耗布料）、活動便利（短衣長褲方便跑路）的服裝在漢地也大為流行。只不過漢人在模仿胡服緊窄的樣式時，會把胡人習慣的左衽改為華夏之風的右衽而已。

老百姓穿得輕便俐落倒還無所謂，官員貴族們卻不能夠這樣寒酸，更別提還有個傳統的大帽子壓著——於是人們把胡服改造一番，袖口加大、褲管加肥，平時依然是大袖飄飄，褲子寬到看起來很像裙子，乍看彷彿還是傳統式上衣下裳；一旦遇到緊急狀況，只要拿根繩子在膝蓋處一綁，不管敵襲逃跑或上馬奔馳都很方便！

這種服飾稱為褲褶服（褶即短衣），後來又回流北朝，讓胡人也紛紛穿起了大口褲裙。因為既順應了現實，又符合傳統美感，在魏晉南北朝時風靡大江南北，不論男女都可以穿。

例如後趙皇帝石虎，他的皇后出行時，騎馬隨行的女官有一千人，「皆著紫衣巾、蜀錦褲褶」。到唐朝時甚至把褲褶服訂為百官入朝的正裝，繼續用了一百多年才廢止呢！

超方便的蹀躞帶

另外一種胡服風格，是圓領窄袖長袍搭配「蹀躞（音碟謝）帶」（一種加裝扣環的皮帶，可以把小刀鑰匙都掛在腰上，對於游牧民族來說相當方便），下身穿窄長褲與靴子。這種風格可能出現的較晚，北齊的墓室壁畫中男人清一色圓領長袍，顯然是北齊的流行服飾，著名的美男子蘭陵王平時應該也就是如此英姿颯爽的打扮。《北齊校書圖》裡則展示了圓領長袍的另一種穿法：把領扣鬆開，穿成時髦的翻領。

雖然在南朝的繪畫中不見這種造型，畢竟那時南朝正流行「一袖之大，足斷為二；一裾之長，可分為二」的巨大衣袖裙裾，這種緊窄袍服不符合南方的審美觀。但是在北方，窄袖圓領袍卻逐漸占據了男人的衣櫃，變成男性的主要服裝。

雖然北周在文化制度上大量採用了周禮，不過服裝方面並沒有像北魏孝文帝那樣大作文章地搞復古，只是下令在袍的下襬部分加一道橫襴，意思意思模仿深衣的腰部接縫，宣稱我們十分尊重上衣下裳的傳統，所以襴上是衣，襴下是裳。

圓領長袍的全面勝利

隨著隋唐的一統，圓領袍服也成了全中國男性的日常服裝。除了朝會儀式需要穿著寬袍大袖的朝服外，唐宋的男人大都是一身圓領長袍打扮。宋代沈括《夢溪筆談》中對他所知的男裝發展史做了一番總結：「中國衣冠，自北齊以來，乃全用胡服。窄袖、緋綠短衣、長靿靴、有蹀躞帶，皆胡服也。」朱熹也悲嘆地說：「今世之服，大抵皆胡服，如上領衫、靴、鞋之屬。先王冠服，掃地盡矣。中國衣冠之亂，自晉五胡，後來遂相承襲，唐接隋，隋接周，周接元魏，大抵皆胡服。」

從北齊到朱熹所在的南宋，六百多年間圓領袍可說一直長盛不衰，以其流行時間之長、影響之廣來看，胡服無疑取得了巨大的勝利！

「偶」見北朝胡風時尚

北魏彩繪執盾武士陶俑。這位戰士把大口長褲綁了起來，搭配便於戰鬥的窄袖上衣和鎧甲，當真威風凜凜。

左：北齊彈琵琶陶俑。魏晉時期男女通用的褲褶服，寬大的褲腳遠看很像裙子，但其實是大口長褲，褲腿一紮立刻可以上馬奔馳。

中：北朝封氏墓陶俑。有別於隔壁那位規規矩矩的交襟上衣，此君將領口敞開，穿成帥氣的翻領風格。

右：北朝封氏墓陶俑。頭戴冠帽疊穿了兩件交領上衣，不過衣服穿成了左衽，看來是個還不太習慣漢風的胡人。

左：遼代「胡坐」羅漢像。

中：胡床並不是床，而是一種可以收折的交椅，傳入中國後大受歡迎。圖為明代的黃梨木交椅。

右：漢代宴飲畫像磚拓本，所有貴族皆席地而坐。

左：宋代的殿試圖。南北朝時傳入腰部繫帶的圓領長袍，直到唐宋仍流行不輟，甚至由牧獵裝演變成文官的服飾。

右：金代趙霖的《六駿圖》。畫中胡人穿著圓領長袍配長靴、腰繫蹀躞帶，大刀和毛巾都可以掛在腰帶上，無比方便。

催生《蘭陵王》的祕密

火紅連續劇《蘭陵王》的製作人陳玉珊女士，曾在專訪中解析實際歷史現場與娛樂戲劇結合的可能性，她提及劇組參考的諸多史料，其中北齊將軍徐顯秀墓的壁畫在美術設計工作中占據了要角。以下就讓我們來看看北齊風尚在現代電視劇中再度鮮活的過程吧！

A 將軍組：

居中的墓主，也就是徐顯秀將軍，身披狐皮領豹紋皮草，威武而霸氣。他內搭的紅衣看似交領，實際上也是把圓領袍打開的穿法。

B 夫人組：

徐顯秀夫人的穿著是南北朝女裝常見的一種特色，領口特別開敞，有些幾乎成了包肩款，裡頭再搭配圓領衣（如徐夫人）或裲襠、心衣等內衣，兩重搭配風光無限。

C 女官組：

壁畫左邊的女子樂團，有著一致的羊角式髮髻，眼角還拍了點胭脂暈染，妝容其實挺現代風的。不過戲中女官穿的則是常在侍女俑上看到的半臂窄袖上衣，而不是在壁畫中超流行的圓領長袍。

第五章

你以為的唐朝爆乳裝

趣談中國假髮，簪金堆玉誇雲髻

中國古典繪畫或雕塑上常見的高聳巨大、毫不遜於日本花魁的美麗髮髻，其實很多都只是有造型的假髮頭套，好讓宮廷貴婦們一代接一代、超越極限地將鬟髮堆高、綴滿珠寶，成就一眼瞬間的絕代風華。

日前購買故宮「墜馬髻頸枕」，在社群網站上向朋友們展示，為不負眾望，次日趕緊偷閒拍了兩張照片上傳，朋友們紛紛表示簡直原畫再現，不必化妝都非常適合，這是為什麼呢？

大部分人都有一個迷思，認為古代女人必然都留著一頭美麗的長髮，繁複的髮髻必然是她們每天花上大把時間用頭髮梳成的，但事實上未必如此。

我和朋友在日本旅遊時體驗了一次花魁變身，我的頭髮雖然長度已經到了小腿中，髮量也不算少，可是梳花魁髮髻時依然用了一大塊假髮髮棉做襯墊，才能盤出宛如《惡女花魁》那樣的華麗髮型。同行髮量較少的朋友，更是幾乎全都使用假髮才能定型了。

華麗髮髻的真相？

在中國古典繪畫、雕塑上看見那些美麗的髮髻，其高聳、巨大絕不遜於日本的花魁，難道人人都能生來具有特別豐厚的髮量，足以做出這樣的髮型？事實上，許多髮髻可能都和這顆「墜馬髻頸枕」差不多，只是個有造型的假髮頭套而已。古人使用假髮的習慣，早在《詩經》裡便有所表現，《詩經・鄘風・君子偕老》中描寫了一位美若天仙的貴族夫人：

君子偕老，副笄六珈。委委佗佗，如山如河，象服是宜。子之不淑，云如之何？玼兮玼兮，其之翟也。鬒髮如雲，不屑髢也；玉之瑱也，象之揥也，揚且之晳也。胡然而天也？胡然而帝也？瑳兮瑳兮，其之展也。蒙彼縐絺，是紲袢也。子之清揚，揚且之顏也。展如之人兮，邦之媛也。

這首詩到底是讚美還是罵人，歷來頗有爭議，這裡我們姑且不論。不過詩中對這位超級美女的描寫很有意思：「鬒髮如雲，不屑髢也」。髢，音「替」，就是假髮的意思。說這美女一頭秀髮濃密如雲，根本不屑用假髮（髢）來裝扮，這是天生麗質才有的本錢啊！換句話說，那時的女性可能經常使用假髮以增加髮型的華麗度，頭髮多到能夠「不屑髢也」反而十分少見，值得「大書特書」。

西周以來的貴婦配件

雖然這首詩的女主角頭髮豐厚得無需使用假髮，但是她所戴的首飾本來就包含了假髮。「副笄六珈」中的「副」是一種用頭髮編織出來的假髻，屬於貴婦禮服的一部分；笄則是用來固定假髻用的髮簪，簪頭以玉為飾稱為珈（字型便告訴我們是「加玉」了）。隆重的假髮造型，再插戴上六支玉飾的髮簪，這是侯伯夫人的盛飾。除了副之外，禮制中貴婦的髮飾還有編、次，也都是用假髮做成的。

而在江陵馬山的戰國楚墓中，雖然墓主已化為枯骨，但頭髮還是保存良好。而且這位年約四十的女性擅長接髮術，她的真髮長度只有十五公分，以現代女性來說都不算長，但是她將頭髮綁成一束，再接上了約四十公分的假髮，如此就有髮長及腰的效果了。

既然貴族婦女習慣用假髮來增加髮型之美，對頭髮的需求量自然不小。古代有一種刑罰稱為「髡」，也就是把犯人的頭髮剃掉，囚犯被剪下來的頭髮就成了貴婦的裝飾品。

春秋時的衛國還出現過一樁十分荒謬的事，說是「一頂假髮引發的血案」也不為過：「公自城上見己氏之妻髮美，使髡之，以為呂姜髢」——衛國的後莊公蒯聵因為看見戎州豪族己氏家的婦人頭髮很漂亮，竟然派人去把她的頭髮強行剪下，用來替自己的妻子做假髮。

後來蒯聵遭人攻打，逃跑時慌不擇路，偏偏逃進了己氏家，就這樣自投羅網，死在了對這件事深感不爽的己氏手中。這兩位丈夫對美髮的執著，真是讓後人難以想像啊！

簪金綴玉，華麗漢風

假髮的流行並沒有止步於先秦，漢朝馬王堆的辛追夫人在入殮時，為她裝扮的侍女便細心設計髮型——辛追出土時盤著精巧的髮髻，考古人員拆開檢查，發現上半部是她的真髮，下半則是真髮和假髮編在一起，盤成髻後再加上三根材質各異的笄。遺憾的是考古人員之後想替她恢復造型，但頭髮怎麼也盤不回去了。另外陪葬品中還有一頂假髮，顯然對辛追來說，這些是生活必備的日用品。

事實上在漢朝的命婦服飾裡，貴婦參加重大儀式的造型，就包括假髮。皇后須戴「假結」，貴人、公主們戴「大手結」，指的都是假髻，然後再在假髻上插戴各種髮飾。如皇后和長公主都可以戴上「以黃金為山題，貫白珠為桂枝相繆，一爵九華」的豪華步搖，除此之外也另有許多髮簪。想來也是因為貴婦在典禮時的髮飾太多、太重，若不使用假髮，一般人的髮量實在撐不住造型吧！魏晉南北朝的命婦服制大致是抄襲漢朝的，因此假髻同樣屬於典禮造型的一部分。貴婦們按品級不同，戴「七鈿蔽髻」、「五鈿蔽髻」等——假髮造型差不多，是由上面的花鈿數量標明身分等第。當時人還特別給這種假髮寫了段〈蔽髻銘〉：「或造茲髻，南金翠翼，明珠星列，繁華致飾。」可以想見有多豪華。

下雨不愁的魏晉「假頭」

一般婦女不能使用命婦佩戴的飾品，但這不妨礙她們弄頂假髮戴戴。

《晉書・五行志》載：「太元中，公主、婦女必緩鬢傾髻以為盛飾，用髲（音「畢」，亦為假髮之意）既多，不可恆戴，乃先於木及籠上裝之，名曰假髻，或曰假頭。」

「緩鬢傾髻」指的是鬢髮極鬆，髮髻大到隨時會倒下來的特殊造型，可能是西晉永嘉年間一度流行過「束髮其緩彌甚，髻之堅不能自立，髮被於額，目出而已」的鬆散髮髻加強版，為了髮型盛大好看，必須加入大量假髮。為求方便，她們先在模具上做出造型，需要的時候才和頭髮編在一起。這種假髻因為一開始就做成頭套狀，故而也稱為「假頭」。窮人買不起假髮，只得自我吐槽是「無頭」，需要打扮時再向人「借頭」。

《晉書》作者顯然挺不欣賞這種流行，因此將它們列入服妖之流。不過后妃貴婦以珠寶蔽髻為飾，百姓在不違背服制的情況下學著達官貴人的打扮，這也是情有可原。後來，女人的髮髻逐漸愈做愈高，如南朝開始流行的巍峨高聳的飛天髻、有如兔耳朵的高雙鬟等，恐怕也有不少是這類「假頭」。

不僅南朝婦女喜歡戴假髮，北朝女性也不落人後。《北齊書・幼主記》中說當時的婦女直接剃掉本來的頭髮，好方便戴上假髻，對假髮的狂熱可說與古埃及人不相上下。相對於正在往高髻發展的南朝，北朝流行的是飛鳥狀的假髻，不但做成展翅欲飛狀，還有危、邪等偏側式造型，呈現不同的美感。

唐朝義髻盈尺高

到了唐朝，朝廷只有限制每一級命婦參加典禮時髮髻上所能使用的寶鈿與花釵數目，倒是不再規定必須使用假髮了。話雖如此，愛美的女性依然繼續創造出各種奇特的髮型和相配的假髻，好把自己妝點得更加美麗，壓倒群芳。假髻在唐朝時稱為「義髻」，楊貴妃就是一個著名的義髻愛好者，把義髻當成首飾一樣佩戴。安史之亂時，皇室倉皇逃亡，楊貴妃死於亂兵之中，時人便作歌諷刺「義髻拋河裡，黃裙逐水流」。不過假髻也不見得都是頭髮做成的，例如新疆出土了唐代的木製假髻，便是用薄木料製成初唐非常流行的單刀半翻髻款式再刷上黑漆，上面還有彩繪花紋，往頭上一戴，連花鈿插梳等髮飾都不需要了，全都畫上去啦！

除此之外，唐人頗尚高髻，還有詩人半開玩笑地模仿女子口吻，寫下了「城中皆一尺，非妾髻鬟高」的辯解詞。雖然盤髻的方式在不同時期有各種變化，不過各位回想一下記憶中的唐代女俑，共同的特點似乎都是「頭很大」，梳得蓬鬆巨大的髮型需要豐厚的髮量，這時就需要假髮髮包出場了。

假髮包同樣不一定非要用人髮製作，也可以用布料或鐵絲做胎，外面薄薄裹上一層棕毛、黑線等看起來像頭髮的物品偽造。當然，真髮做成的髮束價格較高，為了唐代婦女巨大的假髮需求，當時甚至從外國進口頭髮。史料記載新羅入貢時，因為他們「人髮長美」，兩度把人髮當作土特產獻上。新羅產的貢品級頭髮，想來都成了宮中后妃的假髮了吧！

由此來看，故宮所出的「墜馬髻頸枕」，不僅造型趣味地模仿了《宮樂圖》中宮女的髮型，而這種頭套式的「假髻」，更是對唐人髮式的遙遠致意。以後若是想嘗試唐人的造型，不必煩惱自己頭髮不夠長或不會盤頭髮的問題，直接買頂假髮頭套戴上去，這可是毫無疑問的「唐人遺意」呢！

假髮界的地球村

埃及

埃及人是最早使用假髮的民族，在四千多年前就開始使用假髮，假髮的材質有人髮、羊毛或植物纖維，款式眾多，有的貴族女性還會在假髮上配戴內含香膏的錐狀飾品，又美又香。在古埃及，除了賤民之外，無論男女都可以配戴假髮，只是配戴的款式會因社會階級而有嚴格區別，可說是身分與權力的表徵。

韓國

受到元朝的影響，韓國在高麗王朝時代（西元九一八年～一三九二年）開始盛行蒙古髮型、服飾，並發展出名為「加髢」的假髻，基本是將假髮編成髮辮盤在頭上，並依身分等級在髮髻上點綴玉版、花簪等裝飾。後來宮中甚至更發展出一種戴在加髢上的木頭假髻，稱為「舉頭美」。

歐洲（女子）

歐洲男子戴假髮的歷史甚早，但女子戴假髮的風氣卻要等到十八世紀才開始普及。一開始只是在真髮上接上小綹假髮，但隨著洛可可美學興起，法國宮廷女性開始戴上超大的假髮髮髻，並在髮髻上加上羽毛、花束、小動物、甚至帆船模型，以致常被戲稱為「移動的花園」。

日本

日本使用假髮的歷史可追溯到奈良時代（西元七一〇年～七九四年），最早是配合歌舞演出所用，後來漸漸普及於日常生活中，使用方式大抵可分為接髮、接髻兩種。例如平安時代畫像中常見的披垂曳地長髮，很多就是在髮尾另接髮絲的結果；接髻的髮型則是在前額或後腦接上髮髻，至今在一些皇室大婚、文化儀典等場合仍能看到。

歐洲（男子）

古埃及時代假髮便已傳到歐洲，但在中世紀時期，受到羅馬天主教的影響（教廷認為假髮是魔鬼的象徵），假髮一度式微，直到十六世紀才又再次流行，並深受英、法王室的喜愛，成為貴族男子必備的身分象徵。從十八世紀開始，男子假髮流行撒上斑白的香粉，並逐漸演變為法庭服飾，也就是現在還會看到的白色法官假髮。

清朝

清朝人也戴假髮？你沒聽錯，鼎鼎大名的「四爺」雍正皇帝，在十七世紀末到十八世紀初，透過法國耶穌會傳教士的牽線下，康熙皇帝與法國著名的「太陽王」路易十四開啟了一連串的文化交流，也將奢華的凡爾賽美學傳入清宮，並在雍正皇帝的肖像畫中留下趣味的痕跡。

左上：周昉的《揮扇仕女圖》，除了墜馬髻外，如左三女性這種幾乎和半張臉一樣大的髮髻需要極豐沛的髮量，有時就會塞進一顆假髮包。

右上：電視劇《武則天祕史》劇照，劇中人就梳著華麗的單刀半翻髻，高聳的髮髻形似大刀，故而得名。

右下：南京出土的南朝女俑，頭上頂著碩大的假髻，幾乎與肩同寬，讓人體會到「緩鬢傾髻」的風情（以及脖子很酸的感覺）。

左上：盈尺髮髻是何光景？貴州六盤地區的「長角苗」，至今還留有用黑線盤成超大假髻的傳統裝扮，華麗又壯觀。

右上：電視劇《武則天》中，主角所梳的髮髻，華麗程度介於右下圖女俑的飛天寶髻與雙鬟望仙髻之間。

左下：這種向前傾倒的高髻在唐代女俑中十分常見，稱為「烏蠻髻」，據說來自苗族。頭髮夠長的女性或許能做到「髻高一尺，婀娜及額」的效果，不夠長的就只能用假髻了。

右下：梳著飛天寶髻的唐代女舞俑，腦後有如車輪的「雙鬟」，顯然是以他物塑型後裝在髮髻上的假髻之流。

唐朝間色裙——貞觀條紋女孩

從唐初到唐高宗年間，女裝流行的間色條紋愈來愈細窄，一條「十二破」的細紋裙子，工序超過正常裙子的二十倍，連唐高宗也忍不住對這種奢靡的服飾大發牢騷。畢竟在布料等於金錢的手工時代，這樣的裙子真是太敗家了啊！

《武媚娘傳奇》開播後，從造型到劇情都話題性十足。某天朋友正在討論這部戲之波濤洶湧時，突然天外飛來一句：「《武媚娘》裡面很多侍女都穿漂亮的間色裙耶，雖然沒有妳那件紅白色的搶眼。」

聽她這樣一說，我忍不住上網看看劇照——果然服裝相當漂亮，就是看起來不太唐朝……怎麼說呢？間色裙這種說法可能令人覺得陌生，如果說條紋裙、斑馬裙，就頗有現代氣息了吧！不過同時使用兩種不同顏色的條紋當作裙身裝飾並不是現代人的專利，早在魏晉時期的壁畫裡，就可以看到當時很流行雙色直條紋長裙，上至貴婦下至僕婦都愛穿。

從寬條紋到窄條紋

雖說是「雙色條紋裙」，但魏晉南北朝流行的是寬條紋，或者說是大面積的布塊拼接而成的雙色裙，每一「條」色塊都很寬。上述的是「拼接風格」的裙子，是因為間色裙確實是拼接而成的。現代人可以輕易買到印染成條紋花樣的布料，但古代因為技術限制，與其搞麻煩的印花或更麻煩的織條紋，還不如直接選用兩種顏色的布料，裁成布條加以縫合更加經濟實惠。裁剪時還可以把布料剪得上窄下寬，裙襬就會更寬大好看了。

這種愛好延續到了唐初，如描繪唐太宗接見吐蕃使者的《步輦圖》中，裡面的宮女們全都穿著白色窄袖上衣與紅綠相間的條紋長裙，看上去就像是套制服。但是比較《步輦圖》和魏晉南北朝的繪畫雕塑就可以發現，初唐婦女裙子的條紋明顯變窄，也顯得更加修長。

超細條紋，奢華象徵

當年我看到初唐流行間色裙的資料時，覺得太有意思了，也想仿製一條看看。《新唐書．車服志》規定：「凡襇色衣不過十二破，渾色衣不過六破。」這個「破」字通常被認為是整條裙子拼接的布條數，六破者為六條布料拼成，十二破就是十二條。這解釋看起來確實很合理，於是我便按照「唐初裙用四幅」的設定，做了一條「紅白十二破」的女裙，然後發現——奇怪，風格不太對……

當時那條裙子就和《武媚娘傳奇》中的間色長裙差不多，齊胸而色塊寬大，怎麼看和《步輦圖》裡的修長狀長得不一樣。

《步輦圖》在唐代算是裙子條紋比較寬的造型，從初唐墓室壁畫中可以發現，從唐初到唐高宗年間，女裝流行的間色條紋愈來愈細窄，如唐高宗遭家暴而死的妹妹新城公主的墓室壁畫中，侍女們裙子的條紋可能就只有《步輦圖》的三分之一細了。對於當時的超細條紋風尚，唐高宗也忍不住大發牢騷：「條紋間色裙花錢又費工，把衣服做那麼複雜幹嘛？我老婆是皇后也才穿七破的間色裙啊（其異色綾錦，並花閑裙衣等，靡費既廣，俱害女工。天后，我之匹敵，常著七破間裙）。」

「加倍奉還」的手工

對照墓室壁畫和高宗的發言，就可以看出「破」指的應該不是「拼接的布條數量」，而是「每幅布裁成幾條」，這樣才能解釋那些壁畫中女子纖長的裙子上為何是如此之細的條紋，數量又這麼多——唐代布幅一尺八寸，約五十五公分寬，七破（裁成七條）時每條約七．五公分寬；若一條裙子用四幅布製作，整條裙子就會由二十八條長布片拼成；而十二破時每條只有四．五公分，共要拼接四十八條布片。

這也是為什麼高宗會抱怨這種裙子「靡費既廣，俱害女工」了。本來四幅裙只需要處理裙腰、下襬和四道接縫，「七破」裙不但要花時間裁剪，而且縫合量變成七倍，「十二破」就是十二倍……還只論單純縫合，不討論處理布邊的問題咧！因此，做一條「十二破」的細條紋裙子，工時恐怕是正常裙子的二十倍都不只，時間就是金錢啊！

瘋狂消耗的布邊

另一個問題是浪費布料，布料拼接的時候會縫進去一些布邊，拼接數量少的時候，少掉的布邊可以忽略不計，但是拼接的數量一多，布邊的消耗量就很驚人。假使縫合時需要留出一公分的布邊，七破裙子的寬度就比正常的四幅裙少了四分之一，十二破裙的裙寬更是只剩一半左右，窄到看起來有些彆扭了。

想要改善這個問題，最直接的方法就是再加兩幅布料，如此裙襬寬大優雅，裙身條紋又多又密，更是繁複好看——這時工序已經遠遠不只二十倍啦！

領悟了這個道理後，我按照此一邏輯又做了一條，並且向則天陛下表示敬意，略減一等而做成六破（事實上是高宗說得沒錯，做拼接裙子的工錢是正常裙子的好幾倍，我靡費不下手），也就是前面朋友提到的那件紅白間色裙。

從視覺效果來看，「每幅布料裁成六條，共用四幅料」的六破裙，確實比一開始做的那條更像是《步輦圖》裡的宮女服裝——也就是《武媚娘》中宮女真正會穿的裙子模樣。

布料就是錢！

至於劇中那些裙襬寬大到坐地板、跪門前時，可以把裙子鋪成一個圓的奢華造型……那真是卡通看太多了。即使是歐洲的宮廷禮服，在工業革命之前也不曾這樣浪費布料。

手工時代裡布料相當昂貴，而且在唐朝，布料就是錢——注意，我不是說布料很值錢，而是「布料就是錢」，唐代的布料相當於現在的鈔票。逛過布店的人應該會覺得很奇怪：每種布料價格都不一樣，怎麼可能當錢用？但事實上就是如此。在唐朝，布料可以用來納稅、買菜、抵債……總之錢可以怎麼用，布料就能怎麼用。

唐朝政府明文規定了布料的長度、寬度、重量等標準，並對布帛品質進行檢測，按紡織的細密、厚度、品類、染色好壞等標準定價。規定得這麼嚴格，是因為這些標準化的布料投入市場後不僅僅做為商品，同時也是「貨幣」的一種——甚至可以說是唐代最普遍好用的貨幣，民間商業交易時主要用的是絹帛，而不是銅錢（說銀兩的客倌，這不是這個時代的常用貨幣，您穿越了）。

如果按照貞觀中期糧價穩定時的米價推估，一匹絹的價值大約等於臺幣二萬上下，白居易記錄唐人

晚唐規定裙擺曳地不得超過三吋，《武》劇中那種曳地逾尺、長到可以繞過他人的夢幻美裙，可說奢華到難以想像。

左：唐墓壁畫中的宮廷仕女，左一女子頭頂高聳飛天髻，身穿超細條紋裙，各種細節都透露著華麗奢靡的氣息。

右上：《武媚娘傳奇》中的貴妃近侍，仿造下圖唐墓壁畫穿著細密的條紋裙，衣著之費工，和普通宮女相比檔次硬是不同。

右下：《步輦圖》裡的間色裙，是從寬條紋到窄條紋的過度。

熱愛牡丹花，「灼灼百朵紅，戔戔五束素。」所以一株紅牡丹就要臺幣十萬；上官婉兒墓誌中說，太平公主弔喪時送了五百匹絹的奠儀，相當於臺幣上千萬，堪稱是一筆巨款。

也不是整卷布才有價值，剪開了一樣值錢，《雲仙雜記》記載：「開成中，物價至微，村落買魚肉者，俗人買以胡絹半尺」，抓著一把布條就可以上市場買魚買肉，這在現代人看來實在不可思議，卻是唐代的真實現象。

這也是為什麼中晚唐流行大袖衣、曳地六幅長裙時連皇帝都抗議，要求「婦人制裙不得闊五幅以上，裙條曳地不得長三寸以上，襦袖等不得廣一尺五寸以上」了，因為「布料就是錢」，曳地長裙等於拖著一疊鈔票在地上踩，看了心都要淌血。可以在地板上鋪成一個圓，目測至少要五、六公尺寬（十幅左右）的裙襬，瘋了嗎？

對比色才是王道

除此之外，這齣戲的配色也「不唐朝」。看劇照時我忍不住感嘆這服裝配色完全是現代人口味，淺粉配淺綠、粉藍配米白的用色看起來固然青春嬌嫩，但這種配色就不是唐朝人喜歡的。以間色裙來說，唐人喜歡紅白、紅黃、紅藍、紅綠等對比極其強烈的搭配，也喜歡白黃、白青、白黑等冷峻的配色，甚至會有紅黑、藍黑的哥德風色調。

不穿條紋間色裙呢？那也是紅衫配綠裙、白衫配青裙、鬱金衫配石榴裙、暈花衫子黃羅裙……還要再搭上另一條華麗的披帛，壓著金線的裙腰上繫著色彩鮮明的裙帶，在行動間搖曳生姿——總之，「不顯眼會死」可說是唐朝人的嚴重症頭。

雖然因為當時染色用的都是天然染料，色彩比起現代染劑染出的顏色要暗淡、飽和度略低一些，即使大紅配大綠看起來也不至於太刺眼。但是愛用衝突色、對比色、大小花紋互相搭配，可說是唐代女裝的一大特色。

最後一項「不唐朝」的問題，說起來實在太傷讀者的心，那就是——唐初是不露胸的，所有看起來酥胸半露的雕塑和繪畫，仔細觀察脖根，都勾勒了一圈痕跡。那不是肥肉，而是圓領內衣……我明白讀者們想丟書的心情，這麼悲傷的話題，還是留待以後再說吧！

「破」數與裙寬

以四幅裙（一條裙子用四幅布製作）為例，簡單整理出裙子破數與寬窄的關係。不過實際製作間色裙時，布料通常會剪成上窄下寬的版型，這個表格是以上下等寬比例計算而出的示意數字，僅供讀者參考，以對「N」破裙的條紋密度與裙寬有更好的理解。

破數（一幅布裁切的條數）	裙子條紋數（需拼接的布條數）	條紋原始寬度／扣除縫邊的寬度	整條裙寬
0（不裁切）	4×1＝4條	原寬55公分／實寬53公分	212公分
3	4×3＝12條	原寬18公分／實寬16公分	192公分
7	4×7＝28條	原寬7.8公分／實寬5.8公分	162公分
10	4×10＝40條	原寬5.5公分／實寬3.5公分	140公分
12	4×12＝48條	原寬4.5公分／實寬2.5公分	120公分

製作自己的間色裙

一、選擇布料

現在市售的絲綢幅寬通常是一一二公分，相當於唐朝的兩幅布，所以製作初唐風格的間色裙時，兩種顏色的布料各挑一幅，就等於唐代的四幅了。若是採用棉布，則幅寬通常會更寬，約一五〇公分，適合用來製作後期破數多（細條紋）的裙子，因其足供消耗的縫邊較多。

二、決定裙長

布料決定了，該剪多長呢？在裙長方面，初唐風的裙子往往繫在胸下或胸前，較少繫到胸上，裙長及地而已。若以身高一六〇公分的M碼身材來說，一一五公分的裙子繫在胸下大約及地，一二〇公分略長一些。個子高的姑娘自然裙子也得長，一條齊胸裙給身高一七五的同事穿時剛好齊腰。

三、決定腰圍

因為古代沒拉鍊，裙子往往是採用部分重疊的方法避免走光（即現代說的「一片裙」），所以裙腰較長。比較保守點的

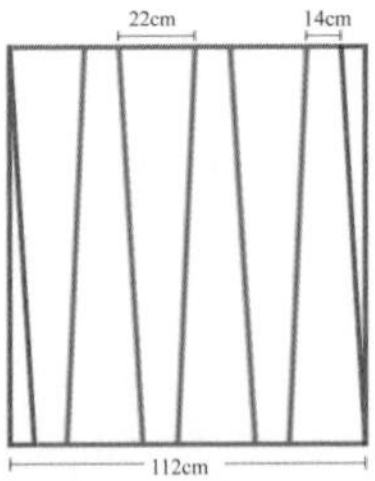

1. 裁片形狀為兩端對稱的扇形，布料兩邊會剩下一些餘布。

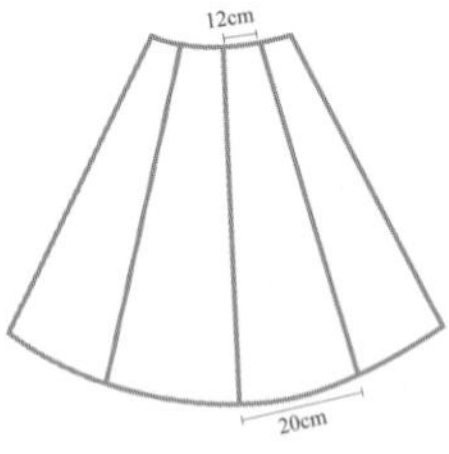

2. 將扇形相接起來，變成上窄下寬的一片裙。扣除縫邊後，裁片寬度也變窄。

做法是繫帶處腰圍×1.5=裙腰長。例如一個腰圍六十八公分的女生，做齊腰裙子時，裙腰長約為一〇二公分。我自己實驗的結果，覺得不那麼長也沒關係，但是至少還是要多二十公分，例如繫在下胸圍處（周長七十五公分）的裙子，裙腰應該要在九十五公分以上。

四、裁布（扇形、長方形）

裁剪布料的方法有兩種，現代人習慣的方法是裁成扇型裙片（如圖1）就是唐代三破裙的裁法（現代布一幅等於唐代兩幅，所以可以裁成六片）。這種扇形裁片，兩端都是斜線條，同時布料兩邊會多出一些廢料。裁好布片後窄邊接窄邊、寬邊接寬邊，就會變成一條上窄下寬的一片裙（如圖2，圖上的數字只是預設值，可以按照自己喜歡的比例增減）。不過要注意，因縫合過程中縫邊會吃掉布料的寬度，所以窄邊的數字總和不等於預計要做的裙腰長度，畫版型時要連縫邊的部分也算進去。如圖1的數據縫合後，原來有十四公分寬的窄邊，將只剩下十二公分，寬邊會只剩下二十公分，十二片布條連接起

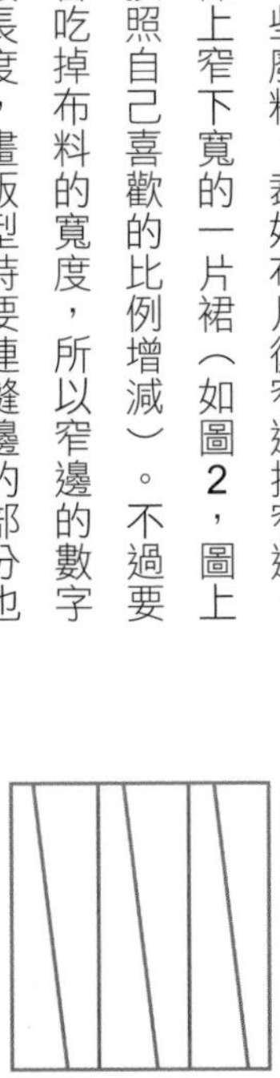

3. 從三個長方形斜裁出的裁片，一邊為直線、一邊為斜線。

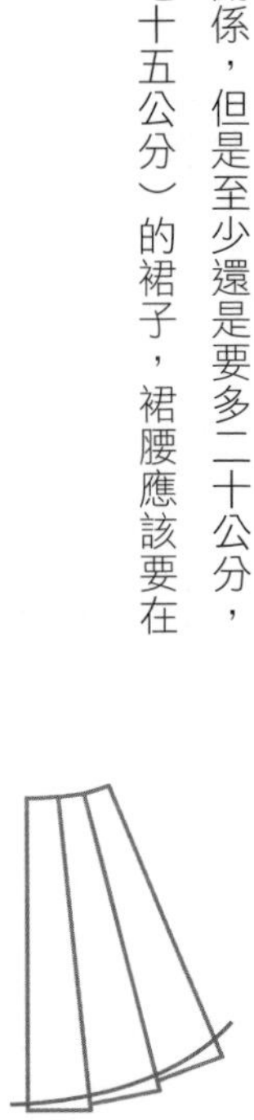

4. 用直線邊接斜線邊，下擺會因為長度不同而多出一個角。

來，才會變成一條裙腰一四四公分、下襬二四〇公分的裙子。

另一種排料方法是先均勻地裁成長方形，再斜著裁開（如圖3）。這種方法相當省料，布料兩端完全不會有餘布剩下。不過這種裁法有一個缺點，就是因為裁片形狀一邊為直線、一邊為斜線，而斜線會比直線長，所以縫合時裙襬會突出一角（如圖4），也會影響到整體線條。這種情況在片數少的時候會特別明顯，以圖3的比例，斜線大概會比直線長〇・五公分，不過片數愈多，此問題就愈不明顯，是一種適合多破數間色裙的裙片裁法（如圖5）。

五、縫合

最困難的工作都已經完成，剩下的就是各位繡娘的拼接工夫了，龔氏縫紉教室，我們下次見！

5. 裁片變小、直線與斜線的長度落差就減少。

古裝裡的內衣——要性感，也要保暖

按照史料，最近收視火熱的《武媚娘傳奇》，裡頭每個女角都該套上一件圓領衛生衣……唯一可堪告慰的是，唐朝的紡織技術十分發達，據說當時的輕羅薄若無物，隔著幾重衣料都還能看見胸前黑痣。若是以這種料子製作圓領內衣，雪峰如在雲霧間，別是一番風情哪！

念研究所以來，我便一頭栽進了服裝復原的大坑中，也常幫有興趣的朋友製作。但她們在服裝款式之外，往往還有其他考量，至今聽過最勁爆的要求是一個女孩問我能不能替她做十二單，而且希望能顯腰顯瘦……看到這需求時，我差點噴茶，試問：重疊十來件寬大衣袍的服飾，怎麼顯得了腰呢？這麼矛盾的要求其實反映了現代女性對服裝的認知——服裝是展露女人美妙曲線的道具，好的衣服應該要襯得身材更好。

不僅外衣如此，「內在美」更是以形塑身體曲線為主要目標——並非「表現」，而是「形塑」。如穿著馬甲束褲來創造無贅肉之緊實腰腹大腿的視覺效果、以胸罩托高乳房、加上水餃包來塑造上圍豐滿的假象（朋友曾經抱怨過，市面上很難找到不加厚墊的A罩杯胸罩，穿起來很不舒服。她自己又不在意平胸，廠商幹嘛替她在意啊）。更有甚者如調整性內衣，女性把自己塞進那小小的衣服裡，一身缺乏鍛鍊的鬆垮肥肉立刻被「調整」成纖細挺拔的身段。

近代歐洲童貞式性感

可是這樣的想法在歷史上是很晚才有的，歐洲到文藝復興之後才開始使用內衣來調整身材；而且美感概念還不是「性感」，而是禁欲式的。看著歐洲古典禮服美女畫像的讀者一定很有意見：這衣服低胸細腰大蓬裙，明明看起來超性感，哪裡禁欲了？

有此疑問的讀者可以試著拿一個硬皮資料夾，從下往上用力推壓自己的胸口，就可以稍稍體會穿著那種衣服的美女的感受了。雖然隱約露出胸脯的低胸禮服看起來很性感，但與大露深V事業線的現代人正好相反，當時的女性要展露的卻是小巧玲瓏「如童貞的瑪麗亞般」、「純潔的」胸脯（從小穿著壓緊胸腹的緊身胸衣，胸部長不大也是很正常的）。

長期以來，歐洲人崇尚的不是巨乳，而是像剛發育少女般微微起伏的胸部。據說拿破崙當政後，有次看到噴泉的裝飾雕塑感到甚是礙眼，下令「把那些奶媽換掉，水精可是處女啊」！這則軼事很能體現當時人的態度——巨乳看起來像是得要親自哺乳的下階層婦女，是粗俗的表現。馬克思流亡英國時，家境窮困，他的妻子寫信給朋友，詳細描述怎麼親自給孩子哺乳，顯然在她來看，這事盡顯她的貧窮與痛苦，因為馬克思夫人出身貴族，而當時中上階層婦女都是把孩子交給奶媽哺餵的。這些不需哺乳的上流社會女性，講究的是胸部要像「純潔的少女」，這不但是身分的問題，也是美感與道德的體現。

培養貞靜美德的馬甲

「看起來很性感」的束腰馬甲據說本來的功能是矯正體型、培養淑女儀態，女子穿好之後上身挺立，不會彎腰駝背（想彎也很困難），在當時人的論點裡，束腰不但具有視覺美，也能培養「節制」、「忍耐」、「貞靜」等女性道德美，實在是好東西。

但是馬甲緊束之後會壓迫內臟，有醫學報告顯示，穿著太緊束腰的婦女，胃甚至都沉降到小腹了。以「西西公主」之名著稱於世的奧匈帝國伊莉莎白皇后與婆婆鬥法時，抗爭的手段就是把腰束到十六吋（不到四十一公分），那樣一來基本上無法懷孕，以此來逼迫嚴厲的婆婆對她讓步。清末民初的著名學者辜鴻銘，曾經吐槽歐洲人批評中國女人纏足很野蠻真是太好笑了，歐洲人崇尚的束腰使女人個個虛弱不堪，成天奄奄一息、殆若斃然，動不動就昏倒，相形之下可比中國的纏足野蠻變態多了啊！

樸實的先秦內衣

相對來說，中國古代婦女雖然用纏足來「形塑」小巧如尖筍的腳，但是對身體曲線卻不怎麼重視，自然也沒有用內衣來突顯性感身材的概念。那麼古代的內衣長什麼樣子呢？在先秦時，有個和內衣相關的香豔故事，《左傳．宣公九年》記載：陳靈公與孔寧、儀行父通於夏姬，皆衷其衵服以戲於朝。泄冶諫曰：「公卿宣淫，民無效焉，且聞不令，君其納之。」公曰：「吾能改矣。」公告二子，二子請殺之，公弗禁，遂殺泄冶。

春秋時著名的大美女夏姬在丈夫死後深閨寂寞，一口氣交了包含國君在內共三個情夫，而這三人倒也不以為忌，上朝時還一起穿著夏姬的內衣，嘻嘻哈哈地彼此戲謔；另一種說法是他們懷裡揣著夏姬的內衣，上朝時拿出來甩著玩，這個場景想像起來實在太勁爆了……旁邊的臣子看得滿臉黑線，忍不住勸國君別再惡搞了，求您把內衣收起來吧！國君敷衍地說好，回頭卻和另外兩位「表兄弟」抱怨這人真嘮叨，於是勸諫的臣子慘遭兩人謀殺——可謂「一件（三件？）內衣引發的血案」。

如果把夏姬的內衣想像成現在的女性內衣褲，三個情夫穿著這一身的畫面未免有點驚悚。當時人的內衣其實並沒有太特殊的造型，就像是外衣的縮小簡樸版而已。例如馬山楚墓出土的幾件袖口較窄、衣身較短的深衣式長袍，就被認為應該是墓主的「內衣」，以本色素料製成，不像其他衣服上有華麗的刺繡或錦緣。孔子曾說過「紅、紫不以為褻衣」，內衣這玩意不需要花俏，樸實就好，大致上是先秦人對內衣的看法。

前包、後包、高圓領

馬王堆的素紗禪衣也是一件有名的「內衣」，素色的薄紗輕如蟬翼、透若煙霧，穿著這樣的內衣……想想也真是蠻性感的，樸素果然是王道?!

當時還有其他種的內衣，東漢末劉熙《釋名》中記載當時有幾種衣物，大致都屬內衣之流：「帕腹，橫帕其腹也。抱腹，上下有帶，抱裹其腹，上無襠者也。心衣，抱腹而施鉤肩，鉤肩之間施一襠，以奄心也。」最簡單的只是拿塊帕子包住肚子，複雜點就加綁帶、加長加寬好蓋住胸口。其造型可能和後世的肚兜有點像，主要是為了腹部保暖，掩胸是附帶的，背後更是全空。從《北齊校書圖》文士所穿的小吊帶內衣，可以想見這類內衣穿起來的樣子。

有沒有覆蓋後背的內衣呢？也有，叫做裲襠。為了保暖效果，裲襠通常是夾綿的兩塊厚片衣料，加上肩帶勾連，「其一當胸其一當背」而得名。東漢和魏晉南北朝時的氣候比較寒冷，裲襠在此時頗受歡迎，西晉末年時，女性一度流行內衣外穿，改用華麗的布料來製作裲襠穿在交領衣外，成為一種新裝飾。雖然可能只是一時流行，不過在魏晉南北朝的人俑身上，我們可以看到領口經常開得很寬，裡頭衣領一橫，可能就是厚實的裲襠。

此外還有一種保暖內衣，奇特的高圓領，在西漢俑身上偶爾能看到，但到了東漢與魏晉時期就很常見了，有高領緊束脖子與寬大軟立領兩種款式。《歷代帝王圖》中君王、臣子與宮女往往都內穿領口寬大的高圓領內衣，外著交領裙襦，頗具特色。

唐朝豪放女的真相

相對來說，北朝流行的圓領內衣領子偏低，甚至只有一圈衣緣而沒有立起的領圈。女裝開敞幾乎露肩的豔麗外衣裡，總是穿著緊貼脖根的圓領衣，男子的圓領袍中也穿著同樣的圓領衣，可見是男女通用的內衣款式。

這種圓領口內衣一直流行到了隋代及唐初——早先我也沒注意到這點，總是看著「豪放性感」的唐代繪畫充滿遐想。直到有一天，我在墓室壁畫中看到那「裸露的酥胸」被上了奇怪的顏色，這才驚覺：一直被我當成頸紋或肥肉的那一圈其實是衣領？仔細觀察其實脖子和胸口的上色還真的經常有輕微差異……嗚，還我豪放性感的唐朝！

盛唐以後，這件圓領衣的有無更加不明顯，難以分辨畫家究竟是刻意描出衣領，還是習慣性地勾勒頸部（各位讀者可以連上故宮網站，看看高畫質版的晚唐《唐人宮樂圖》，可以發現宮人們在齊胸襦裙內穿有圓領衣，甚至連內衣中縫都清晰可見）。可見直到晚唐，圓領內衣依然保留在唐代婦女服飾中，從未徹底消失。

從十八世紀初期到十九世紀末期，馬甲的線條由倒三角形變成沙漏型，也不再如以前的馬甲那麼緊。但藉助於維多利亞服裝的寬肩和蓬裙設計，腰身看來仍十分纖細。

左：電影《滿城盡帶黃金甲》的劇照，這種從下往上推擠的方法，和西方的緊身胸衣有異曲同工之妙。

右：馬王堆出土的素紗蟬衣，薄如蟬翼，整件不到五十公克重。其袖寬窄於其他衣物，顯然不是用於外穿。

內衣潮流時尚窗

漢朝

漢朝人在寬大的交領裙襦內所穿的內衣大抵有兩種形式，其一如閻立本《歷代帝王圖》中所見（例圖為前漢昭帝畫像），不管是君王或臣子，都常穿著領口寬大的圓領內衣，看來柔軟而舒適；另一種則是緊束脖子的高圓領，如四川酆都出土的東漢撫琴陶俑，脖子上一圈厚實的領子，存在感十分明顯，防風、保暖機能更強，宜於冬季穿著。

唐朝

到了唐朝，隨著紡織技術進步，輕薄的布料也愈來愈普及。陝西歷史博物館的唐三彩雕塑上，可以看到男性官員穿著輕薄貼身的圓領衫，神似今日的「發熱衣」；若談到真正的薄紗，則可看看永泰公主墓葬出土的壁畫，宮女們在胸口的心型「馬甲」上，也統一有著薄紗內衣的領口線條，那種薄透的效果讓畫家並無另外敷色，與近年女孩間流行的「透膚絲襪」有異曲同工之妙。

魏晉南北朝

和漢朝相比，魏晉南北朝時期雖然也穿圓領內衣，但樣式明顯更為輕薄，沒有寬大的領圈，也更貼身。如北朝徐顯秀將軍墓中的壁畫，便可見到僕從在豔麗外衣裡穿著這種貼身的「內搭」，男女皆同。另外，在江蘇出土的南朝黑陶俑身上，也可看出在寬交領外衣下還穿著形狀方正的內著，且具備一定的厚度，可能就是夾棉的裲襠。

包哪裡，有門道

關於抱腹、心衣和裲襠，至今尚無明確的文物出土，後人只能從各種文字或圖像史料裡想像其樣貌。大抵而言，抱腹只掩住腹部、心衣包覆的範圍上掩至胸口、裲襠的結構則有點像是現代披著廣告看板的三明治人。左圖《北齊校書圖》裡文士穿的吊帶式小背心，較為接近心衣的樣貌。

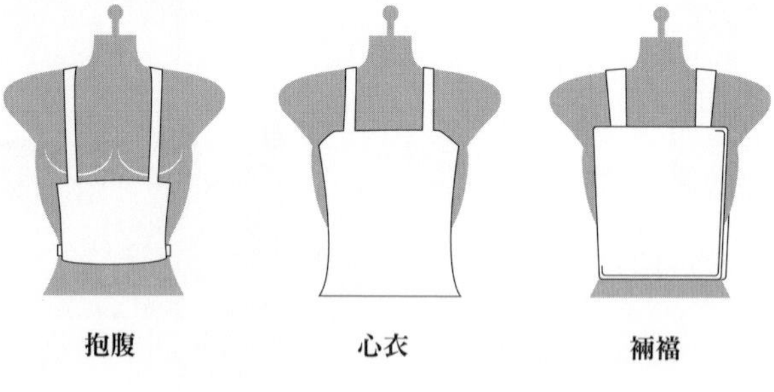

抱腹　　心衣　　裲襠

胡風颯爽稱豪傑——唐朝「紳士西服」

從君王到庶民，唐朝男裝大多身穿長及膝下乃至腳踝的圓領窄袖長袍，下身搭配長褲和靴子、腰束皮帶。普及的胡風裝扮，有點像現代男性以西服為正裝的情況；和現代服裝有市售成衣、專櫃名牌、高級訂製西裝等差異一樣，唐朝男人的圓領袍也有等級之分，能從細節上表現衣主的身分地位。

之前有一次看到有人忿忿不已地抗議「唐裝」這個詞侵占了中國服裝的概念，讓人以為唐朝人就穿這樣的服裝，這種滿清服裝式樣如何能代表漢民族。

我無奈地解釋：唐裝指的是「唐山人的服裝」，過去曾用「唐山」指中國，如「唐山過臺灣」。遠赴海外的華僑以貧苦勞工居多，尤其清代中後期大量對外輸出華工，清代中下層民眾的普遍裝束自然成了老外心目中的「中國形象」了。換句話說，「唐裝」和唐朝或民族文化等沒什麼關係，乃是特殊歷史背景下的產物。

而且若說唐朝人的服裝和漢民族的關聯，老實說也沒什麼關係，唐朝可說是最不在意「服飾／民族」這套的時代了——唐朝最流行、最普遍，所有男性天天穿的服裝，本來就是胡服啊！

方便到脫不下來的胡服

南宋朱熹曾說過：「今之上領公服，乃夷狄之戎服，自五胡之末流入中國，至隋煬帝巡遊無度，乃令百官戎服從駕，而以紫緋綠三色為九品之別。本非先王之法服，亦非朝祭之正服。今雜用之，以其便於事而不能改也。」

這段話清楚地說明了五胡亂華以來服裝上的胡風特質。雖然曾經有北魏孝文帝這樣的非主流，意圖全面性地改採漢裝不穿胡服；南朝的高門大族穿著極為寬大的衣袍裙裳，以此表現士族的高貴風雅，但社會的總體服裝趨勢依然往胡風靠攏。最主要的原因就是「便於事」，穿起來方便活動。

到了唐朝，上至君王，下至庶民，男裝雖然顏色材質有所不同，但樣式相當一致——身穿長及膝下、乃至腳踝的圓領窄袖長袍，下身搭配長褲和靴子，腰束皮帶。這種帥氣俐落的造型若是給漢朝人看到了，一定認為是個胡人！但在唐朝，所有男人平日都是這麼穿的。

讀者可能要問了：漢人不是該「交領右衽、寬袍大袖、上衣下裳」嗎？不可能全部消失吧！

確實還是有的，唐代的祭服、朝服、公服還是走上述「交領右衽、寬袍大袖、上衣下裳」的服裝風格，但穿著的機率相當低。一來，那些全都是王公貴族的禮服，平民都不能穿——只有在結婚當天，新郎可以穿上紅色的公服體驗一下「新郎官」的意氣風發；再者，即使是官員，也只有在元正大會等重要儀式的時候才會穿上禮服，平時辦公或日常生活都是一襲俐落的圓領袍衫，只要衣物符合該官品規定的顏色和材質就可以了。

一眼斷定帥哥身分

現代的男性正裝是西服，雖說款式沒有太大差異，但路邊小店成衣、百貨公司名牌，還是高級訂製款，依然一眼就能看得出來。唐朝男人即使都穿圓領袍，在服裝細節上還是可以看出身分地位。

首先看向下襬，為了方便活動，圓領袍下襬常會開衩，早期開衩位置比較低，大概到大腿中；後來衣衩愈開愈高，晚唐時甚至都開到腰側了（裡頭還會穿衣褲，因此不要想像得太性感）。不管開衩高低，都被稱為「缺骻袍」（單層的就叫「缺骻衫」），是軍人與庶民穿的。

倘若各位穿越回到唐朝，發現眼前走來的帥哥，衣袍下襬竟沒開衩，仔細觀察還拼接了一塊料子，可千萬不要以為他家窮得拼碎布做衣服。這種拼接款式只有官員與士人能穿，稱為「襴袍」，「襴」就是那一道拼接的縫線（同樣的，單層者稱為「襴衫」）。

哈胡風、哈儒風與哈唐風

這種袍反映了當時人「繼承與創新」傳統文化的率性態度——古人要上衣下裳，可是穿裙子好麻煩，我們比較喜歡穿一件式袍子，這該怎麼辦呢？簡單，在下襬接塊布，就當上面是衣，下面是裳好了！

特別要說明的是：襴袍並不是唐朝人的發明，而是鮮卑熱愛儒家文化的北周大臣為了「復古」而提出的設計理念。唐定天下後，朝廷討論官服時，長孫無忌拍板定案，從此成為唐代官服與士人袍服的專有設計。

積極與唐朝交流的日本也學來了這套圓領袍衣襬規定，例如文官的朝服（稱為「束帶」）穿「縫腋袍」（下擺無開衩）；武官則穿「闕腋袍」（下擺開衩）；貴族的「袍服」（類似唐朝公服的正式服裝）和「直衣」（日常服裝）也都是縫腋且有襴。而地位近似於貴族用運動服的「狩衣」（也就是常在影視漫畫中看到的陰陽師安倍晴明所穿的那身玩意），其身側根本不縫合，可說是開高衩的極致了。

玉帶金魚高富帥

再來可以看看腰帶，皮帶（革帶）本身沒什麼差別，但是上面裝飾的「帶銙」彰顯了穿著者的身分地位。能使用金玉帶銙的，不是王族就是大官，帶銙數量也多（詩詞中常以「玉帶金魚」代指高官，「金魚」是高官身上佩戴的金質魚符，而玉帶並不是真的拿玉製作腰帶，指的就是「裝飾玉帶銙的腰帶」）。倘若眼前人腰帶上僅有七個銅鐵帶銙，就只是平民或流外小官了。至於袍服的顏色，也可以做為身分的參考：唐代規定高官「服朱紫」，穿紫色與緋色（帶一點橘的紅），中下層官員穿青綠色，流外官及庶民用黃白色。不過服色不太可靠，一來是日常便服的自主性比官服要高，再者就連官員都不太守規矩，如以下的記載：「唐初，賞朱紫者服於軍中，其後軍將亦賞以假緋紫……或無官而冒衣綠。」因為穿品級較高的服飾感覺比較帥，常有越級用色的現象。

黃色成為皇家色

隋唐時人喜歡穿黃色，雖然理論上是庶民用的服色，但大家都愛穿。史書上記載隋代「百官常服，同於匹庶，皆著黃袍，出入殿省，高祖朝服亦如之。」天子和臣子們都穿黃袍。

到了唐代，雖然各級官員有服色規定，可是「朝參之處聽兼著黃」，除了本來規定的顏色之外也能穿黃衣，直到唐高宗時才禁止。但禁止的原因很妙：洛陽尉柳延服黃衣夜行，被部人所毆，故一律不得服黃——有個官員犯了宵禁，因身穿庶民用的黃色，被當成小咖而遭到一頓毒打。為了避免再發生這種「有眼不識泰山」的案件，才開始禁穿黃衣。

再看向衣領，不管是緊貼脖子的立高領還是露出鎖骨的寬領口，都是常見的領型，也可以把領口的扣子解開穿成翻領，那又是一種帥氣的風格。

要注意的是，圓領袍裡通常搭配的是圓領內衣（翻領狀態時可以看得很清楚），雖然有些人會在裡頭加穿交領半臂，以塑造寬肩細腰的雄壯身姿（硬質半臂有如墊肩般的效果），但當時半臂的領緣非常窄，大概只有半寸左右，從外表幾乎看不見。因此當圓領扣合時，從正面看就只能見到脖子和一圈領緣。假使你看到了明顯的內交領領口從圓領裡冒出來——代表你眼前這位也是穿越來的，因為五代以後才流行圓領袍內搭交領衣。

頂上幞頭比帥氣

圓領袍之外，男人的「髮型」也很一致。雖然有些人會戴帽子（如毡帽、笠帽），但唐代最流行的還是幞頭。

「幞頭」本來是指用黑頭巾把頭髮完全裹起來的狀態，一開始是單純以黑帛包住額頭和髮髻，後來為求造型好看，髮髻上再加裝一塊叫「巾子」的模具。這巾子有木雕的，也有紗質的，總之是要把頭上的髮髻撐出造型，這樣包起來才好看。

不同時期流行的造型也不一樣，有時崇尚低矮自然風，有時要鼓得高聳圓潤，或中間內凹如桃，或前低後高呈傾斜狀……總之，男人也要追求時尚。

至於裹頭的黑頭巾，後來也有了更多花樣，單靠布角打結不太牢靠，因此唐人在黑帛四角加裝了長帶方便綁束。通常是使用兩條帶子把髮髻綁緊，剩下兩條自然垂落，顯得頗為風雅。也可以把綁帶在頭上多纏繞兩圈，打結後的短交腳會自然向上翹起，又是另一種瀟灑。中唐以後甚至在垂下的帶子裡加裝鐵絲，就可以自由地凹出各種造型來了。五代以後不再拿頭巾裹髮，而是直接把黑帛蓋在模具上刷黑漆定型，乾了以後就是個硬殼帽子，但還是叫作幞頭。宋、元、明人所說的「烏紗帽」，其實就是這玩意兒。

冠冕已成 old fashion

至於其他傳統的冠冕……嗯，帝王百官舉行重要儀式時會戴啦！結婚時會戴上與服裝相應的冕或冠，另外道士和女道士的服裝也規定必須戴冠，因此被稱為黃冠／女（黃）冠。但除了這些特殊場合和身分之外，唐人沒什麼戴冠的機會，古代男子成人禮的冠禮，在唐朝甚至沒人舉行了，如柳宗元的〈答韋中立論師道書〉便記載了這樣一段趣事：

> 古者重冠禮，將以責成人之道，是聖人所尤用心者也。數百年來，人不復行。近有孫昌胤者，獨發憤行之。既成禮，明日造朝，至外廷，薦笏，言於卿士曰：「某子冠畢。」應之者咸憮然。京兆尹鄭叔則怫然，曳笏卻立，曰：「何預我耶？」廷中皆大笑。

早在唐代以前，幾百年都沒人行冠禮了，不過有個書呆子一心想要古禮，特意給兒子舉辦冠禮，並認真通知同事這件事。按規矩，這些長輩應該要給這位剛加冠、甫成人的青年一些為人處世的建議。沒想到，同僚卻用莫名其妙的表情說：「你兒子加冠，干我屁事啊！」

這故事對於復古派來說真是感傷，不過從另一個角度來看，可以說唐朝是個不大追慕古典傳統，喜歡走自己的路的時代。「傳統」本就不是一成不變的東西，唐人吸收了各種不同來源的文化，制定了的新規矩，有著各式各樣的流行與創新，而這些又變成了下一個時代，乃至之後千年的典範與楷模。

電影《狄仁傑之神都龍王》劇照。撇開細部的戲劇美化調整不論，劇中主角頭戴幞頭，身著圓領長袍，腰繫革帶，是唐朝最常見的男裝打扮。

左上：電影《狄仁傑之通天帝國》劇照。演員梁家輝扮演的角色衣著，解開圓領袍的上扣，露出圓領內衣，變成帥氣的翻領風格；同時下擺也可看出明顯開衩，方便騎馬活動。

左下：唐章懷太子李賢墓出土的《狩獵出行圖》（局部）。馬上勇士皆身穿圓領袍、腳蹬靴子，再將大刀掛在腰帶上，行動如風、英姿颯爽。

右：聖德太子畫像。聖德太子為日本推古朝（隋末唐初）人物，身上的圓領袍裝扮明顯受到中國影響。

風度翩翩的軟巾幞頭

幞頭始創於後周，一開始是用黑絹包裹頭髮，到了唐朝，開始流行用輕羅、漆紗等材質，形狀上有圓頂、方頂之分；材質也有軟裹、硬裹之別。用軟巾包裹的幞頭原是一種不分貧富貴賤、士庶各階級皆可戴的配件；後來漸漸變成文人雅士愛用的造型，有些貴族女子也會女扮男裝，再戴上這風度翩翩的頭飾，成為一種生活情趣。

1. 將「巾子」（木雕或紗質的硬髮網）罩在髮髻上。

2. 如頭巾般蓋上黑紗布。

3. 將黑紗布前端兩角繞過耳朵上方、拉到腦後。

4. 上端的兩個布角在髮髻後打結固定。

5. 下端的兩個布角向上反摺、拉到髮髻前方，打結固定。

6. 完成帥氣英姿，跑馬遊街去！

唐朝仕女的豪放裝扮——露胸披紗，頭頂高髻

頭頂大花、胸口微露、身著鮮豔透明紗衣——宮廷戲盛行的當下，人們對唐朝女性的裝扮已頗為眼熟。大唐長達二百八十九年的時期中，女子裝束可不只有電視劇的酥胸半露而已。裙、衫、帔的基本搭配隨著流行不斷更替，初唐的纖巧合身、中晚唐寬博豐滿，與胡風的帥氣俏麗，唐代女裝時尚令人目不暇給。

小時候看歷史書，有個印象是「古代中國人不太會畫畫」，因為外國繪畫裡的人物看起來確實很像電視上能看見的外國人，但我沒見過長得像中國古畫上的人。直到和著爸媽到西安遊玩，才驚訝地發現——當地人真的長得和古畫一樣！圓臉豐頰鳳眼微挑，和唐代繪畫中的人物相似度高達八成！而且不像之前看畫時覺得臉型太圓、太胖，年輕女孩面頰飽滿紅潤，配上秀麗小巧的五官，當真是杏臉桃腮、眉目如畫。

露胸披紗，高髻步搖

雖然臉蛋豐潤，卻不等於體型也胖嘟嘟。許多女孩身材修長苗條，卻依然一張漂亮圓臉，這是當時年幼的我又一驚奇發現，深深留下「西安美女真多，不愧是歷史古都，處處有美人」的感慨。

對現代人來說，唐代「以胖為美」、「衣著豪放」無庸置疑，圓臉雙下巴自然是胖，露胸披紗果然豪放，《簪花仕女圖》就是最好的例證。而這幅畫基本上成了人們對唐代女子造型的根本認識，凡是設

定在唐代的戲，不管演的是武則天或楊貴妃，女角都得頭頂大花，穿著鮮豔的半透明紗衣，驕傲地挺起胸脯，露出事業線！

事實上，傳為周昉所繪的《簪花仕女圖》，學術界普遍認為不大可能繪於中唐，而是晚唐甚至五代的作品，其描繪的服裝實際上是晚唐以後流行的寬博造型。高髻簪步搖雖然是唐代女子的盛裝髮型，但再頂上超大牡丹花就太累贅了，被認為是後人加筆，而非唐人風格。雖然楊貴妃常常與牡丹花相提並論，但這種髮型絕不會出現在她的頭上。

長裙高束，衣袖緊窄

那麼武則天、楊貴妃等初唐、盛唐的女人怎麼穿？要是你認定「盛唐和晚唐有差嗎？都是唐朝，她們應該還是穿得像《簪花仕女圖》吧」！未免太小看女人追求時尚的魄力了。現代每年流行的服裝款式都不一樣，難道古人二、三百年的服裝都不會有所變化？

與一般人想像的「唐代國力強盛，故而流行寬大豐滿的造型」剛好相反，唐代是在安史之亂以後，服裝才變得愈來愈寬大化，晚唐時期達到鼎盛，成為如今大家心目中的「唐代印象」。唐朝最強盛的初唐、盛唐時期，服裝卻是相對緊窄的風格。

政治上雖然改朝換代，但唐初的女裝依然承襲隋代的風尚——長裙高束到胸口，搭配著圓領內衣和交領窄袖上衣。不管從繪畫還是出土人俑身上，都可以看到初唐女裝的袖子幾乎是緊貼手臂，袖子比指尖再長出一截，把視覺效果拉得更加修長。「紅衫窄裹小擷臂，綠袜帖亂細纏腰。」窄窄的紅色衣袖勾勒出手臂的線條，濃綠的袜肚把腰肢襯得更加纖細，窄、細的瘦長風和鮮明的顏色對比，正是此時女子的服裝寫照。

寬長披帛，好梳高髻

不僅衣袖緊窄，當時也熱愛條紋風的間色裙，北朝時流行的還是大色塊的異色拼接裙，到了唐代已經成了條紋風格。髮髻也從隋代的低平髻向上發展，愈來愈高聳，唐太宗時，皇甫德參曾批評「俗好高髻，蓋宮中所化。」太宗聽了很不開心，鬧脾氣說宮人都沒頭髮你才開心是吧！可見當時支持宮女們梳高髻的態度非常堅決。

綜合以上的特徵：高髻、貼身上衣、比指尖還長的小袖、高束至胸的曳地長裙、細窄的裙身條紋，再搭上寬而長、當風飄逸的披帛，可以想見視覺效果是非常纖細修長的。

雖然當時的貴婦禮服依然是大袖——皇后的大禮服（褘衣、鞠衣、禮衣）、內命婦（指妃嬪、女官）和外命婦（指官員妻母）的花釵翟衣（五品以上的衣服有鳥紋）、花釵禮衣和鈿釵禮衣等正式禮服，造型上都是大袖衣，但穿著機會非常少，通常只有受冊（接受冊封）、從蠶（跟著行「親蠶禮」的皇后去玩蠶寶寶）、朝會、婚嫁等機會用得上。雖然禮制上規定內命婦常參時也應該穿著大袖的鈿釵禮衣，但宮內除了元正朝會之外沒什麼人穿禮服，主要還是以常服——也就是當時流行的窄袖做打扮。

到了高宗朝，女裝緊窄依舊，甚至更為極端，唐初的間色裙片色塊還比較寬（如《步輦圖》），到唐高宗時要條紋極細才夠時尚，當時最時髦的「十二破」裙，條紋極為細密。相較之下，武則天「只」穿七破的裙子，顯得相對儉樸。

低領半袖，胸型自然呈現

相較於交領位置和裙腰位置都很高的太宗時期，高宗時期和武周時期的女裝則有了新的花樣：裙腰位置移到胸下（即下胸圍線那一帶），上身則另外套上一件材質華麗的小外套（或背心），短袖的稱為半袖，無袖的稱為背子，可以罩在裙外或紮在裙子裡。這些小外套的領型有交領、對襟、U型領、方領、雞心領等各種樣式，但領口大都挖得極低，開到胸口一半是正常款，豪放的甚至一口氣開到胸下了。雖然當時婦女往往內穿圓領內搭衣，但因為料子很薄，乳房的形狀依然隱約可見。

當時沒有集中托高式內衣，衣襟領口透出的卻是自然的身材曲線，不太可能像電視劇《武媚娘傳奇》、電影《滿城盡帶黃金甲》那樣壓擠出波濤洶湧，但女性們還是樂於展現自身的女性美。此時的畫像或人俑忠實地展現出女子們的性感魅力，可說是風情無限。

從帷帽遮蔽到露面露髻

如我這樣喜歡看美女的人，大概已經開始遐想長安大街上處處春光的美好景象了。但當時的女子外出時都會帶上帷帽，也就是帽沿垂下長紗網的帽子，雖然比起唐初流行的冪離（可以遮住全身的大型遮罩）要輕便許多，但是胸頸以上依然被遮蔽，路人無從一窺真容。

日本平安時代貴族女子若是出遊步行，會戴上「市女笠」以遮擋身形容貌，可能就是模仿唐代女子出行戴冪離與帷帽的習慣。我曾在外拍時玩過此一造型，然後把一身衣帽換給同行的朋友穿戴，發現帽子裡換了人根本看不出來。難怪隋末唐初時常有「讓士兵穿上女裝、頭戴冪離」的奇襲案件，這種遮蔽物的屏障效果確實相當優秀。

或許出於安全考量，唐玄宗時期一改前代反覆要求女人遮蔽自身的詔令，轉為命令「帽子皆大露面，不得有掩蔽」，不過，在此之前女人早已經改戴「靚妝露面，無復障蔽」的胡帽。既然政府都認可此事，後來的唐女更是乾脆拋掉礙事又破壞髮型的帽子，露髻馳騁於路上了。

女著男裝蔚為風潮

相較於初唐時期，玄宗時代的女裝則顯得較為寬鬆，不管是衣袖，還是外搭的半袖，都不再緊裹身軀。

白居易描寫上陽宮裡十六歲入宮的宮女一輩子對外隔離，六十歲了卻依然作入宮時的打扮，不知四、五十年過去，流行早已換了模樣：「小頭鞵履窄衣裳，青黛點眉眉細長。外人不見見應笑，天寶末年時世妝。」

在中唐人的眼裡，唐玄宗時代的衣裙仍屬「窄衣裳」，白居易那時卻早已流行起衣袖寬達四尺（少說也有一二〇公分）、裙長曳地也四尺的寬大衣裙。

以傳世繪畫而言，《搗練圖》的服裝被認為頗符合盛唐的風格：衣袖與裙襬略寬於初唐時代，但還沒有發展成中、晚唐的巨大拖曳造型，妝容也是「青黛點眉眉細長」的自然風淡妝。當時婦女還會把半袖穿到衫子裡，以塑造肩膀、胸脯渾圓飽滿的視覺效果，後人對唐朝「以胖為美」的印象在此時方見端倪。

此外，當時社會上流行女著男裝和胡風裝束。這並不是玄宗朝才有的風氣，初唐時代的墓室壁畫裡，常可以看到穿著圓領袍的男裝侍女，我曾開玩笑說：「主管級穿裙子發號施令，底下的小妹就要穿褲子方便東奔西跑地幹活」，不過這大致也是實情。

太平公主年幼時因為吐蕃求親，高宗和武后推託以女兒已經出家一直沒替她找對象。後來有次家宴時，公主「紫衫、玉帶、皂羅折上巾，具紛礪七事」，打扮成貴公子模樣歌舞，父母覺得訝異，笑著問：「女孩子又不能當武官，何必穿得那麼帥？」太平公主撒嬌回：「那就把衣服送給駙馬？」兩老才知道女兒想嫁人了。高宗時期的貴女作男裝打扮其實是比較少有的，但在武周、中宗時代卻日漸普遍。到了玄宗時代，女子穿著丈夫衣服、靴衫更成社會常態，被保守派認為是服妖之象。

胡風打扮一度流行

胡服則是另一種「服妖」，開元天寶之際，社會上很流行頭戴胡帽，身穿胡風翻領袍，雖然唐人有時也會把圓領袍的扣子打開呈翻領狀，不過胡人會特別在領、衿等處使用豪華的織錦做裝飾，再搭配細條紋小口褲與錦鞋，繫上可以攜帶各種隨身用品的蹀躞帶，便是一身最流行的胡風打扮。

此外，胡風的女裝也頗為流行。西安發掘了一位李唐宗室女李倕的墓葬（網路上多稱她為「唐朝公主」，但事實上是李淵的五代孫女，墓誌裡完全沒有提到她的封號，大概連縣主都不是），出土時頭部有著一套散落的頭飾。復原之後可以發現造型與後來稱為「回鶻冠」的頭飾十分相似。李倕逝世於開元二十四年，正巧是史書上記載胡風極盛的開元天寶之際，這個華麗頭冠的出土，或許正可以給此時的流行做一見證。

左：後人對唐代女子服飾的想像，所繪製出來的樣貌多半露胸披紗、長裙曳地。
右：相較於初唐風格，盛唐的女子服飾顯得寬鬆了不少。

左上：寬袖長裙是中晚唐的時尚，不過當時就算裙腰繫胸，也只是呈現女性自然的身形，而不是像電視劇那般刻意擠出波濤洶湧。

右：平安時代貴族女子外出所戴的「市女笠」，效果類似初唐女子所戴的羃離，戴上之後完全看不清長相。

左下：唐代女子習慣在衣裙之外，再加上一件飄逸的披帛，以搭配出更多造型。

二八九年唐朝女裝流行史

唐代女子服飾絢麗多彩，從初唐到晚唐，前朝與後代的融合，東西方文化的交流，促成了一部流行意識強烈的古代女裝流行史。

初唐時期

長裙高束，內搭著圓領衣，外著交領衣，呈現緊身俏麗的風格，後來流行在衫裙外再加一件華麗的半臂。當時婦女還會於衣著外再搭一條寬披帛，一端塞在半臂或裙腰裡，再繞過肩膀披在胸前，或者直接把披帛兩端在胸前打個平結，產生多層穿搭的視覺效果。

盛唐時期

衣袖裙襬略寬，半袖入衫，領口開低，肩膀胸脯渾圓飽滿。尤其魏晉南北朝以來，各民族長期文化融合，此時的服飾更是結合許多胡風特色，至此，唐代女子的服飾更加多元豐富。

中晚唐時期

衣衫大而寬鬆，裙長曳地，當時流行寬大的長袖，大袖甚至長達四尺以上。此時帔子的裝飾非常華麗，有印花、刺繡、彩繪等，裝飾工藝可見一斑。此圖女子裝束是仿《簪花仕女圖》造型，高束至胸的大襬長裙外裹工藝精美的抹胸，身披類似罩衫的大袖衣，為宋明時期女子禮服的雛形。

與時俱進——大唐盛世女子的前衛妝容

中國古代女子的妝飾，到了唐朝簡直登峰造極。唐代女子追求時尚堪稱全方位，除了前衛的衣著，妝容上，「眉」、「唇」、「頰」更是百變，連額頭也不忘貼以繽紛妝飾展示風華。

聽聞時下女大生在校園裡化妝上課已成常態，頗感驚訝，因為我讀大學時，女生上學時化妝相當少見，有時候還會被同學揶揄：「今天有約會嗎？」出社會進入校園執教，在學校不要求老師們化妝的情況下，我們部門的女老師通常素面朝天，只有學校辦活動時才刻意妝扮，妝容也相當樸素。

環境使然，我對化妝這事至今還是不習慣，雖然玩傳統服裝外拍時，不免得化妝上陣（為省掉後製修圖麻煩），但總是被玩 cosplay 的朋友吐槽妝容太淡，毫無效果可言。

唯一一次化舞臺級濃妝是為了拍印度紗麗，總覺得那樣的服裝就該搭配深濃眼影、分明輪廓。但收到的照片令我大為震驚：濃妝豔抹最後呈現出來的效果竟然只有「看得出有化妝」！趁著那一次經驗，我隨口與幫忙攝影的朋友聊起相關話題：「男人嘴上說喜歡女人素顏、不化妝，其實他們喜歡的是裸妝的女人，也就是化了妝，但讓人看不出來。」男性友人聽完面有難色地坦承，如果沒有畫到煙燻妝或舞臺妝的程度（主要看眼影和假睫毛），他確實不太能分辨女人究竟有沒有上妝。

膚色力求潤白如玉

相較於會用裸妝「誤導」男人，認為自己天生麗質的現代美女，唐代美人可說反其道而行。怎麼說呢？現代人追求白皙透亮，唐朝人更是不遑多讓。由於人人都崇尚美白，致使當時的美容祕方變得十分珍貴，乃至於「醫門極為祕惜，不許子弟洩漏一法，至於父子之間亦不傳示」。

藥王孫思邈認為此風甚不可取，因此在《備急千金要方．第六、七竅病．面藥第九》與《千金翼方．卷第五婦人一．面藥第五》中，慷慨提供了一百二十種美容產品的製作方法，包含美白洗面乳（粉）、保溼洗面乳（粉）、美白緊實去皺精華等，擷取部分內容如下：

白面方

材料：牡蠣（三兩）、土瓜根（一兩）。

用法：上二味末之，白蜜和之，塗面即白如玉。旦以溫漿水洗之，慎風日。

澡豆洗手面方

材料：白蘚皮、白僵蠶、川芎、白芷、白附子、鷹屎白、甘松香、木香（各三兩）、土瓜根（一兩）、白梅肉（三七枚）、大棗（三十枚）、麝香（二兩）、雞子白（七枚）、豬胰（三具）、杏仁（三十枚）、白檀香、白朮、丁子香（各三兩）、冬瓜仁（五二合）、麵（三升）。

用法：上二十味，先以豬胰和麵曝乾，然後合諸藥，搗末，又以白豆屑二升為散，旦用洗手面，十日色白如雪，三十日如凝脂，神驗（《千金翼》無白僵蠶、川芎、白附子、大棗，有桂心三兩），可治面黑不淨。

澡豆是利用豆類含有的皂苷去除汙漬的能力，混合豆粉與各種藥物香料製成的洗滌劑，在肥皂流行前十分盛行。這則澡豆方宣稱「十日色白如雪，三十日如凝脂，神驗」，能令人「悅澤光白潤好」，不僅要白，還要「如玉」、「如凝脂」般溫潤透明，正如現代美妝保養品標榜的「光透美肌」。

除了美容藥方外，孫思邈在論婦人方時特別提醒：「凡婦人欲求美色，肥白罕比，年至七十與少不殊者，勿服紫石英，令人色黑，當服鐘乳澤蘭丸也。」而他推薦的四種包含鐘乳和澤蘭的藥方，主要是治婦人虛勞寒中、虛弱瘦削、面無光色，效果是：補益、令人肥白！

簡單說，白皙透亮、柔潤有光，而且看起來充盈飽滿，就是當時認為最漂亮的膚色。

脂粉紅豔厚重

單論保養品功效，大家可能覺得唐朝和喜愛美白的現代差不多嘛！難怪《武媚娘傳奇》裡女角都把臉蛋塗抹得很白，看起來甚至有點像日本藝妓了，這也一定是唐風的影響。事實上，唐代雖以膚白為美，化妝時卻極力把臉頰兩側塗得像紅通通的桃子，例如《開元天寶遺事》中描述楊貴妃：「初承恩召，與父母相別，泣涕登車。時天寒，淚結為紅冰。」又或「貴妃每至夏月，常衣輕綃，使侍兒交扇鼓風，猶不解其熱。每有汗出，紅膩而多香，或拭之於巾帕之上，其色如桃紅也。」書中記載楊貴妃與父母離別時痛哭不已，因為當時天寒，融混著臉上脂粉的淚水甚至凝結成了紅色的冰。此外，貴妃十分怕熱，她的汗水因為沾染了臉上和身上的胭脂，乃至於將手帕給染成了桃紅色。就連楊貴妃這等超級美女都習慣把胭脂塗得如此濃豔厚重，一般人更不用說了。

當時女人不僅胭脂抹得多，粉也打得極厚，王建《宮詞》：「舞來汗溼羅衣徹，樓上人扶下玉梯。歸到院中重洗面，金盆水裡潑紅泥。」描寫的是舞姬表演完後洗臉卸妝，結果洗臉盆裡的水像是翻湧著紅色泥漿一般（有的版本作「金花盆裡潑銀泥」）。不管這位舞姬妝容究竟偏紅還是偏白，都可以由此推測其臉上脂粉之厚。

五官不立體才上流

現代東方人崇尚五官立體如西方人，化妝時會刻意營造明暗度，突顯輪廓，但在唐人眼裡，太過突出的輪廓是胡人的特徵。對重視門第的唐人來說，「胡相」不但看起來怪，而且顯然不是高門大族出身，可能有胡商番將或胡姬崑崙奴的血統（這些人在唐代社會的地位都不高）。因此唐代女人化妝不僅不會打陰影塑造立體效果，五官突出的人還會刻意把輪廓畫得沒那麼深。《教坊記》記載：「有顏大娘，亦善歌舞，眼重、臉深，有異於眾，能料理之，遂若橫波，雖家人不覺也。嘗因兒死，哀哭，拭淚，其婢見面，驚曰：『娘子眼破也！』」

從上面敘述來看，這位眼眶較深的顏大娘大概就是在眼部塗了厚厚的粉，讓眼窩看起來沒那麼深邃，其眼妝概念可說與現代審美觀完全相反。

眉似遠山含煙翠

唐代以前畫眉主要用黛，最高級的稱螺子黛，是波斯進口的珍貴舶來品，一般人則用石黛、銅黛描眉。看過《甄嬛傳》的讀者應該對嬪妃們分眉黛的情節有印象。其實那段是引用《隋遺錄》的故事：「（吳）絳仙善畫長蛾眉……司宮吏日給螺子黛五斛，號為蛾綠，螺子黛出波斯國，每顆值十金。後征賦不足，雜以銅黛給之，獨絳仙得賜螺子黛不絕。」話雖如此，這個情節放在清宮戲裡卻是嚴重錯誤，因為從宋代以後，女人畫眉就改用眉墨，而不用眉黛了。

美女描了眉黛的秀眉往往被稱為「翠眉」、「春山」，因為黛不是純粹的黑色，而是深青，正所謂「黛眉印在微微綠」，用黛畫出來的眉毛是暗綠色的！

典型的唐朝美女上妝時，先以鉛粉或輕粉（水銀粉）刷牆似地把臉、嘴唇和脖子完全打白，然後在兩頰塗上鮮豔的胭紅，接著畫上墨綠色的眉型，用口脂（管狀的口紅）描出小巧鮮紅的唇型。之後再依喜好在臉上貼貼紙（花鈿，用法和貼紙差不多）、畫點點（面靨，通常點在酒窩位置）。

有一位彩妝部落客在網路上出了一系列「唐代仕女仿妝」，為了對她的挑戰和創意表示敬意，我把這些彩妝照片當成教材拿到課堂上展示，臺下學生總是一片驚呼與哀嚎：「為什麼要畫成這樣！」「太恐怖了吧！」可見這妝容明顯不符合現代人的口味——特別是男人（總是男生叫得最為淒厲）。比起唐朝仕女，這位彩妝部落客的妝容已經淡雅許多，而且她示範的都是較為正常的妝面造型。要知道，唐朝奇特的妝飾可不少呢！

斜紅如血傷痕風

唐朝前期的妝容大致上還算清淡，當時流行用顏料把額頭塗黃，稱為「額黃」，這種妝飾從南北朝以來就很盛行。南朝簡文帝〈美女篇〉：「約黃能效月，裁金巧作星。」把塗成鮮黃的額頭形容成滿月，旁邊還點綴著金箔的花鈿；或貼上黃色花瓣狀裝飾品，也就是〈木蘭辭〉中對鏡貼「花黃」。此外臉邊再畫一道疤痕似的紅印，稱為「斜紅」，也是魏晉南北朝以來的流行。

武周到唐玄宗時流行粗眉風格，一開始只是把自然的眉毛加粗一點，後來卻成了「桂葉雙眉」，甚至到了「半額畫雙蛾」的程度。也有人直接把網紗貼在額頭上，稱為「透額羅」。到了天寶晚期，又流行細長的眉型，白居易〈上陽白髮人〉忠實記錄天寶末年時世妝的特色：「小頭鞋履窄衣裳，青黛點眉眉細長。」安史之亂前，長安美人們雙頰嫣紅、翠眉纖長，確實是「芙蓉如面柳如眉」。

愁眉＋瘀紫＝血暈妝

相較於天寶時期的妝容，白居易生活的元和年間，流行的化妝風格別具特色：「時世妝，時世妝，出自城中傳四方。時世流行無遠近，腮不施朱面無粉。烏膏注唇唇似泥，雙眉畫作八字低。妍媸黑白失本態，妝成盡似含悲啼。圓鬟無鬢椎髻樣，斜紅不暈赭面狀。」當時女人不塗脂抹粉，而是流行用赭土抹頰的「戎風」，大概是模仿邊疆地區的「高原紅」造型。此外還畫上八字愁眉，嘴唇再塗上黑色唇膏，造型可謂非常前衛！

之後長慶時代的血暈妝口味更重，《唐語林》載：「長慶中，京城婦人去眉，以丹紫三四橫，約於目上下，謂之血暈妝。」從壁畫中看來，當時的女人大致是先把眉毛剃掉，畫上狀甚哀怨的愁眉，眼睛旁邊再畫上幾條有如瘀青帶血的傷痕，乍看有如慘遭家暴！但從徐凝〈宮中曲〉：「披香侍宴插山花，厭著龍綃著越紗。恃賴傾城人不及，檀妝唯約數條霞。」一詩中看來，美女對自己的妝容可得意著呢！

摩登型女仿唐朝女妝

畢業於臺灣教育大學美術系的部落客陳妍卉，在網路上模仿古代仕女妝容一舉成名。她一步步解構，畫出一系列「唐代仕女仿妝」，因為仿妝相似度極高，妝容令人莞爾。陳妍卉蒐集唐代繪畫中的女子樣貌，仿照化上四種妝容和從初唐到晚唐流行的十一種眉型，旁邊再輔以圖示對照。陳妍卉指出，平均化一個妝要至少三小時，而在化妝的過程中，她意外發現，有些古代的妝容以現代眼光來看效果不差，而且很適合東方人！

陳妍卉說自己很喜歡帶有東方風格的妝容，加上之前對課堂上中國美術史老師所言的「中國繪畫很寫實」感到疑惑，就想試試落實國畫人物形貌於現代。陳妍卉仿照唐代仕女妝容，令人發噱的大膽嘗試，尤其她效仿唐朝的百變眉妝，搭配誇張的腮紅、鮮紅的櫻桃小口以及額頭上的花鈿，栩栩如生，堪稱一絕。

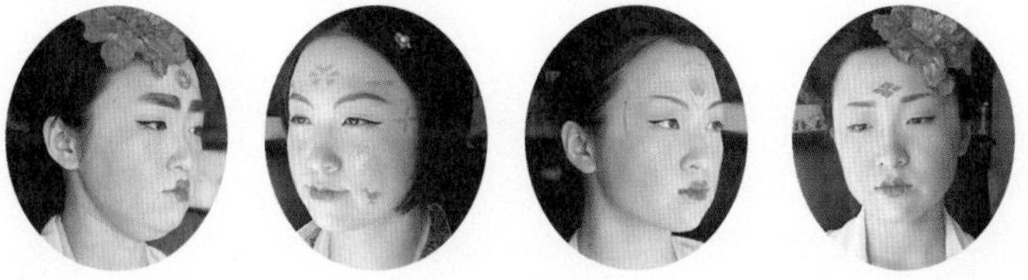

中晚唐女裝——輕紗薄透，寬袖奢靡

華美燦爛的唐代詩歌中，唐朝美女們都穿著色彩大膽鮮豔、材質輕透的羅紗繚綾衣裙，嫵媚綽約。「一片絲羅輕似水」、「綺羅纖縷見肌膚」、「身輕委回雪，羅薄透凝脂」，可知身著薄透衣裳的款款風情，給詩人多麼強烈的視覺衝擊。

一轉眼已過端午，炎熱夏季裡，各種薄紗衣物紛紛出籠。看見同事穿著一條材質薄透的黑紗長褲，讓藏在褲管裡的美腿曲線若隱若現，忍不住驚呼：「哇！這也太性感了吧！」同事尷尬地嚷著：「有安全褲的襯裡啦！而且這是流行，大家都這麼穿。」經她這麼一說才發現，今年確實流行短內襯、外搭透明度極高的罩衫（雖然我心裡想著：加穿一層薄紗應該更熱吧），但這樣的組合確有其特色。

薄紗風潮可不是近代才出現的流行，大家熟悉的《簪花仕女圖》正是經典的薄紗款式；尤其時下電視劇，只要劇情設定在唐朝，就算初唐的武則天都得穿上薄紗大袖衣，可見此圖影響之大。

《簪花仕女圖》完整呈現大唐女子風華絕代的服飾與妝容。

初唐「細細輕裙全漏影」

事實上，初唐女裝不僅走纖長緊窄風格，也以薄紗為造型，而且裝飾方法有點像今年流行的款式。例如阿斯塔那的張雄夫妻墓中出土了一尊木身著衣俑，這尊女俑身著翠綠窄袖衫搭配豪華織錦半袖、秋香色帔子與紅黃間色裙，在配色搶眼的間色裙外，又罩了一層淺色薄紗，如煙似霧，若隱若現，得細察才能發現。

據史書記載，唐中宗愛女安樂公主出嫁時，益州獻上了一條「單絲碧羅籠裙」，這條裙子即是如上述著衣俑蓋在裙外、裝飾用的透明罩裙。此裙製作工藝高超，在薄如雲霧的碧羅裙上，綴滿不及米粒大的金絲花鳥花紋，「縷金為花鳥，細如絲髮，大如黍米，眼鼻觜甲皆備，瞭視者方見之。」從紀錄看出，當時女性不僅喜歡在裙外飾以彩色薄紗，還要在透明紗羅上增添裝飾，與現代的亮片刺繡薄紗裙有異曲同工之妙。

這種外罩式長裙稱為「花籠裙」，得要透明度高才能襯出裡外的對比。不過即使只穿一件單衣，唐人也喜歡薄料子。唐代詩歌小說中，可見當時女子愛穿「羅衫」、「羅裙」。

羅是一種薄而帶孔隙的織物，由出土物和現代復原的「四經絞羅」可知這種料子略帶透明，同時羅也能織出花紋，如唐代即有瓜子羅、孔雀羅、寶花羅等名目。愛美的女性會在衣料上添加各種花樣，例如「羅衣隱約金泥畫」是以金泥印花彩繪、唐人小說《仙傳拾遺・許老翁》則描寫天寶時，益州地區盛裝打扮的女子身穿「黃羅銀泥裙，五暈羅銀泥衫子，單絲羅紅地銀泥帔子」，整套銀光燦燦。還有在羅衣上施以刺繡的，如「十三學繡羅衣裳」、「繡羅衣裳照暮春，蹙金孔雀銀麒麟」，裝飾工藝與花樣繁多。

中唐「羅薄透凝脂」

服裝大量採用輕柔薄透的材質是中唐以後的事，同是羅衣，唐前期的詩詞多描寫顏色及紋樣，中唐以後則極力描寫這料子穿在女人身上是何等輕、薄、透，或許此時的羅比盛唐時代織得更薄，從「一片絲羅輕似水」、「舞衣偏尚越羅輕」、「綺羅纖縷見肌膚」、「身輕委回雪，羅薄透凝脂」等詩句中的反覆吟詠與鮮明意象，可以看出當時穿著薄透衣裳的時裝美女，帶給眾多男詩人多麼強烈的視覺衝擊。

比起可以單穿的羅，紗綃更加透明，也更為輕盈。《太平廣記》裡形容元載的愛妾瑤英「衣龍綃之衣，一襲無二三兩，摶之不盈一握。」這龍綃衣還是外國船來品。不過也有偏愛國貨的美人，徐凝〈宮中曲〉裡的美女「披香侍宴插山花，厭著龍綃著越紗」，在御前侍宴時一襲紗衣，斜簪山花而不戴華貴的金玉釵鈿，顯然走小清新文藝少女路線。

最輕的薄紗稱為「輕容」，王建《宮詞》：「縑羅不著索輕容，對面教人染退紅。衫子成來一遍出，明朝半片在園中。」時髦的宮人要來輕如雲煙的輕容，並將之染成淺淺的淡紅色，再把這嬌媚又性感的衣服穿上身，但因為衣服質地實在太過細薄，一不小心弄壞後便把破衣衫隨手扔了，浪費得理所當然。繚綾也是中晚唐透明的風尚產物，綾本來是指「光如鏡面而有花卉狀」的紡織品，能夠反光如鏡面，自然比起帶孔隙的紗羅要密實得多。但是據白居易〈繚綾〉一詩：「繚綾繚綾何所似？不似羅綃與紈綺。應似天臺山上明月前，四十五尺瀑布泉。中有文章又奇絕，地鋪白煙花簇雪……」繚綾的質感如瀑布、白煙，顯然也走薄透路線。

男裝「裝束輕鴻意態生」

不單是女裝崇尚纖薄，男裝亦然，如鮑溶〈采葛行〉中描寫嶺南的白葛夏布是進貢宮廷的珍品，「織成一尺無一兩，供進天子五月衣」，可想見天子所穿的葛衣之輕軟。就連前面所引詩句「舞衣偏尚越羅輕」，也是劉禹錫收到白居易寄贈的酒和越羅衣之後，開心地寫下這首〈酬樂天衫酒見寄〉，讚美這衣服穿在身上「裝束輕鴻意態生」，輕快得像腋生雙翼。白居易也有一件輕容衣，料子是元稹送的，特地寫了首詩向好友致謝：「綠絲文布素輕容，珍重京華手自封。貧友遠勞君寄附，病妻親為我裁縫。」

對輕薄涼爽衣料的追求，與當時氣候有很大關係。雖然「全球暖化」的危機一直困擾現代人，但氣候學家透過史料記載的雨雪紀錄、作物生長等資料推判，唐朝的氣溫比現代還高，而且中晚唐的雨旱及冬季嚴寒狀況都比前期嚴重，或許正是中唐以後對紗羅縠綃等夏用織物更加風靡的原因。

對詩詞較熟悉的讀者可能會質疑：那些描寫女人穿薄紗的詩句，對象都是歌姬、舞人、妓女，特殊行業女性穿得清涼點實屬正常，不代表整個社會都流行穿透明裝吧？沒錯，唐詩中以實筆描寫「羅薄透肌膚」的都是以聲色娛人的女伎，但一個時代的美感向來是互通的。

白居易形容當時社會上流行的裝束是「風流薄梳洗，時世寬妝束。袖軟異文綾，裾輕單絲縠。裙腰銀線壓，梳掌金筐蹙。帶纈紫蒲萄，袴花紅石竹。」女裝上衣的料子是有如「地鋪白煙花簇雪」的提花文綾，長裙則是薄如煙霧的單絲縠紗，裙帶印染紫色葡萄花紋，高繫在胸前的裙腰，壓了金銀線而更加亮眼醒目。至於穿著縠紗的裙子，不怕走光嗎？別擔心，裙裡還穿著紅色灑花的長褲呢！

皇帝禁不了的「寬博怪豔」

向來和好友白居易一起吐槽當代各種怪現狀的元稹，對此也深有所感：「近世婦女……衣服修廣之度及匹配色澤，尤劇怪豔。」寬博的衣裙與治豔的色彩對比搭配，是中晚唐服飾的一大特色。元、白兩人批評的「寬裝束」到底是什麼樣子呢？這時候又可拿《簪花仕女圖》來當範例了。

這張畫雖號稱是盛唐時周昉所繪，但學界一般認為是晚唐五代的作品，反映的正是「時世寬裝束」到達頂點的樣貌。在元稹、白居易抱怨女人衣服太寬大的憲宗元和年間，狀況還不算嚴重，只不過是和「小頭鞋履窄衣裳」的盛唐風格相比落差太大，而讓詩人感到刺眼罷了。但到了白居易晚年的唐文宗年間，女裝的寬博已經巨大到連皇帝都不滿的地步。文宗大和六年制定的服裝規定要求：「婦人製裙不得闊五幅以上，裙條曳地不得長三寸，襦袖等不得廣一尺五寸以上。」

初唐流行的裙子僅四幅，文宗規定的五幅裙襬接近三公尺寬，一尺五寸的袖子大概比現在的日本浴衣袖寬略窄一點，卻還是相當寬大，後來民間反對聲浪洶湧，規定最後只能不了了之。

為什麼會有「人多怨之，事遂不行」的下場呢？當時最時尚的女裝已達「袖闊四尺，裙曳四尺」的地步，而且動輒「裙拖六幅湘江水」、「書破明霞八幅裙」。拿衣服用料來形容一下兩者的差距：唐代一匹布若要做一條高束至胸、曳地不到三吋的五幅裙，一匹布勉強夠做兩條；假使是曳地四尺的八幅裙（裙寬四公尺多），用上一匹半的布還有些不夠，兩者光布料價格就有三倍之差。皇帝的規定在當時貴婦眼中簡直窮酸至極！

貴妃錦袍，富人時有

唐文宗對不甩命令的民間婦女無可奈何，只能暗生悶氣，拿身邊人開刀。當妹妹延安公主元宵節穿著寬大衣裙在御前晃蕩時，文宗大發雷霆趕公主回家，並以扣妹婿薪水來顯示戒奢示儉的決心。《冊府元龜．卷五十六帝王部節儉》記載：開成四年正月丁卯，夜於咸泰殿觀燈作樂，三宮太后及諸公主並赴宴。帝思節儉化天下，衣服咸有制度，左右親幸莫敢逾越，延安公主衣裙寬大，即時遣歸，駙馬都尉竇浣待罪，敕曰：「公主入參，衣服逾制，從夫之義，過有所歸，竇浣宜奪兩月賜錢。」

雖然帝王官員都亟欲改革寬博奢靡的世風，背後其實反映了中晚唐社會經濟的繁榮。現代說到唐朝盛世不外貞觀之治、開元之治，事實上貞觀時期的富庶程度還比不上隋代。而唐詩中雖然每每豔稱唐明皇、楊貴妃的奢華，但根據唐文宗的說法：「吾聞禁中有金鳥錦袍二，昔玄宗幸溫泉，與楊貴妃衣之，今富人時時有之。」玄宗時皇家僅有的珍稀錦袍，到文宗時已成為民間奢侈品了，奢華不再由皇室貴族獨占，只要財力充足，民眾一樣能夠享有。

這種風氣到五代更是常態，後唐同光二年制曰：「近年已來，婦女服飾異常寬博，倍費縑綾。有力之家，不計卑賤悉衣錦繡，宜令所在糾察。」看看站在高髻簪花仕女身後紅繒束髮、身披大袖薄紗外衣的持扇侍女，正可做為這段史料的最佳寫照。

唐代布料面面觀

本文提到的唐代織物像是羅、輕容、繚綾、縠綃等，到底是些怎樣的紡織品呢？

按織法來說，綾為斜紋起花織品，質地柔軟輕薄，現代多用於書畫裝裱、錦盒包裝。羅則含有羅網之意，透空露孔，是夏裝的上等衣料。紗則泛指所有紗線編織而成，是呈透明、薄及疏鬆的布料。

雖然織法頗有不同，但這些料子的外觀十分相近，在古代的記載裡往往互相註解。例如縠與紗約略等同（《玉篇》：「紗，縠也」），縠又等於白細絹（《說文解字》：「縠，細縳也」、「縳，白鮮卮也」）。即使如顏師古注《漢書》曰：「紗，紡絲而織也。輕者為紗，縐者為縠。」只能說唐代所謂的縠就是表面起皺的紗，最輕的紗又叫輕容。由此看來，紗、縠、輕容三者，本質是一樣的東西。

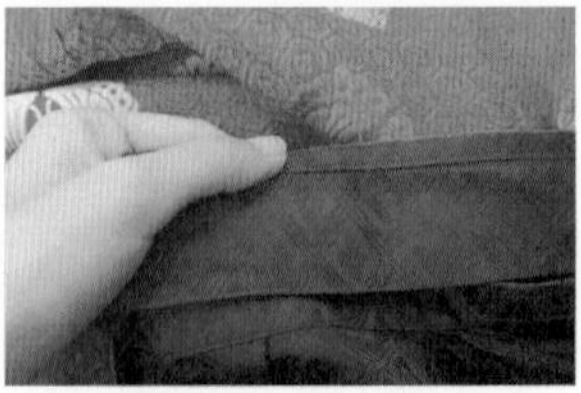
日本的綾織品

另外，羅又通綺，《廣韻》：「羅，綺也」，馬王堆出土的羅織品，當時都被記錄為綺，《說文解字》：「綺，文繒也」，也就是「有花紋的絲織品」，和綾的差別十分模糊。據《正字通：系部》：「織素為文者曰綺，光如鏡面有花卉狀者曰綾」來看，綺羅與綾的視覺效果差別只在綾的反光比較強，光亮有如鏡面，而綺羅沒有這個特點罷了。

最常見的唐朝女裝——齊胸襦裙

宋徽宗臨摹張萱的《搗練圖》中，可以看到唐朝時裙子穿到胸上，再配戴披帛（又稱帔子，性質如圍巾，可以有多種披掛法）的經典造型，這種服飾在唐三彩裡也很常見，可說是唐代典型的女裝樣式。

上衣 單層的叫衫子，夾衣或有納絲絮的稱為襖或襦，長度至腰。

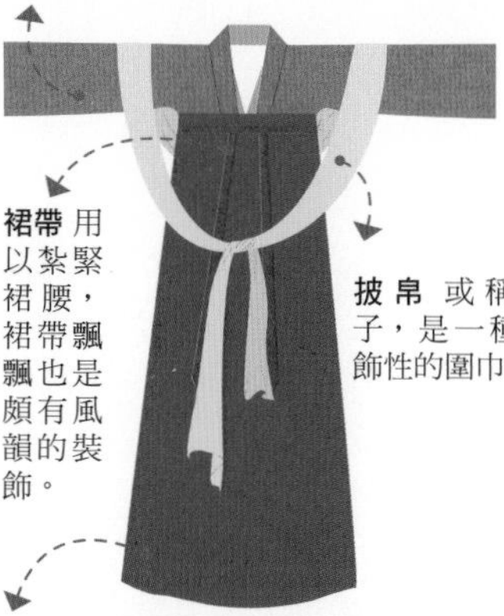

裙帶 用以紮緊裙腰，裙帶飄飄也是頗有風韻的裝飾。

披帛 或稱帔子，是一種裝飾性的圍巾。

裙 唐代流行的繫腰位置較高，通常在胸口上下，也喜歡使用鮮明奪目的顏色，如石榴紅、鬱金色（金黃色）等。

披帛穿搭法

一端塞在裙腰或半臂裡，把披帛繞過肩膀後自然垂下，可以使用較短的披帛。（常見於初唐的壁畫）

把披帛繞過胸前搭在兩肩上（有時候會翻轉一下做出V領感），剩下的部分在肩後自然垂落。這個造型必須使用長一點的披帛。

晚唐五代時的造型，將披帛從背後挽向身前，再搭到另一邊手臂上。大概要五公尺以上的披帛，才能有圖中效果。

第六章

聽說很保守的宋朝服飾

清新中小露性感——宋代女裝的小心機

相較於唐朝仕女開放大膽的裝束，宋代女性的便裝時興瘦長、窄袖，衣服色調崇尚淡雅、文靜，衣服外面流行再加件褙子。一般認為是程朱理學約束了宋代穿衣尺度，但從喜用黃金、珍珠的奢華愛好與穿著性感破表的抹胸內搭來看，宋代女子穿著其實沒有想像中保守。

自從養成蒐集資料以復原傳統服飾的興趣後，多年來所累積的成果已經把我的衣櫃快塞爆了。為求物盡其用，索性把一部分衣服直接放在辦公室，只要講到中國服飾史，就請同事穿上展示給學生看。不僅我們自己穿著好玩，學生看得也開心，娛樂效果十足，可謂寓教於樂。

男同事們看了不免抗議：「為什麼妳都只做女裝？呼籲增加男裝種類，這樣我們也可以穿來展示啊！」然而抗議對象壓根不為所動：「這些是按我的身材做出來的衣服，我又不穿男裝。」除了哀嘆彷彿被性別歧視外，他們也經常好奇另一個問題：「做了那麼多女裝，妳最喜歡哪個朝代？」

這是一個好問題，不同的時代有不同的喜好與審美觀，服裝也各有特色，實在很難斷定高下，不過如果純論個人偏好，我最喜歡宋代的服飾。

宋服拘謹滅人欲？可錯了！

如果我的答案是「唐朝」，相信讀者們腦海中會自動浮現楊貴妃或武則天的戲劇影像，然後點頭表示理解。但是宋代女裝長什麼樣子？大概很多人都會感到茫然與困惑。

相較於華麗燦爛的唐朝，宋朝在大眾的印象裡，可能離不開「文弱」、「保守」等形容詞。畢竟宋朝的國策是重文輕武，外交上先是和遼國鬥，後來被金與蒙古壓著打，要靠歲幣、歲貢換取和平，看起來實在太弱了，比起有「天可汗」之名的唐朝實在差太遠。而成形於宋代的程朱理學追求「存天理，滅人欲」，也讓人們深深相信，宋朝一定是個守舊古板到禮教吃人的社會！

基於這樣的刻板印象，宋代服裝也被描述為拘謹守舊。我們隨意折摘一段網路上的描述：

「『偃武修文』的基本國策，使程朱理學逐步居於統治地位，在這種思想的支配下，人們的美學觀念也相應發生變化，服飾開始崇尚儉樸，重視沿襲傳統，樸素和理性成為宋朝服飾的主要特徵。」這論點看起來順理成章，可惜是錯的。

程朱理學在元、明以後確實占據了學術主流的地位，但在兩宋大部分的時間裡，程朱理學並不特別受到重視，甚至一度受到官方打壓。拿程朱理學在後代受尊崇的地位推論「宋代服裝受程朱理學影響」，可說是拿明、清的劍斬宋朝的官，根本時代錯亂。而且根據史料可以發現一個更有趣的現象：北宋社會的確有其服裝規範，據《東京夢華錄》記載，北宋末年時各行各業都有專屬制服：

其賣藥賣卦，皆具冠帶。至於乞丐者，亦有規格。稍似懈怠，眾所不容。其士農工商諸行百戶衣裝，各有本色，不敢越外。謂如香鋪裹香人，即頂帽披背；質庫掌事，即著皂衫角帶不頂帽之類。街市行人，便認得是何色目。

但是這種服裝上的社會共識，到南宋後期已經被破壞了，《夢粱錄》作者抱怨道：「自淳祐年來，衣冠更易，有一等晚年後生，不體舊規，裹奇巾異服，三五為群，鬥美誇麗，殊令人厭見，非復舊時淳樸矣。」

淳祐年間，就是把程朱理學定為儒學正統的宋理宗在位時期。隨著理學地位的提高，服裝規範更加遭到民眾踐踏——看起來好像不合邏輯，但這其實很合理。大家試想一下：什麼地方會寫「禁停腳踏車」、「禁止亂扔垃圾」？一定是腳踏車亂放、垃圾亂丟的地方；同樣的，高喊「拚經濟」的社會一定經濟發展不佳，宣導「反霸凌」的校園通常霸凌問題嚴重，口號與實際狀況總是正好相反，而且往往呼籲得愈是慷慨激昂，現實問題愈嚴重。

例如程朱理學「餓死事小，失節事大」一語常被受批評為禮教吃人，這話固然說得讓人難以接受，但是其所抨擊的社會是怎樣的呢？

《雞肋編》記載：兩浙婦人皆事服飾口腹，而恥為營生。故小民之家不能供其費，皆縱其私通，謂之「貼夫」，公然出入，不以為怪。如近寺居人，其所貼者皆僧行者，多至四五焉。

據作者的描述，兩浙地區的女人不肯工作，但飲食要吃高級的、服裝要穿名牌，假使丈夫收入不高，供不起妻子當貴婦的話，該怎麼辦呢？妻子就去當情婦來賺包養費，家住在寺廟旁邊的就當和尚的情婦，甚至金主四、五個，社會上也不覺得這有什麼。

就算以今天的角度來看，這風俗也浪蕩過頭了。而這樣輕忽道德、重視享受的浮華社會，正是理學家們呼籲「存天理，滅人欲」的最根本原因。世風如此，服飾又怎麼「樸素」得了呢？

喜用黃金、珍珠裝綴服飾

從繪畫上來看，唐代繪畫上的人物往往令人覺得富貴豪華，反觀宋代則顯得較為清新雅致，但這和配色習慣有很大關係。唐代流行大面積的撞色搭配法，如紅綠、黃藍，若再加上大型花紋，視覺效果非常強烈。相對來說，宋代比較流行調和色的搭配，例如米白加水藍、淡青配鵝黃，衣裙上的花紋也顯得較小而不那麼搶眼，看起來自然不如唐人的濃豔，而是清雅風格，但並不代表宋人的衣服不華貴燦爛。

宋人熱愛用黃金、珍珠來塗飾服裝，現代一般用於服裝的印金、金線、珍珠都是仿製品，可當時都是用真貨。宋朝政府屢次下令禁止民間使用，但「屢次下令」的行為就代表這種禁令根本沒什麼用處，《宋史・輿服志》記載：（太宗端拱二年）其銷金、泥金、真珠裝綴衣服，除命婦許服外，餘人並禁。真宗咸平四年，禁民間造銀鞍瓦、金線、盤蹙金線。大中祥符元年……今約天下所用，歲不下十萬兩，俾上幣棄於下民。自今金銀箔線，貼金、銷金、泥金、蹙金線裝貼什器土木玩用之物，並請禁斷，非命婦不得以為首飾……二年，詔申禁熔金以飾器服。七年，禁民間服銷金及鈸遮那纈。八年，詔：「內庭自中宮以下，並不得銷金、貼金、間金、戭金、圈金、解金、剔金、陷金、明金、泥金、楞金、背影金、盤金、織金、金線撚絲，裝著衣服，並不得以金為飾。其外庭臣庶家，悉皆禁斷。」景佑三年……非命婦之家，毋得以真珠裝綴首飾、衣服，及項珠、纓絡、耳墜、頭須、抹子之類。

從這些紀錄可以看到，宋人在「拿黃金裝飾衣服」方面具有豐富多樣的工藝技巧，北宋初年全國民眾每年光是拿來塗飾服裝器物的金銀，價值不低於十萬兩！十萬兩是多少呢？澶淵之盟時約定宋每年「贈與」遼國的歲幣，就是銀十萬兩、絹二十萬匹。換句話說，把全國民眾的服裝塗料裝飾刮下來，就夠充抵歲幣的貴金屬部分。而且從這些服裝禁令的禁止對象，可以看出宋代不是只有貴族官宦之家能穿華服，民間的奢靡之風毫不遜色。

宋徽宗時官員批評：「今閭閻之卑，倡優之賤，男子服帶犀玉，婦人塗飾金珠，尚多僭侈，未合古制。」但這種狀況在《東京夢華錄》作者眼中叫做「各有本色，不敢越外」，可見當時人對奢華服裝根本習以為常。尤其相較於階層化分明，只有貴族鉅商之家才可能穿上華貴衣服的唐朝，一般老百姓也能置辦得了幾件華服的宋代顯然更為親切。

抹胸內搭性感更勝唐朝

就美感方面來說，宋人的審美觀和現代比較接近。如前面提到的配色是其一，大紅配大綠的唐風搭配法對現代人來說口味太重了，君不見這幾年流行的都是「冰淇淋色」、「馬卡龍色」等粉嫩中間色系，另外像是植物系的自然風印花等，都是宋人喜歡的風格。

再者，以服裝所構成的視覺效果來說，唐朝的齊胸裙雖因超高腰而顯得身材高䠷，但同樣會造成圓墩墩的豐滿感，看起來像個中間圓兩頭尖的紡錘型。宋朝中期以後全國風靡的褙子是一種直領細身高開衩的長外套，重點裝飾的長衣領可以把身型垂直分割，虎背熊腰都能襯得纖細修長，堪稱顯瘦聖品；而且宋代的裙長通常僅及地而已，曳地款很少，便於活動的特點完全符合現代女性的需求。

至於男性追求的性感之美，我一直覺得奇怪，何以只露出裙腰上一小方胸口的唐朝老被說性感開放（那塊胸口可能還有圓領內衣擋著呢）？如果要以低胸當作性感的標準，宋朝的抹胸內搭毫無疑問性感度大勝唐朝！當時女性流行上身只繫一條綁得很低的抹胸（雕塑上可以看見筆直的事業線），下身穿著薄羅製成的裙子或長褲，然後穿上料子輕薄透明且開衩到腋下的褙子——說起來，就是今夏流行的短內搭與透明罩衫風格嘛！

說了這麼多宋代女裝的好處，但問我想不想穿越到宋朝？呃……還是算了，正好從宋代開始，女性的「裝飾」就多了一項：纏足。我連高跟鞋都穿不來，要把一雙大腳裹成「玉筍般的小腳」，穿進長不過十三、四公分，寬不到五公分的宋代小腳鞋裡，想想實在是太可怕了！

宋代女子穿著服飾示意圖

內著意示圖
滿載花飾
宋人不論男女都喜歡在頭上簪花，女性除了戴花之外，還搭配各種金銀珠翠髮飾，顯得非常俏麗。
窄袖
日常服飾以窄袖為主，工作時用繩索或臂釧把袖口紮緊。
抹胸
宋代婦女上身只穿一件抹胸，而且通常繫得很低，露出胸口大片肌膚。
裙長不及地
相較於裙長曳地的中晚唐，宋代的裙子通常只到腳踝，透明的羅紗裙子印染上各種花樣，營造出多層穿搭的美感。
褙子像是現代的長外套，長度從膝上到及踝不一，最常見的是及膝款，是宋代最流行的服飾。
宋朝人不穿現代式內褲，圖上嫩綠色的開襠褲就是當時人的「內褲」了。在家時可以只穿開襠褲，但出門一定要外罩裙子或合襠長褲才符合禮儀。

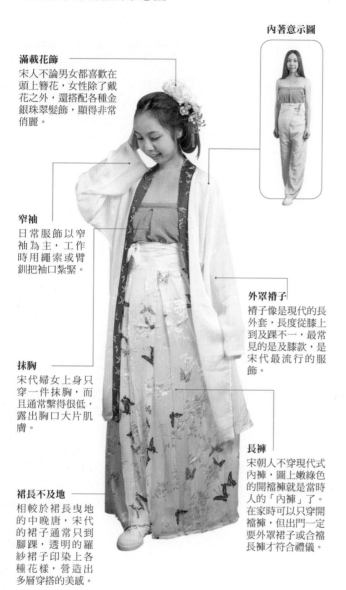

《韓熙載夜宴圖》是五代十國南唐畫家顧閎中的作品，有人認為現存此本為宋摹本，藏於北京故宮博物院。雖然描繪五代史事，但從人物服裝到動作，都展現出北宋初期的風格。

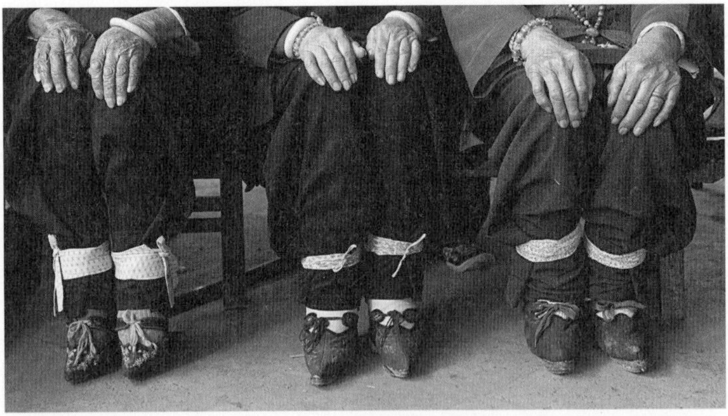

如今恐怕只在百歲老太太身上才能看見的小腳，曾經是女性美的標準，而纏足的風氣始於宋代。

清朝官服上的「補子」，乃承襲明制而略有差異。文官的補子按品次繡有仙鶴、錦雞等飛禽圖案，武將則按品次繡麒麟、獅、豹等走獸圖案。上圖四塊補子按次序分別為一品文官仙鶴補子、二品文官錦雞補子、三品文官孔雀補子、五品武將熊羆補子。

左：福建永定土樓「如升樓」中懸掛的先祖肖像，誥命夫人禮服上的補子樣式乃隨著丈夫的官等服制而定。

右：連續劇《還珠格格》中爾康的父親傅恆，乃是真有其人的清朝大學士，乾隆十四年（西元一七四九年）獲封忠勇一等公，官袍便包含了紅寶石頂戴以及鑲有四塊團龍補子的朝服。

北宋最in的花卉風

宋朝人喜歡在衣服、配飾上使用各種花卉圖案，集合了四季花卉的組合法稱為「一年景」，北宋中期的宋仁宗皇后畫像裡，皇后穿著符合禮制的鳳冠褘衣，隨侍的女官戴著時髦的一年景花冠。

但是這種流行在士人筆下卻是個不吉利的象徵——陸游《老學庵筆記》記載：「靖康初，京師織帛及婦人首飾衣服，皆備四時。如節物則春幡球、競渡、艾虎、雲月之類，花則桃、杏、荷花、菊花、梅花皆並為一景，謂之一年景。而靖康紀元果止一年。蓋服妖也。」

從這張圖可以看出，一年景的流行不是只在北宋末年出現，而在北宋中期就有了，到了南宋依然很風行，但憂國憂民的衛道之士就是會把兩件事扯在一起，痛心疾首地加以批評：「看吧！一年景、一年景，欽宗在位果然只有一年，所謂國之將亡，必有妖孽啊！」

宋代「褙子」經濟學

在手工紡織、一絲一縷得來不易的年代，勤儉持家的宋朝小資女該要如何讓一匹布料發揮最大效益？以下就讓我們用漢服中常見的女式「褙子」來說明。

褙子是典型的宋朝婦女服裝，是一種長袖、對襟、有領的長上衣，身體兩側從腋下起不縫合，以側面敞開的型態罩在其他衣物外。這種衣物源於隋唐，最早只是勞動階層常穿的日常服裝，但因行動方便，也逐漸在貴族婦女間普及開來，成為各階層女性的愛用服飾。在宋朝，最常見的褙子，穿法為先穿抹胸（抹胸內可能會穿一件圓領內衣），外加衫，最後再穿上褙子。也可以直接穿抹胸、外罩褙子。值得一提的是，宋代女性的抹胸都繫得頗低，許多古畫中都可以看出婦女習慣大露事業線，甚至能把乳房直接翻出來餵奶，尺度可比現在想像得火辣許多喔！

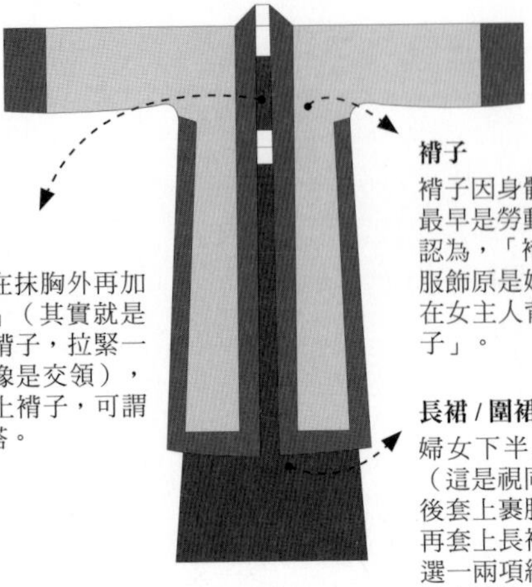

褙子

褙子因身體兩側開衩、方便勞動，最早是勞動階層穿的衣服，有一說認為，「褙子」的名稱由來是這種服飾原是婢妾所穿，而婢妾就是站在女主人背後伺候的人，故名「褙子」。

抹胸

有的人會在抹胸外再加一件「衫」（其實就是對襟的短褙子，拉緊一點看起來像是交領），然後再套上褙子，可謂多層次穿搭。

長裙 / 圍裙 / 合襠褲

婦女下半身，會先穿一條開襠褲（這是視同內褲的必要裝備），然後套上裹肚（不一定要穿），外面再套上長裙、圍裙或合襠褲（可任選一兩項組合或全部一起穿，順序是合襠褲＋長裙＋圍裙）。

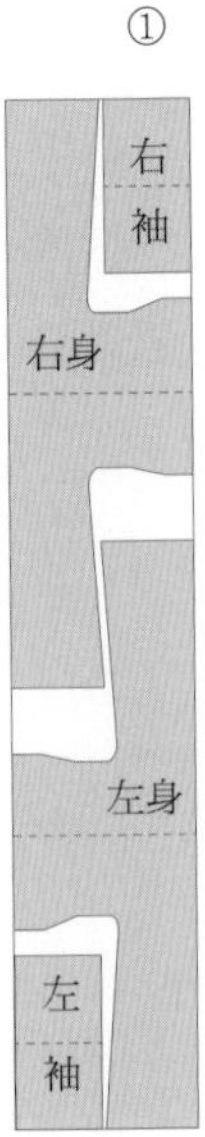

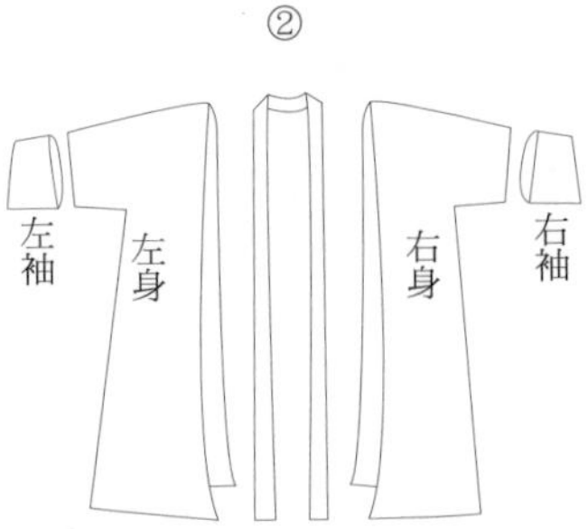

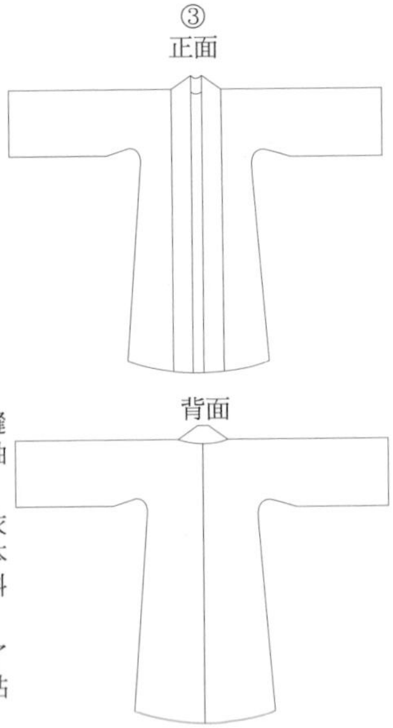

①同一匹布可以裁出左半身與右半身的縫片，剩餘的兩個對角，剛好可以用來做袖子。

②裁下的布片沿虛線對折，即可看出上衣的雛形（宋代多以「折領法」翻折褙子本身的布料為領，現代製作通常另外剪布料來縫製領子）。

③將布料拼接起來，可看出在背面形成了垂直的中縫線，這條縫線可以用來核對站立時的背脊線條，幫助矯正站姿。

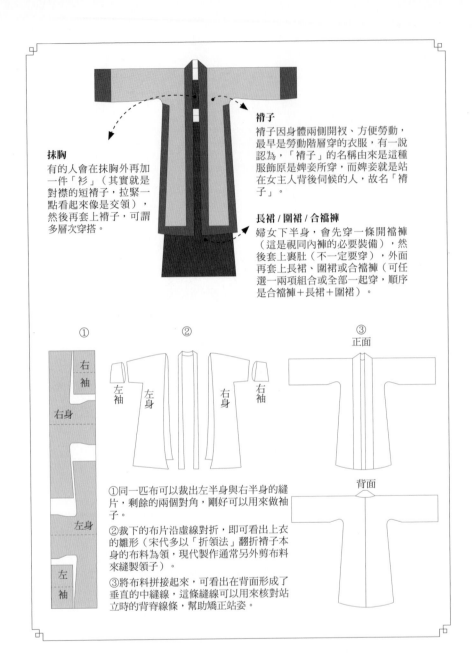

從南宋黃昇墓一窺宋代女服——宋朝美眉的衣櫃

臺灣古裝劇對於戲裡主角服裝的誤植往往讓人捏把冷汗，除了主角造型的辨識度較高外，其他一般平民幾乎都是大同小異的裝扮，而且無關乎朝代。

相較起來，宋代服飾在出土陵墓文物的佐證下，考據就比較多了，而從這些陪葬衣物中，後人也得以一窺宋代的女裝風情。

剛開始玩傳統服裝復原時，我能找到的資料還相當少，雖然已有一些先行者熱情地在網上分享「該如何製作『交領右衽、上衣下裳的漢民族傳統服裝』」的裁剪版型，但那些資料也頗多謬誤（例如上衣沒有前後中縫、以西式大圓裙的剪裁法製作的繞襟深衣等），然而毋庸置疑，這些早期資料對於推廣傳統服飾還是很有幫助的。

戲劇服裝有時無關朝代

我照著那些版型試做了一些衣服，看起來……呃，還滿像古裝劇裡的民女甲，若是顏色鮮豔一點，就成了劇中不重要的女配角！話雖如此，那就是社會大眾心目中的古人衣裝。古裝劇裡的主角或許可能多一些特殊造型，然而，戲劇的時代背景不論是先秦或明末，一般平民的穿著都差不多——這個想像很符合「漢民族五千年來傳統服裝」的概念，其實是源於戲曲的誤解。

傳統戲曲裡，不管故事背景在哪個朝代，大多只會按角色特質設計服裝造型，例如青衣常穿青色褶子、花旦妝容俏麗等。戲服不分朝代，只辨胡漢，「番邦」中人如《四郎探母》的鐵鏡公主，就會有不同於其他「漢人」角色的特殊造型。

以現代人比較容易理解的方式來說，就像是背景可能設定在任何世界的勇者鬥魔王，讀者會自動把名字「落落長」的角色簡單區分成：「魔王、勇者、女主角（們）」，當中的重點在於角色與故事，時代或國家等設定不太重要。

如果能拋開成見，實際去閱讀資料，日益豐富的考古與研究資料就會告訴我們：每個時代都有自己的特色服裝——「古代」並不是完全同質的一塊鐵板，不同的服裝風格反映了不同時代的美感、文化、社會與自然等多方面的變化。

不過資料畢竟有限，圖畫和雕塑雖然可以讓我們知道那些衣服穿搭起來「像是什麼樣子」，但一來製作的藝術家並不是為服裝課準備教材，自然無法讓大家看見衣服的內搭或服裝結構，就算按照同一張圖製作衣服，每個人裁出來的版型可能都不一樣；再者，書畫雕塑是藝術創作，多少有些藝術式美化、簡化或誇飾，就像時尚名模的美腿可能是圖像軟體修出來，衣服是特別量身改過，同一套衣服換個人穿，恐怕和雜誌精心拍攝的照片天差地別，不可盡信。

出土文物再現宋代女裝

相對而言，考古發掘出土物雖然通常顏色黯淡、構件殘破，也不能肯定實際的穿搭次序與方法，但在服裝款式和製作工藝卻是真實展現，只是完整或破損不嚴重的服裝實在可遇不可求。

這也是我喜歡宋代女裝的一大原因，雖然唐代服裝很迷人，但除了仿正倉院藏品做的半臂外，我不能保證其他仿唐服飾的正確性，畢竟目前沒有發現實物。就算法門寺地宮保存了一些供奉用的佛像衣物可以做為參考，正倉院藏品也可以當作唐代服裝的參照，終究都不算是真正的「唐人服飾」。

但宋代女裝的「真相」，可說有根據得多，目前已發掘了幾座服裝織品豐富的南宋女墓，數百件陪葬服飾含括了當時從內到外的女子服裝樣式，可說一應俱全。說得更精確點，這些墓葬展現的是南宋服裝風格；透過這些實物，再交叉比對繪畫、雕塑和詩文的描繪，也能略窺北宋時期的女裝風情。

最初看到的是南宋黃昇墓的資料，黃昇是宋太祖趙匡胤第十一世孫趙與駿之妻——這樣說讀者大概沒什麼感覺。簡單來說，黃昇是個南宋晚期的官家小姐，她爹不但是狀元，還任職過泉州知州兼提舉市舶司，換成現代方式來理解，就是一個超繁榮的直轄市市長兼國際大港海關長官。

黃昇小姐十六歲時，許配給二十歲的宗室子弟趙與駿（宗室也分三六九等，其祖父是宗正司事，也就是管理所有宗室子弟事務的官員，在南宋宗室裡相當有權勢）。這對出身富貴、年貌相當、門當戶對的小夫妻，看起來真是一樁幸福美滿的姻緣，但一年後，黃昇驟逝，年僅十七。六年後，黃昇的丈夫也短壽促命，得年二十七而已。

復刻南宋黃昇衣著

想到一個高中生年紀的少婦如花般凋謝，很難不為之感傷，但她留下來的衣物卻成了服飾史和工藝史的寶庫，儘管陪葬在婚後一年夭亡的黃昇身邊的可能只是她一部分的嫁妝，但有成匹布料一百五十三件，服飾二百零一件，服裝款式從外穿的四季衣裳到內衣、荷包、裹腳布，無所不包，可說已完整呈現一位南宋富家女子的衣櫃。

讀到這些服裝的詳細清單時，我非常興奮：「終於有完整又可靠、尺寸標示清楚的實物可以參考了！據說墓主的身高和我差不多，她的服裝尺寸都可直接套用不必修改，實在太好了！」事實證明，我太天真了……看資料時覺得有件事很奇怪：宋代的仕女畫中，女人的裙子或褲子都會長拖至腳面；就算是民間婦女的裙長較短，褲長也都超過腳踝。可是黃昇墓裡的裙子大多在八十到八十五公分之間，沒有一條褲子超過九十公分。按說要符合畫面效果，我得把裙子做到九十四公分以上，但數據為什麼差那麼多呢？實際做出成品以後（偷偷把褲子加長兩公分），卻驚恐發現褲子穿在身上根本是條八分褲，和繪畫也差太遠了！等抹胸也完成後，我困惑地對朋友訴苦：「明明黃昇身高和我差不多，可是褲子短得不科學，而且抹胸繫腰位置又比我的腰線低很多，這太奇怪了吧！」「這不就代表她上半身比較長嗎？」朋友一語驚醒夢中人，「我們四川話說『腰長肋骨稀，是個懶東西』，她是官家小姐一定不需要勞動，很合理啊！」簡直太合理了！當年我哈哈笑著接受這個解釋，直到幾年前，才自以「三寸金蓮」收藏與研究聞名的柯基生醫師著作中得知，由醫學角度來看，纏足並不像一般人以為的僅僅改變腳型而已。

放大版的嬰兒

纏足後腳部骨骼、肌肉和運動方式改變，從而造成整個身體骨骼與肌肉變化，使纏足婦女的體型狀似「放大的嬰兒」——軀幹圓胖偏長，但四肢柔弱較短（纏足婦女的大腿雖然雄壯發達，但小腿肌肉往往萎縮而瘦細）。

柯基生醫師的研究是以清末拗折式纏足法來看對人體的影響，而宋代流行的是平底瘦長裹法，對身體造成的變化想來應該有所不同，但看看黃昇小姐的鞋子，長僅十三．三至十四公分，寬四．五至五公分，而且都是鞋頭上翹的尖頭鞋，腳趾不可能完全塞進鞋尖裡，腳長一定比鞋子更小！她的體型與我有如此大的差異，只怕與那雙比我的腳一半還小的玲瓏小腳脫不了關係。纏足不僅導致體型不同，體態也有差異。大家可以觀察一下，我們的衣服後領呈弧形，因為現代人講究抬頭、挺胸、收小腹，認為這是最挺拔好看的姿勢，因此領子得稍微往後挖深一點，才能讓下襬齊平。但是抬頭挺胸式「美姿美儀」其實是西方審美觀，歐洲近代婦女以束身胸衣為「模範」，穿上它以強制婦女無時無刻都呈現出「抬頭挺胸收小腹」的姿態（穿上之後連彎腰都很困難）；即使現代束身胸衣已經退流行，但胸罩、塑身衣廣告還是不斷用「挺，才是驕傲」之類的論調告訴大家，只有這樣才是最美的。

「含胸」代表謙遜?!

如果哪位女孩穿越到中國古代，自豪地挺出美胸，大概會引來眾人矚目。不是讚嘆身材火辣，而是「抬頭、挺胸、收小腹」的現代美姿美儀放到古代，得到的是「趾高氣昂」、「心氣傲慢」等評價。古人喜歡的是「含胸」，有如練太極拳時呈現的圓融感，是謙遜、守禮的姿態。

此外，古人認為人品可以透過舉止表現，纏足後重心不穩，身體通常會微往前傾，呈現一種現代人認為是輕微駝背，有點像穿不慣高跟鞋的人走路或站立的樣子。而這種姿態無疑符合當時特別期望女性該有的含蓄內斂、恭敬謙和的特質（若是個君子，毫無疑問也應當具備這種品格）。這樣說來，纏足可以塑造出女人形態之美，從而培養美德，正如近代歐洲人推崇束身胸衣的理由一樣。

現存的古代衣物領子很少後挖，更有甚者，可能後身比前身還長。例如黃昇墓裡曝光度最高的一件「紫灰色縐紗鑲花邊窄袖袍」，後身就比前身長了兩公分。有些衣衫甚至前後相差七、八公分，很難想像穿起來的樣子。不過黃昇墓裡前後等長的衣物還是占了五分之四強，顯然她的駝背問題不甚明顯。

如今回想，我雖然在研讀資料和實作過程中發現了些問題，但是只知其然而不知其所以然，把那些當成單一特殊現象便忽略過去，思忖畢竟現代人也有腿短身長的體型，但研讀了醫學與文化史對纏足的研究後，恰好可以與服裝數據相互印證，實在是非常有趣的體驗。

上：比起之前的朝代，宋代服裝已經有出土文物得以佐證，可信度便大。

下：古人認為含胸可以彰顯謙遜、守禮的美德。

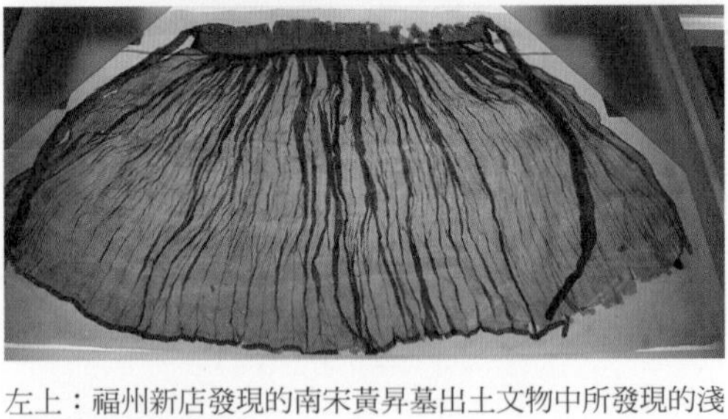

左上：福州新店發現的南宋黃昇墓出土文物中所發現的淺褐色縐紗鑲花邊單衣。

右上：黃昇黃褐色花羅、外側開中縫的合襠褲長度不超過九十公分。

下：相較於裙長曳地的中晚唐，宋朝的裙子通常只設計到腳踝。

花兒頭上插，蜂蝶也要迷──宋代花美男完全守則

包括英、美、日、韓在內的外媒，爭相報導名為「賣萌草」的中國時尚。這股源自雲南、發揚四川、遍及京滬「在頭殼頂上種花」的潮流，實則是一次文藝復興運動。早在宋代，別說是開封街頭如花似玉的美男，就連蘇東坡、司馬光也當起了花樣爺爺啦！

我在臺北的家位於臺大老宿舍區附近，許多人家都頗有雅興地種植各種花木。暑假回家時，經常一出門就東張西望，找找有沒有哪家的茉莉花掉在牆外（不是自家種的花不能摘），吹掉沾在花瓣上的灰塵與小蟲，就可以把這芳香的花兒簪到髮髻裡了。這個癖好常讓我娘搖頭吐槽真是三八，畢竟對現代人來說，頭上戴個閃亮亮的水鑽髮飾很正常，但別朵鮮花在耳畔就充滿了南洋風情。幾年前流行的假花髮飾都是些扶桑、雞蛋花、向日葵之類，令人直覺聯想到陽光、沙灘的休閒度假風，除了婚禮等少數場合，很少有人把花朵當成「正常」裝扮。

不過這個「常識」在古代並不適用，特別在宋朝，不但女人流行戴花，連男人也是──是的，不用懷疑，課本裡赫赫有名的宋代文豪如司馬光、蘇東坡等，那些正經八百的畫像都可以再繪上滿頭鮮花……相信讀者大概要全身發毛地拒絕接受這個畫面了，但是在宋人眼中，男子簪花可是喜慶又帥氣的模樣呢！

花吃了那男孩

男子簪花的風俗倒不是起於宋代，東漢時重陽登高望遠喝菊花酒，並用紅色小布袋裝著茱萸綁在手臂上，以此消災解厄。這個配載茱萸的風俗到唐代就演變成了頭簪茱萸和菊花，唐詩中「遙知兄弟登高處，遍插茱萸少一人」、「登高可羨少年場，白菊東邊鬢似霜」都是具體寫照。

唐代皇帝有時會賜花給臣子，如唐中宗首開立春日賜侍臣綵花（絹帛人造花）的習慣；唐懿宗則是把戴花的「榮耀」賜與新科進士：「（懿宗）聞新第宴於曲江，乃命折花一金合，令中官馳至宴所，宣口敕曰：『便令戴花飲酒』，無不為榮。」

娘什麼，老子都不老子了！

在唐代，男人只有在極少數場合或時節才戴花，宋代就不同了，戴花變成一種常態性裝扮——就算覺得簪花娘娘腔不想從眾，很多時候是由不得人的。以宮廷活動來說，各種節慶、祭祀、宴席場合都必須戴花。朝廷按照場合和官員身分，賞賜不同的花朵：

國朝燕集，賜臣僚花有三品。生辰大燕，遇大遼人使在庭，則內用絹帛花，蓋示之以禮儉，且祖宗舊程也。春秋二燕，則用羅帛花，為甚美麗。至凡大禮後恭謝、上元節遊春、或幸金明池瓊花，從臣皆扈蹕而隨車駕，有小燕謂之對御。凡對御則用滴粉縷金花，極其珍藿矣。又賜臣僚燕花，率從班品高下，莫不多寡有數；至滴粉縷金花為最，則倍於常所頒。此盛朝之故事云。——《鐵圍山叢談・卷一》

簪戴。襆頭簪花，謂之簪戴。中興，郊祀、明堂禮畢回鑾，臣僚及扈從並簪花，恭謝日亦如之。大羅花以紅、黃、銀紅三色，欒枝以雜色羅，大絹花以紅、銀紅二色。羅花以賜百官，欒枝，卿監以上有之；絹花以賜將校以下。太上兩宮上壽畢，及聖節、及錫宴、及賜新進士聞喜宴，並如之。——《宋史·輿服志》

這些賜花主要是「像生花」——宋代稱鮮花為「生花」，人造的花既然型似鮮花，自然就叫「像生花」——北宋賜花分成三等：滴粉縷金花、羅帛花、絹帛花，當所賜人眾時要節約開銷，或者在遼國使者眼前裝窮時使用造價最低的絹帛花，其他宴會場合就會用高級人造花了。但是到了南宋，可能財政緊縮，賜花只剩羅帛花和絹帛花兩類，羅帛花再依顏色分成羅花與欒枝兩等，分賜不同身分的官員。

不僅在祭祀宴會場合中，官員要戴花，侍衛與引道隨從也都規定要簪花。《水滸傳》中柴進混入宮廷時除了「借用」一身禁衛服飾外，還有幞頭上簪的翠葉金花，也就是帶綠葉的像生花。當時人簪戴的不只花朵，還帶葉片，花葉相映更顯亮麗。

在人造花之外，皇帝有時也賜真花給臣子插戴，算是特殊的榮寵。總之，宋代的宮廷活動裡人人戴花，正如楊萬里詩描寫的，直是一派花團錦簇：「春色何須羯鼓催，君王元日領春回。芍藥牡丹薔薇朵，都向千官帽上開。」

獄卒也愛一枝花

這些賜花不光是榮耀，也是禮儀活動不能省略的一環。司馬光年輕時是個不愛花俏的樸素少年，中進士後「聞喜宴獨不戴花，同列語之曰：『君賜不可違。』乃簪一枝。」還是被迫戴花。

同年柔性勸導要守規矩還算好的，朝廷賜花不肯戴甚至可能遭到御史彈劾：「慶曆七年，御史言：『凡預大宴並御筵，其所賜花，並須戴歸私第，不得更令僕從持戴，違者糾舉。』」從而可以看出簪花已經成了禮制的一部分，不是讓人隨心所欲愛簪不簪的事了。

更妙的是在朝廷大赦或處死犯人時，獄卒也要簪花，例如《水滸傳》裡兩位劊子手「一枝花蔡慶」和「病關索楊雄」，形象就是「生來愛戴一枝花」、「鬢邊愛插芙蓉花」。就連死刑犯在行刑時也要別朵小紅花，實在難以理解當時人是怎麼想的。

制霸婚禮的穿搭小撇步

另一個男人逃不掉簪花命運的場合是婚禮，現代髮綴花冠的新娘讓人覺得清新脫俗，但在宋朝卻是新郎要戴花，不但要戴，還是滿頭花。據樸素中年司馬光抱怨，婚禮上的新郎得插戴著滿頭花，實在太娘了。《司馬氏書儀．婚儀上》記載：世俗新婿盛戴花勝，擁蔽其首，殊失丈夫之容體。必不得已，且隨俗戴花一兩枝，勝一兩枚可也。

「勝」本指婦人首飾，戴起來的形象就像是戴勝鳥的冠羽。宋代的「花勝」是用羅帛、金銀等材質做成花朵造型，男女都可以戴。例如新郎官的造型就是「著公裳，花勝簇面」，身穿官員服飾外，還要用金花銀朵與燦爛鮮花襯得一臉喜氣洋洋。司馬光雖然非常看不慣這種風氣，但流行的力量強大，他也不得不委屈從俗。另一種宋代流行的勝叫「春幡勝」，是將彩紙、絲帛裁成細條或小人、小花、蝴蝶等造型，或是加以金銀裝飾，在立春或正月七日的人日時配戴。平民百姓可以選擇要不要戴，但郎君、御史以上的官員都得戴著童趣又熱鬧的頭飾入宮賀春，並頂著這種造型回家。想像一下一群老中青年的帽子旁都插著舞伎髮簪或聖誕節花環的景象吧！蘇東坡曾因戴著這樣的裝飾品，笑倒了家裡的子姪。

平價時尚也要每季上新

除此之外，在不同季節時令也會配戴不同的鮮花。例如寒食節戴柳葉桃李花、三月三戴薺花、賞牡丹時簪牡丹花、立秋戴楸葉剪花、重陽節簪菊花茱萸等，充分展現人們對季節變換和四時美景的敏感與喜愛。

不只郊外有四時花卉可供賞玩與摘採插戴，據《夢粱錄》記載，當時城市裡已有十分成熟的鮮花栽培業與像生花製造販售業：

四時有撲帶朵花，亦有賣成窠時花，插瓶把花、柏桂、羅漢葉、春撲帶朵桃花、四香、瑞香、木香等花，夏撲金燈花、茉莉、葵花、榴花、梔子花，秋則撲茉莉、蘭花、木樨、秋茶花，冬則撲木春花、梅花、瑞香、蘭花、水仙花、臘梅花，更有羅帛脫蠟像生四時小枝花朵，沿街市吟叫撲賣。

簡而言之，不管想戴什麼花，市面上都買得到，喜歡的話可以天天戴，例如梁山好漢燕青就是個「鬢畔常簪四季花」的花美男。若是囊中羞澀，摘幾朵小野花，或是買朵便宜的通草像生花插在鬢邊，也算趕上流行了。

花樣爺爺：蘇東坡、司馬光

對文人來說，簪花更是風流的體現——三五好友相約踏青賞花，飲酒作詩之餘，把吟詠的花草插得滿頭相對嘲笑，還有什麼更能顯示出他們的風雅隨興呢？蘇東坡就有不少詩句，自嘲人上了年紀還喜歡戴花：「人老簪花不自羞，花應羞上老人頭」、「簾前柳絮驚春晚，頭上花枝奈老何」。但說歸說，花還是要戴的。陸游在這方面更直率，「意適簪花舞，身輕拾杖行」、「飛昇未抵簪花樂，遊宦何如聽雨眠」我高興簪花，有什麼不好呢？

就連樸素老人司馬光都有不少詩詞描寫摘花插髮：「東風一夜坼梅枝，舞蝶遊蜂都不知。插了滿頭仍漬酒，任他人道拙於詩……攀條時揀繁枝折，不插滿頭孤此心。梅臺賞罷意何如，歸插梅花登小車。陌上行人應見笑，風情不薄是堯夫」、「霜臺何處得奇葩，分送天津小隱家。初訝山妻忽驚走，尋常只慣插葵花」、「林下雖無憂可消，許由聞說掛空瓢。請君呼取孟光飲，共插花枝煮藥苗」。顯然對司馬光來說，徜徉在大自然裡，和朋友喝酒賞花，興致來時插花滿頭，這是文人的自在風雅，與朝廷的繁文縟節或社會上的奢華風俗不是同一回事！

「洛陽風俗重繁華，荷擔樵夫亦戴花」的宋代，如今已經離我們很遠了。現代人看著《新水滸傳》「有頭髮的男角都戴花」大驚失色，認為不可，卻不知道那真的是個無論男女老少都樂於戴花的有趣時代，這是多麼可惜呀！

出土的宋代畫像磚當中，不乏頭上簪花的男子形象。儘管他們多為街頭賣藝的演員，但藝術反映現實，不難想見當時的穿戴風尚。

從「滿頭行小梳」到「冠寬與肩齊」——唐宋髮飾的「大頭病」

每個時代對美的定義大異其趣，真正「符合史實」的古裝造型，往往令現代人百思不得其解。例如唐代女人流行在髮髻中插上多把豔麗的梳子，跳起舞來髮飾勢必散落一地；而宋代流行等肩寬、三尺長的冠，戴在頭上恐怕和頂個大桶子差不多，儼然是個沉重又占空間的造型。

早些年，每次做了新衣服，總是積極找機會外拍，如今懶怠多了。一來是那時在北京有一起玩的朋友，有美景，氣候也合適；如今多在南方，大半年燠熱，剩下的時間溼冷，實在提不起勁去拍照。二是資料看得多了，就會想做得更「符合史實」，不過這有兩方面的難度，其一是衣服好做，但髮型配飾麻煩許多，沒那麼容易忠實呈現當時的造型。另外，當時人的品味往往與現代人的認知頗有距離。

寶鈿數大就是貴

一般人對唐代女子髮型最直接的印象，就是《簪花仕女圖》中貴婦頭頂的高髻與超級大花。大朵假花當然是很方便的道具，單一朵別在髮上就十分顯眼，搭配一些金光燦燦的飾品更顯得富麗堂皇。但問題是，這張圖的衣飾造型比較接近晚唐五代，高髻上的大朵花飾很有可能是宋人的加筆。唐代女人雖然也會簪花，但不流行簪戴大花，通常都是「山花插寶髻」、「柰（音奈，蘋果的一種）花似雪簪雲髻」，以石榴花、茉莉花、茱萸等中小型花朵插髮。唐代女人真正流行的髮飾是花鈿和梳子。所謂「花鈿」有兩種，一種是可以貼在額上、頰上、髮上的小貼紙狀裝飾品，這裡說的是另一種用金銀打成花型的髮飾，常鑲上珠寶，又稱寶鈿。唐代命婦服飾中，就以寶鈿數量區分身分等級，《新唐書．車服志》記載：翟衣者，內命婦受冊、從蠶、朝會，外命婦嫁及受冊、從蠶、大朝會之服也……兩博鬢飾以寶鈿。一品翟九等，花釵九樹；二品翟八等，花釵八樹；三品翟七等，花釵七樹；四品翟六等，花釵六樹；五品翟五等，花釵五樹。寶鈿視花樹之數。鈿釵禮衣者，內命婦常參、外命婦朝參、辭見、禮會之服也……一品九鈿，二品八鈿，三品七鈿，四品六鈿，五品五鈿。

這類嵌寶花鈿可以套插在髮釵上，做成替換式釵頭花型。我曾把大顆的花俏裝飾扣穿在鐵絲凹成的U型釵上，做成克難的唐風髮飾，若不計較粗陋的材質與手工，當時花鈿還真是那樣使用。

大頭病一發不可收拾

唐代更流行的髮飾是梳篦，當時的女人喜歡在髮髻上插梳。「家常愛著舊衣裳，空插紅梳不作妝」，意思是就算不做任何打扮，也要在髮上插把豔麗的梳子。有時只插一、兩把，但更常見的是同時插上兩、三對梳篦，王建〈宮詞〉：「玉蟬金雀三層插，翠髻高叢綠鬢虛。舞處春風吹落地，歸來別賜一頭梳。」高髻上插滿釵鈿的舞姬在勁歌熱舞後，髮飾散落一地，君王賞賜更流行的滿頭梳篦，材質可能是金玉、象牙、玳瑁、水晶等。「滿頭行小梳」可說是盛唐以後最時尚的造型，不過我連一支梳子都插不穩，要模仿這種裝扮，難度實在有點高呀！

晚唐五代的女子髮型更加複雜，發展成了「冠梳」的造型——髮飾的主體是一個豪華的頭冠，旁邊再以大量插梳、長簪、花釵等進行裝飾。這個風氣延續到宋朝，宋初「婦人冠漆紗為之，而加以飾，金銀珠翠，采色裝花，初無定制」，先把紗固定在模具上，刷上生漆使之硬化定型，然後在這個輕而硬挺的紗殼上，縫綴各種珠寶花飾，再扣到髮髻上，旁邊再插上梳簪等裝飾物。雖然我做不出硬紗質地的冠，想仿製的話還是有可行性的，但從北宋中期後，冠梳尺碼更為巨大，材質也日益奢華，宋朝王栐《燕翼貽謀錄．卷四》中記載：仁宗時，宮中以白角改造冠並梳，冠之長至三尺，有等肩者，梳至一尺……祐元年十月，詔禁中外不得以角為冠梳，冠廣不得過一尺，長不得過四寸，梳長不得過四寸。終仁宗之世無敢犯者。其後侈靡之風盛行，冠不特白角，又易以魚魫（音沉，魚腦骨）；梳不特白角，又易以象牙、玳瑁矣。

上述這種白角冠一開始起自宮中，稱為「內樣冠」，旋即成為一時風潮。「曲眉淺臉鵶（同鴉）髮盤，白角瑩薄垂肩冠」，烏鴉鴉的秀髮盤成髮髻，襯著削得薄透打磨生光的白角冠，漆黑與瑩白的對比想像起來光豔動人。但是等肩寬、三尺長的冠戴在頭上恐怕和頂個大桶子差不多，旁邊插的梳子也有一尺長，儼然是個沉重又占空間的造型，坐轎子都得歪著頭才坐得進去。

後來因為皇帝嚴厲禁止，這種風氣為之中輟，但巨大的等肩白角冠又發展出團冠、垂肩冠、山口冠、短冠等不同造型。一直到南宋初，周煇《清波雜志》中回憶小時候看到婦女參加重大儀式時插戴著高冠長梳，稱為「大梳裹」，屬於搭配盛裝禮服的特殊髮飾。

唐代頭飾妝點Tips

唐代鈿花可以套裝到釵梁上，隨女主人喜好拆換，相當靈活。

梳篦

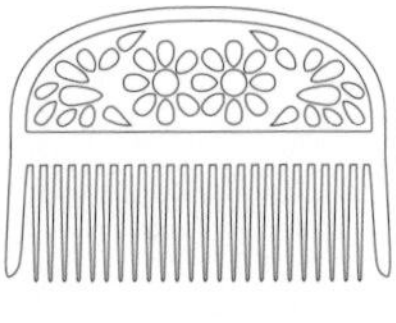

唐代流行的裝飾用梳篦。因為梳齒會卡進頭髮裡，露在外面的梳背才是裝飾的重點。

愛美也要「愛」動物

角冠牙梳之外，當時也流行用還沒出娘胎的幼鹿皮製「胎鹿冠子」。「數點疏星紫錦斑」的斑點皮草風格蔚為風尚，以至於「山民采捕胎鹿無遺」，可謂鹿群悲歌；又常以翡翠（點翠）為飾——指的不是玉石翡翠，而是翠鳥的羽毛，為求顏色鮮豔，得要捕捉活翠鳥取毛，再拼貼點綴在首飾上。

中國大陸有個京劇演員在微博上貼了一張市價約四十萬人民幣的點翠頭面照片，頓時輿論大嘩，認為殘忍又不環保。不是只有現代人才有動保意識，宋人有詩云：「南蕃有鳥翠葳蕤，千百為群自在飛。負痛銜冤無罪死，將來貴室縷冠衣。」為懷璧其罪的可憐翠鳥喊冤。宋朝朝廷也批評用這些材質做首飾太過殘害生靈，屢屢以「傷生害性」、呼籲保護動物關愛大地等理由，禁止使用這些動物製品；但從《夢粱錄》記載官宦人家下聘時要替女方家送上「珠翠特髻、珠翠團冠、四時冠花、珠翠排環等首飾」的習俗來看，還是不能遏止民眾追捧翠羽的風氣。

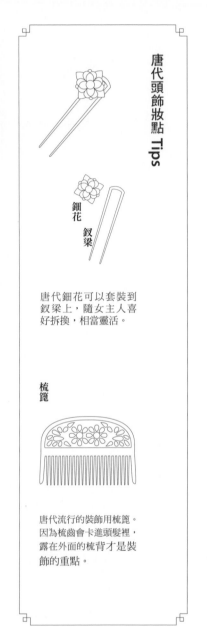

花枝亂顫不輸巴西嘉年華

不論哪種造型特殊、材質華貴的頭冠，花朵也是宋代婦女的美妙髮飾，常被當作唐人髮簪牡丹「證據」的張鎡牡丹會，實際發生在南宋，周密《齊東野語・第二十卷・張功甫豪侈》記載：眾賓既集，坐一虛堂，寂無所有。俄問左右云：「香已發未？」答云：「已發。」命卷簾，則異香自內出，鬱然滿座。群姬以酒肴絲竹，次第而至。別有名姬十輩，皆衣白，凡首飾衣領皆牡丹。首帶照殿紅一枝，執板奏歌侑觴，歌罷樂作乃退。復垂簾談論自如，良久，香起，卷簾如前。別十姬，易服與花而出。大抵簪白花則衣紫，紫花則衣鵝黃，黃花則衣紅，如是十杯，衣與花凡十易。所謳者皆前輩牡丹名詞。酒竟，歌者、樂者，無慮百數十人，列行送客，燭光香霧，歌吹雜作，客皆恍然，如遊仙也。

這一場精彩的主題宴會中，可以看出宋人的配色概念：大面積白色時以鮮紅點綴、紫與白搭配、鵝黃衣配紫牡丹……堪稱宋風配色學教材。

縱然牡丹動人心魄，宋代女性更喜歡隨時變化簪戴四時花朵，就連新上市的楊梅都變成俏皮可愛的髮飾。最受杭州婦女喜愛的鮮花是從嶺南水運而來的茉莉花，當時習慣滿插式「簇戴」髮飾，「婦人簪戴，多至七插，所值數十券，不過供一餉之娛耳」，為美麗花錢絕不手軟。除了季節鮮花，宋代還流行另一種造型：把四季花卉全部搭配在一起（當然是假花為主），全部插在頭上，稱為「一年景」——春天的桃杏柳條、夏天的石榴荷花、秋季的菊花茱萸、冬天的山茶水仙，還加上春幡、燈籠、艾虎等節慶景致插滿了整顆頭（巨大的冠在此時發揮了重要功能），宛如巴西嘉年華會的誇張造型，卻屬於宋代大街上最時髦亮麗的時裝美女。

滿街蝴蝶、蜻蜓、小鳥兒亂飛

既然頭上有花，有蝴蝶、蜜蜂也是很合理的，於是再繼續把假蝴蝶、蜻蜓、螽斯、小鳥等往頭上戴——所謂「蛾兒雪柳黃金縷」，蛾兒就是蝴蝶、飛蛾狀的頭飾，也叫「鬧蛾」，雪柳、黃金縷是金銀色的長穗狀假花。

元宵節時，盛裝打扮的靚妝美女全都湧上街看花燈兼讓人看，不只有盈盈巧笑的百萬紅妝女，男人頭上也插戴著雪柳玉梅與鬧蛾，滿大街人人頭上全是花兒蝴蝶亂顫，這畫面光想像就非常壯觀。

讀者可能會抗議「不能別戴那些玩意，像古畫上的美女那樣直接盤髻嗎？」當然可以，但問題是：古代的女人都會抹頭油，而且抹得很多，要到「冷光欲溜，鸞釵易墜」，頭髮油光雪亮、髮簪容易掉、蒼蠅會滑倒的程度才是美！現在古裝劇裡那些秀髮飄逸飛揚的造型，在古人眼裡就是「蓬首寒窗女，終歲無油兩鬢乾」，太可憐了。

雖然吐槽了這麼一大篇，但其實我一直幻想著幾時拿銀線編一個宋式的小冠，糊上白紗，再摘幾朵茉莉花放進冠裡，讓藏在裡頭的

白紗銀絲山口冠搭配珍珠插梳，簪戴絹帛牡丹、岫玉白梅、紫瑛藤蘿像生花、銅鍍金鬧蛾，後墜白玉梳簾的春日盛飾。

頭髮也浸滿茉莉香，張鎡《菩薩蠻》記載：層層細剪冰花小。新隨荔子云帆到。一露一番開。玉人催賣栽。愛花心未已。摘放冠兒裡。輕浸水晶涼。一窩雲影香。

古典宋詞裡的世界，實在優雅風流地無法抗拒呀！

大器與優雅兼備顯瘦的南宋兩片裙

每當我穿上略為不同的衣服上班，同事總會問：「這是妳新做的衣服嗎？」雖然不太明白她們的標準，就算是市售洋裝或蕾絲多一點的襯衫，都會招來同樣的問句，好像只有套裝、針織衫和長褲這類服裝不值得一問。明明很多女同事平時穿得比我更正式或花俏，甚至更具宴會風啊！

不過我確實會把請人做的衣服穿出門——衣服做得多了，全壓在衣櫃裡多浪費啊！雖然古典風格的衣衫、外褂穿起來太過引人注目，但裙子搭配各類時裝通常還不錯，而且可以體驗一下該設計的實穿效果，可說一舉兩得。

前陣子又被問了同樣的問題，這次總算能回答「是啊！是啊！」還能興奮地分享製作心得——由於之前沒有工具，裁剪料子非常麻煩，又擔心剪壞，因此寧願委託專家，請熟識的裁縫師幫忙製作。可惜最近沒機會回北京，偏偏又看著考古報告裡奇特的裙子造型，不停想像實穿效果，心癢難搔之下，終於自行動手剪裁（幸好這條裙子的版型特別簡單），再請附近的裁縫師替我收邊上腰。

插畫參考《宋仁宗皇后坐像》旁的宮女造型。

雖然新裙子的作工頗為粗糙，但我卻十分開心，好幾天都穿著上班，因為效果實在太有趣了！

南宋晚期最流行的裙款——只有兩片

江西德安周氏墓與福建福州黃昇墓兩座著名的南宋女墓中，都出土了不少裙子。其中最為人津津樂道的是黃昇墓裡一條薄透如煙霧的密褶印花羅裙，四幅料子上打了二十一個對褶，裙幅展開有如扇面，令人幻想起宋代美女穿著這樣的裙子多麼飄逸性感。

輕薄透明的褶襇裙雖然兩個墓葬裡都有，但只有一、兩條。真正占絕對多數的是一種兩片裙——兩塊上窄下寬略呈梯型的料子（下襬約九十公分），上端部分交疊，靠裙腰縫合在一起。從外觀來看幾乎就是一塊長方型的布片，頂多就是邊緣縫了花邊而已，如此無聊的造型，難怪大家不感興趣，提及宋代服飾時往往一筆帶過。身為一介俗人，我當然也是先看中褶襇裙，加上這種熱門款式資料好找，造型容易理解，也比較適合仿製。不過多褶裙雖然寬褶、細褶的視覺效果不同，但做多了也不過就是那樣；因此，我將眼光轉向那些看起來十分單調的兩片裙。

真正開始閱讀資料，才發現這種看似平凡的裙子，絕對是南宋晚期最流行的款式：黃昇墓中二十一條裙子，除了一條殘破而資料不明的短裙，以及兩條褶襇裙外，其他十八條全是兩片裙；而周氏墓裡的十五條裙子，兩片裙同樣是大宗。

《宋史．五行志》中記載南宋理宗時「宮妃繫前後掩裙而長窣地，名『趕上裙』」，搭配以「不走落」的高髻、「快上馬」的纖直纏足、眼角點粉的「淚妝」，造型名稱充滿了「哭哭啼啼地被敵人抓上馬載走」的衰氣息，因而被當作一種服妖現象。黃昇即是宋理宗時人，周氏生活年代則在理宗與度宗之間，隨葬在她們身邊的這些兩片裙，很有可能就是當時所謂的「趕上裙」。

黃昇墓裡裙子大約在八十四公分，周氏墓裙長約為八十七公分，都包含了十來公分的裙腰。身高約在一百五十五～一百六十公分的女子，就算如柯基生醫師研究認為可能因纏足影響導致下半身比較短，只怕也很難把八十幾公分長的裙子穿成長裙及地吧！不過考量到日常生活的便利，加上纏足女子展現纖巧小腳的審美需要，這樣的裙長還是滿合理的。

按身高和體型略加修改後，我的仿製品全長九十三公分（裙腰十公分），腰寬一百二十四公分，下襬一百三十二公分——除了長度之外，其他數據很接近實物。雖然裙長比黃昇墓平均裙長多了九公分，我穿起來還是只到腳踝，那女孩子的腿真是有點短。

大步流星也不怕走光

因為裙片完全沒有打褶子，穿起來有點像市售的窄長裙，同事說略有傣族長筒裙的風格。不過穿過窄長裙的女性讀者就知道，這種裙子雖然能把人襯得修長纖細，卻很難走路，尤其像我習慣大步流星，就算開衩到膝蓋都覺得綁手綁腳；而假使衩開得更高，就不是為了方便，成為追求性感的效果了（例如現代旗袍）。

裙緣細長花邊設計「顯腰顯瘦」

這種裙子倒不是獨立的原創，據北宋時人江休復引用司馬光的說法，當時有種特殊的裙子：「婦人不服寬袴與襜，制旋裙，必前後開胯，以便乘驢。其風聞於都下妓女，而士人家反慕效之，曾不知恥辱如此。」可知北宋女子有特殊的騎裝，「前後開胯」可能是指裙子前後開衩，以方便騎驢時跨坐。原本是妓女為了拋頭露面出門應酬而設計的服飾，雖然被士大夫以「有傷風化」的理由大力抨擊，但便利就是王道，連士族人家的婦女也仿效穿起這種旋裙。

「趕上裙」流行的時候，搭配的裝扮是「不走落」的髮髻和「快上馬」的束足，顯然這種裙子也是騎裝的一種。基於旋裙的文字記載，有人認為兩片裙是一道裙邊在身體前中，另一道在背後，騎驢時裙片會從正中分開。根據我實際穿著的體驗，這種穿法不太可能——首先，兩道裙邊的距離並不一致（也有差不多相等的，但絕大多數都差了快十公分），無法對準前後身之外，也會因為裙腰的拉扯而使裙邊線條歪斜，反而不美；再者，我試著把裙邊穿在前後身中的時候蹲馬步（家裡沒有驢），開衩並不會出現在正中，而是兩側。換句話說，這樣穿裙子騎驢，布料會堆疊在身前和背後，反倒兩條腿在外邊晃來晃去。

假設把裙邊放在身體兩側，跨坐時兩片裙不僅不會像一般裙子卡住雙腿（試試穿長裙騎腳踏車，就能體會有多麻煩），而且分開的裙片還能完整蓋住雙腿，可說是十分優雅的騎乘裝束。此外，兩片裙的裙片邊緣往往會縫綴約兩公分寬的花邊。身體兩側裙緣的細長花邊可以把穿著者的下半身修飾得更為修長，放在身體正中反而顯胖。若把裙子較寬的重疊部分穿在身後，使裙邊落在體側較前的位置，「顯腰顯瘦」的修身效果還會更加突出。

兩片裙唯一的缺點是不大抗風，風力稍強就會翻飛不已。對現代女生或許有走光的風險，但宋代女人裙裡都會穿長褲，這種凌風欲飛的效果倒顯得飄飄欲仙，反成其美了。

裙上細褶考驗儀態

「趕上裙」雖然只是南宋後期的一種特殊時裝，後世似乎湮沒消失了，但兩片式裙型其實流傳了下來。明清時期女子流行的「馬面裙」正是這種兩片裙的變體——兩片獨立裙片部分重疊縫綴於裙腰，穿著時另有一部分相互交疊。只不過馬面裙重疊的「馬面」（或稱裙門）較窄，通常只有在前後身重疊約三十公分寬，身側打上好幾個褶子，雖然「兩片裙」的元素依舊，但追求的就是寬大華麗的效果了。也因為裙片的重疊部分縮小，圍合效果差了很多，看來寬鬆的馬面裙反倒不適合大步行動，而更講究蓮步輕移、婷婷裊裊的端莊儀態。正如張愛玲《更衣記》的形容：「裙上的細褶是女人的儀態最嚴格的試驗。家教好的姑娘，蓮步姍姍，百襉裙雖不至於紋絲不動，也只限於最輕微的搖顫。不慣穿裙的小家碧玉走起路來，便予人以驚風駭浪的印象。」

審美品味的改變造就了新的服飾，而新的服裝又改變了人的行為與審美。在這銜尾蛇般的歷程中，各種設計元素的傳承、影響與變化，研究起來是多麼有趣呀！

鑲邊兩片裙

兩片裙的做法很簡單，就是將兩幅布重疊縫起來就好了。看似神奇的實穿效果，正是因為那兩塊獨立又交疊的裙片，活動時兩片可以自由開合，裙片重疊部分很多——根據出土實物，兩裙片的重疊部分往往大於兩邊的未重疊部分，兩塊料子通常上緣有六成左右疊合在一起，但穿著時兩個單邊又相互交疊，結果看似窄長的裙身其實是重疊的兩層布——活動量都藏在裡層，外觀上自然不明顯了。

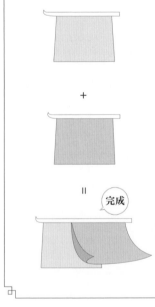

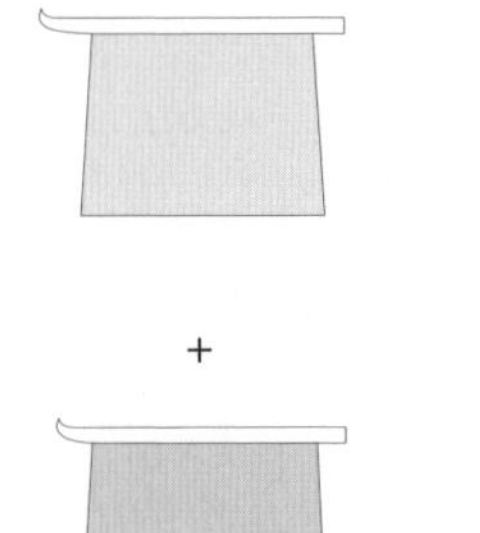

正月穿羅衫，上衣放裙外——宋代飄逸的多層次穿搭

綜觀宋代的審美是更加走向削瘦修長的視覺效果，後期還發展出以紗羅材質為主的「多層次穿搭」，薄透的各色絲羅在風裡飄飛，鮮豔的抹胸與貼身長褲若隱若現——原來宋代女裝與一般人「保守樸素」的刻板印象大異其趣，而女人愛美的心情，各個時代皆同啊！

二〇一五年聖嬰現象據說是五十年來最嚴重的一回，人在高雄的朋友哀嘆著天氣一直不變冷，蚊子活動力始終不下降，就算沒有像同事一樣感染登革熱送醫急救，也快被四處噴灑的殺蟲藥劑毒死啦！不僅昆蟲，氣候當然也影響了人類的活動。我總是津津樂道宋代女裝與一般人「保守樸素」的刻板印象大異其趣，實際上相當清涼性感，這其實也與氣候有關——當時地球正處於中世紀溫暖期，包緊緊太不人道啦！那麼，宋代的女裝到底是怎樣的呢？

上衣紮裙裡？太土！

北宋初期的婦女服裝，大致像是簡化版的傳統仕女圖——窄袖交領上衣搭配長裙，裙腰上繫著長而鮮豔的裙帶，肩上掛著披帛，具體可參考《韓熙載夜宴圖》。此畫題材雖然是五代的故事，但從器物和人物「叉手示敬」的禮儀來看，實際上是宋代的畫作，穿梭在畫面中的眾多嬌美侍女，可說是北宋早期的時裝範本。

從這張畫裡可看到當時的女性不像唐代婦女把裙子繫到胸口，而是繫在比腰線略高一些的位置，緊窄的袖管、長而曳地的裙襬與飄逸而鮮豔的裙帶和披帛，襯得身型格外苗條修長，服裝配色以淡雅為尚。

插畫參考《韓熙載夜宴圖》。

插畫參考《韓熙載夜宴圖》。

參考《合樂圖》。

若是認真端詳這張畫，可以發現所謂「交領」是有很多變化的，有的女子把衣服穿得十分保守端正，領口相交的位置很高；有的則是兩領略略搭在一起，相交位置都快到胸下了；更有甚者連假裝一下都懶，直接把兩邊衣襟拉開，春光一覽無遺。例如畫面中有個客人側坐在椅子上，對兩個侍女一邊調情，一邊摸小手，手攬著他肩膀的侍女，翠色衣衫鬆散地露出了裡頭的內衣；不遠處屏風旁一名藍衫白裙紅帔的侍女衣襟開敞，正在與客人搭訕，手裡還不知道在繫裙子還是解裙子——這樣的描述大概會嚇壞純情的讀者，不過韓熙載家的「奔放」在當時很有名，《情史．卷十七》記載：南唐韓熙載，後房妓妾數十房，室側建橫窗，絡以絲繩，為窺覘之地，旦暮亦不禁其出入，時人日為「自在窗」。或竊與諸生淫，熙載過之，笑而趨曰：「不敢阻興。」或夜奔客寢，客賦詩，有「最是五更留不住，向人枕畔著衣裳」之句。

畫家如此描繪也算是有所本了，從韓家妓妾們的服裝看出，當時的上衣並不是只有固定一種穿法，而是隨意穿成交領或對襟。

另一張相傳是五代周文矩所畫的《合樂圖》[1]，裡面的服裝風格與《夜宴圖》十分相似（有人認為這張才是真正的《韓熙載夜宴圖》母本，現在的《夜宴圖》則是宋人摹作），其中有位綠衣女子向觀眾展示了上衣的全貌：衣長接近現代的長版上衣，過臀並略蓋住大腿，下襬鑲有與衣領同色的緣邊。從這些五代或宋初的畫作中來看，當時的服裝主流還是上衣紮在長裙裡，衣襟穿成交領式。不過隨著時間推移，把衣服穿成對襟愈來愈流行，上衣也不再老實地穿在裙子裡，而是拉出來蓋在裙子外頭了。

行文至此，不禁想起了自己的高中時代，當時學校規定上衣得紮在裙子裡，有些同學挑戰校規而把上衣拉出裙頭一大截，總是會被教官逮住，要求她們把衣服穿好。等我們升上高年級，看到新生連這種花樣都不玩，直接把衣服蓋在裙外，不禁搖頭「現在的學妹啊！」畢業後，放眼所及的中學生全是衣在裙外，正大嘆人心不古時，反而遭我妹嘲笑：「現在誰把制服穿在裙子裡呀！太土了吧！」宋代女裝的變化大致也是如此，雖然仕女畫中的人物可能還是端莊地交領斜襟、衣在裙內，但是從北宋中期以後描繪實際生活的風俗畫與雕刻中，可以看出此時已經是衣在裙外與對襟風格的天下了。

職業廚娘衣如貴婦，可不灰頭土臉！

北宋後期的白沙宋墓壁畫中，女性大多頭戴各種形狀巨大的扁圓型

1. 有人認為《韓熙載夜宴圖》的母本應該是《合樂圖》，圖中描繪古代仕女樂人合奏樂器的盛況。現藏於美國芝加哥美術館。

頭冠、身穿長及膝蓋的對襟長上衣，底下搭配窄長裙或長褲，展現的正是宋哲宗時的流行服飾。

白沙宋墓中可以發現，畫面上的女主人雖然服裝樣式和其他女性差不多，但她所穿的長上衣身側是完全縫合的，其他侍女的上衣兩側則有開衩。完整的長上衣就如同周文矩《合樂圖》中所展示的，只是把壓在裙裡的衣服放到裙外，呈現出不同的穿搭層次而已。衣襬開衩的長上衣則是另一種款式，叫做背子或褙子。《朱子語類》中載：「（沈）僩因舉胡德輝《雜誌》云：『背子本婢妾之服。以其行直主母之背，故名『背子』。後來習俗相承，遂為男女辨貴賤之服。』」換句話說，兩側開衩的褙子，原本是伺候主母的婢女妾侍為了方便活動，特別穿著的一種下襬有開衩的衣服。看看衣服側邊就知道身分高低，有衣衩的就是僕人，衣服不開衩的就是主人！

例如河南偃師宋墓畫像磚上的廚娘工作流程圖，很能展現勞動者如何穿搭褙子：下廚前的廚娘頭戴瘦高的山口冠，身著長及大腿中的窄袖褙子，內搭抹胸與圍腰，下著合歡裙與側開衩長褲（宋代一種款式特殊的褲裙），可謂時髦至極；工作時腰上繫著圍裙，將對襟直領的褙子疊成交領狀，以免弄髒裡頭的衣物，挽起袖子露出戴著臂釧的雙臂，料理一頓豪華宴席——別把廚娘想像成普通的炒菜大媽，宋代職業廚娘受過專業培訓，收入非常高，只有極富貴的人家才雇得起。

宋洪巽撰《暘谷漫錄》中記載一名郡守從京城聘來的廚娘「容止循雅，紅衫翠裙」，文筆和書法都不錯，可見教養良好；她下廚時「更團襖、圍裙、銀索攀膊……徐起切抹批臠，快熟條理，直有運斤成風之勢」，偃師廚娘畫像磚可說是為這位廚娘的造型做了完美詮釋。然而本故事中的廚娘雖然廚藝精湛，但工錢太高，郡守請她料理一次家宴後，索討了相當於現今臺幣四十萬元的賞錢，只得趕快將她辭退了。

輕、薄、透，愛婿唔驚流鼻水！

在衣服兩側開衩以方便活動，可說是相當聰明的設計，尤其北宋後期服裝更加貼身緊窄，「崇寧大觀間，衣服相尚短窄；宣靖之際，內及閨閣，外及鄉僻，上衣僻窄稱其體」，長及膝蓋的上衣若是沒有開衩，簡直無法活動；但也因為這種不便利，不開衩的衣衫反而顯得穿著者更為高貴。南宋德安周氏墓中，有好幾件不開衩的窄袖及膝長衫或襖（單衣為衫，夾衣為襖），或許是因為周氏是有封號的「安人」，得要彰顯貴婦身分有關。不過在此同時，周氏也擁有許多衣側開衩的褙子，而時代略早的南宋宗室之妻黃昇的墓裡，所有衣衫都是開衩款——黃昇可不是小家碧玉出身，而是有個狀元兼高官老爹的官家小姐。

更有甚者，《宋史．輿服志》中記載南宋后妃常服穿褙子「蓋與臣下不異」，可見官宦人家的婦女平時也穿褙子，此時褙子已脫去了原本「婢妾之服」的勞動氣息，成為各階層婦女的愛用服裝了。

原因很容易理解：首先，便利就是王道，日常服飾還是以方便活動為優先，禮儀活動時自然有其他禮服可以穿搭；再者，綜觀宋代的審美，愈來愈走向削瘦修長的視覺效果，從腰部甚至腋下就開衩的褙子穿在身上，前身是兩片細長的布片，有效地把本就「僻窄稱體」的衣型顯得更瘦長，若是衣衩邊緣再綴上長長花邊，視覺效果會進一步縮得更窄，更加符合宋朝人的愛好。鑲在衣領或衣緣的花邊也是宋代服裝的裝飾重點，如黃昇墓裡就出了十二條還沒來得及鑲到衣服上的各色花邊，有的是各色蝴蝶花卉，也有獅子戲球的圖案。

這類花邊在當時稱為「領抹」，有彩繡的，但更多是人工描畫出花樣，例如印金填彩、印花填彩或繡繪兼備。有趣的是，當時很多寺廟的尼姑專門製作領抹與繡品販售，也算是給自家寺院創造收入吧！

宋代繪畫中，女子通常單穿一件褙子。不過從宋代的許多人物雕塑來看，當時婦女也很流行長短褙子疊穿，例如裡面穿一件素色到大腿中的短褙子，外搭鑲花邊的及踝長褙子；下身也是層層疊疊穿著短圍裙，不完全圍合的百褶裙與長褲等，以現代說法就是多層次穿搭。由於褙子穿著時往往不繫綁帶或鈕扣，任由兩襟敞開，材質又以紗羅為主，可以想像臨風而立時，薄透的各色絲羅在風裡飄飛，鮮豔的抹胸與貼身長褲若隱若現，這就是宋代風格的飄逸與性感。

讀者可能要舉手發問了：冬天怎麼辦啊？

不用擔心，上次被抓來拍照的友人有經驗：即使只是疊穿兩件很薄的單層褙子，在冷氣房都很熱了。如果天氣再冷一點可以穿雙層的夾衫，更冷的話抹胸裡還可以蓄絲綿，此外還有絲綿背心可以保暖。但外衣還是要輕、薄、透，這才是時尚！

「花豔豔，玉英英，羅衣金縷明。鬧蛾兒簇小蜻蜓，相呼看試燈」、「月華燈影光相射。還是元宵也。綺羅如畫，笙歌遞響，無限風雅。鬧蛾斜插，輕衫乍試，閑趁尖耍。百年三萬六千夜，願長如今夜」，即使還在冷得要死的正月裡，各家美女依然堅持要穿著「羅衣」、「輕衫」在元宵節晚上出門看燈。宋代女性對美的堅持，千年之後還是令人咋舌啊！

絲綿加裏肚的古式發熱衣——宋代女子秋冬禦寒術

寒流南下時，把一向怕冷的我凍得渾身僵硬，巴不得縮在被窩裡才好。某天午睡起來突發興致，把衣櫃裡的明風對襟衫、立領斜襟衫等翻出來試穿，很快就覺得全身暖和，頓時感嘆「不愧是小冰河期的服裝啊，保暖性真不錯」！但話又說回來，就算唐、宋的平均溫度比明、清高，還是有冬天的，從詩詞中可以看到當時雪下得不少。朋友在我盛讚宋代女裝之開放性感時提問：她們冬天怎麼辦？

這確實是個好問題。現代女子可能在夏天穿著細肩帶上衣和熱褲，或是透明紗裙裝，到了冬天就換成高領毛衣搭配長褲與風衣，不僅材質不同，冬夏的服裝款式也很不一樣。但是在古代，四季服裝的款式往往差不多，主要是靠材質和結構來應對各種季節。以宋代繪畫為例，女子最常見的基礎服裝造型是外著窄袖褙子，下繫長裙，裙裡穿著長褲，褙子的領口露出一痕抹胸——但事實上，宋代女性的著裝比我們見到的還要複雜得多。

抹胸、裹肚、絲綿內衣就是發熱衣

先說說抹胸吧！宋代風俗畫中可以看到當時婦女的抹胸往往束得很低，可以看到大片胸脯坦露在外，有的農婦甚至把抹胸往下一扯就直接掏出乳房哺乳，儼然不認為露個胸有什麼了不起（雖然看著性感，但這種綁法畢竟束住胸口，會影響胸部的發育和形狀，男性讀者還是不要有太多幻想比較好）。

抹胸在不同季節有不同做法：夏季時用紗、羅等透氣涼爽的料子做成單層的抹胸，春秋兩季則可以加上一層絹的內裡，保暖度就足夠了；到了冬天，把衣料換成搗過而較為密實的熟練（經煮煉過的柔軟素絹），禦寒效果就比生絹要好得多，然後再在抹胸裡絮上絲綿（宋代不太常用棉花，當時主要使用的是絲綿），內衣本身就相當於一件小棉襖啦！

不怕冷的女孩可能直接這樣穿，像我一樣怕冷的人可以在抹胸裡加穿另一種禦寒內衣：福州黃昇墓裡出土了一件造型有點像細肩帶上衣前半片的內衣，裡頭也絮了絲綿（這件在考古報告裡記載為抹胸，上面說的長方形布片則含糊地記錄為圍件）。我曾經仿製過這一款內衣，本來以為像是肚兜般掛著脖子穿，但發現那種穿法會使領口布料鬆垮並皺在一起。改成背後呈X型交叉綁法，就可以服貼地包裹住前半身了。造型性感之外，這種內衣可以靠綁帶自由調整穿著位置，把整個胸口都蓋住也毫無問題。

試想，前半身被一件絲綿內衣裹住（不算鉤肩的話，這件近五十公分長，穿在我身上可以把領下到鼠蹊全都蓋住），上身再裹上大約一圈半的絲綿抹胸，光想像都好熱啊！

別以為這樣就沒了，宋人還會穿裹肚，把容易受寒的腰腹再裹上一圈，裹肚當然也像抹胸一樣，可以隨季節變化材質，以保障不會著涼（雖然宋代繪畫中的婦女纖細修長，但這樣重重疊疊裹了好幾圈，我想應該看不到什麼腰了）。

開襠褲＋合襠褲＋夾裙，寒流來襲也不怕

宋人不穿現代的短內褲，常見的「內褲」是長褲——不過是開襠褲。現代的開襠褲主要是幼兒穿

的，在中國還是能看到；而臺灣的嬰幼兒從小穿紙尿褲，對開襠褲的造型應該很陌生吧！簡單來說，是一種很「方便」的褲子，蹲下去就能上廁所了。

開襠褲一樣有單褲、夾褲、絲綿褲的不同類型，夏季用的單層羅褲透氣又透明，秋冬用的絲綿褲則類似現代的保暖褲。雖然開襠的造型可能比較容易灌風，但包住了腹部和臀部的裹肚也蓋住了襠部的通風口，防寒效果想來不差。

只穿一件絲綿開襠褲不夠暖的話，外穿的合襠褲一樣有單、夾與絲綿款，兩條絲綿褲在宋朝疆域內的冬季應該足夠禦寒了。要是不巧碰到寒流來襲……誰規定褲子只能穿兩條，對吧？

對於宋代女性來說，在開襠褲外再穿一條合襠褲已經可以出門了，若是再繫上一條裙子，會顯得更為優雅守禮。目前出土的裙子有百褶裙、兩片裙、褶襉裙等多種款式，但結構上只有單裙與夾裙兩種。畢竟內絮絲綿的衣物比較厚重呆板，缺乏飄逸之美，而裙子對宋代人來說裝飾性大於實用性，既然裡面的褲子已經夠保暖了，而且褲管寬大、腰圍又不受限制，怕冷的話大不了裡面多穿幾條絲綿褲，外面的裙子就讓它優雅、飄逸吧！

內外兼修，保暖又性感飄逸

裡面的衣服穿好了，接下來是上衣。宋女的上衣長度通常在六十~九十公分之間，窄窄的袖子，通袖長度則有很大差異。例如黃昇墓的上衣通袖長大概是一三五公分上下，對

仿自《歌樂圖卷》。

我來說剛好露出腕骨，和現代的女裝袖長差不多；周氏墓的通袖長則約有一六〇公分，我穿的時候可略遮到虎口，花山宋墓則有一七〇公分左右。因此常會看到有人批評宋代服飾復原圖片說「這褙子通袖太短了」，其實復原圖是符合實物的，只是相較於袖長往往過手的唐代與袖可回肘的明代，宋代的通袖確實短得多。上衣一樣也有單衣、夾衣和絲綿襖之分。黃昇墓中的絲綿襖長度都比較短（五、六十公分），面料材質是普通的絹，衣領也沒有裝飾花邊，可以想見是穿在裡層做保暖衣用，但穿在外層讓人看的衣物還是要講精緻、飄逸與美，當然是穿單衣或夾衣嘍！不過夾衣倒不一定保暖效果就弱於絲綿襖，黃昇墓中有一件夾衲衣，從表至裡一共有四層料子，穿一件等於四件單衣，想來也是很暖和的。另外夾衣上有時會加裝繫帶或鈕扣——周氏墓裡有一件印金羅襟折枝花紋紐襟衫，在前襟腰間就裝了一對盤扣。不管用扣子或綁帶，都比單衣般任由前襟敞開要溫暖多了。

總而言之，平民百姓都在追求服飾之美的宋代，小康家庭的姑娘冬季要出門時，如現代許多愛美不怕流鼻水的年輕美眉一樣，為了美和性感，她可能搖搖頭拒穿會遮住前胸的絲綿內衣，只把絲綿抹胸繫在胸前，腰腹間圍上裹肚，下半身穿著絲綿開襠褲與合襠褲。

接著，她挑了一件絲綿襖，聽著呼嘯的風聲，決定再加上一件夾衲衣。調整一下幾層衣物的前襟以免遮住粉色的抹胸，繫上外罩絹或綾的印花夾裙，最後再穿上裝飾有印金填彩花邊的提花綾窄袖褙子，把前襟的綁繩打出一個漂亮的花結——華麗的花邊從脖子到腰際勾出一個長長的V字，隱約露出繫得低低的抹胸；開衩的衣襬長至膝蓋，裙襬隨風拂動，顯得人兒分外修長。當然，鞋襪也需要認真搭配，小康之家的女孩不見得會纏足，不過鞋尖還是可以做成尖細上挑狀，這才是時尚嘛！看得到的地方優雅性感，看不到的地方包了好多層，這就是冬季著裝的技巧呀！

紙衣、紙裘，禦寒又風騷

貧窮人家的女人怎麼辦呢？她們可能沒有辦法穿上絲綢面料的衣服，不過麻布裡絮上蘆花、麻絮、舊綿等，禦寒功能也不算太差。對貧苦大眾來說，冬季更重要的禦寒衣物是「紙衣」——唐宋人用楮皮紙製衣，據說堅韌不易損壞，以紙做成的盔甲甚至「勁矢不能透」。而且紙不透風，很適合用來保溫，更重要的是便宜，窮人家常穿「紙裘」、蓋「紙被」、設「紙帳」，據清代曹庭棟《養生經》中引《江右建昌志》記載：「產紙大而厚，揉軟作被，細膩如繭，面裡俱可用之，薄裝以棉，已極溫暖」，可知紙衣、紙被的保暖性確實不錯。

當時有些士大夫可能因為信佛而不穿絲衣，或認為紙衣別有一番清雅脫俗的風格，也穿起紙裘來，只不過襯裡的就不會是破布敗絮，而是潔白溫暖的新綿了。明代以後棉花種植與紡織技術普及，平民百姓有了比麻布保暖的衣料後，紙衣就不大流行了。不過士大夫階層依然把紙衣當作一種文青風尚的流行，例如《醒世姻緣傳》裡描寫那些追逐流行而穿得稀奇古怪的後生「有時穿一領高麗紙面紅杭綢裡子的道袍」，潔白的高麗紙上有著隱約的波紋，微微透出裡子的鮮紅，這些十八、九歲的「騷年」把原屬於平民大眾的紙衣，穿出了另一種風騷。

宋代女性冬季內著解密

宋代女裝飄逸輕柔，內衣怎麼穿才不會感冒呢？上半身有抹胸，下半身著褲，古時候沒有鬆緊帶、拉鍊，固定衣褲都靠捆綁，也不太有尺寸大小分別，以下介紹一片式抹胸、合圍式抹胸、開襠褲等內著。

抹胸

宋代女子的抹胸的基本款是右圖這種一塊長一公尺多，寬四、五十公分的長方型布片，上端左右兩側縫綴綁帶，穿著的時候布在前、綁帶在後，從背後繞到胸口綁緊，再將上緣往下翻摺過來蓋住綁帶即可。花山宋墓的抹胸是比較複雜的款式，抹胸正中有一個深十公分左右的對摺，適應女性的胸部曲線，穿著起來更舒服；下圖則是冬季防寒內衣。

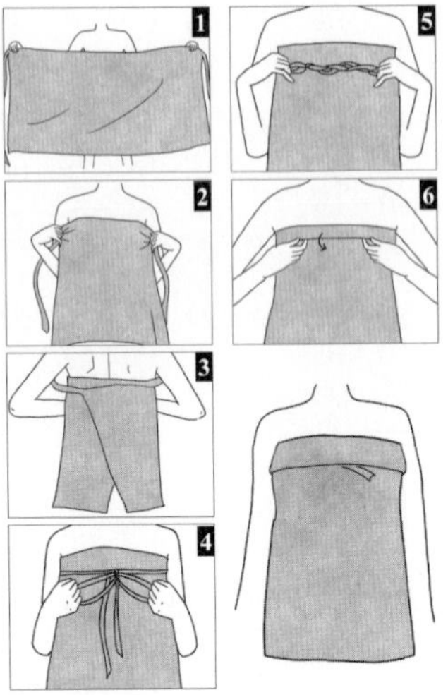

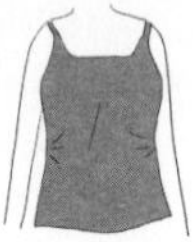

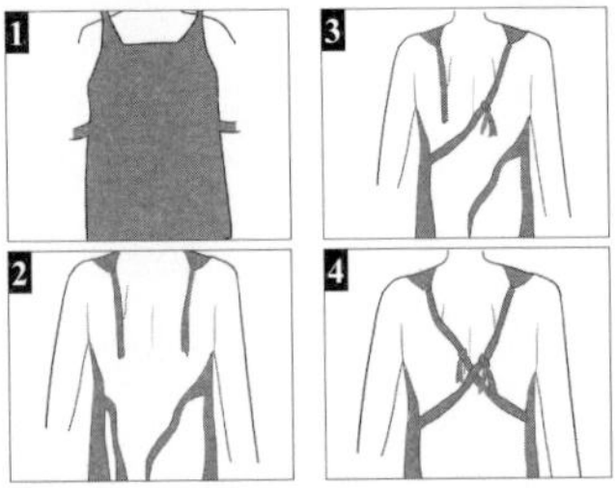

開襠褲

開襠褲的兩條褲腿，造型上可以完全分離，不過因為正面有部分重疊，穿的時候其實看不出是開襠款。我做的開襠褲是做成背後也能掩合的尺寸，在宋代繪畫中也有人遮前不蔽後，穿時露出半個屁股，可知穿著上頗為靈活。但也因為開襠褲這種包裹不完整的特性，當時認為直接露出襠部或僅穿著開襠褲外出十分無禮，庶民家的女人在家裡可以只穿著開襠褲晃蕩，可是出門時一定要罩上裙子或外穿合襠褲才行。

合襠褲

說到合襠褲，宋代的合襠褲都是右側開腰繫帶，可以剛好掩蓋住開襠褲的前後開縫，褲腿比較寬，外觀上看起來很像裙子。

不過黃昇墓出土了一種特別的側開縫合襠褲，左右兩側在褲腰以下完全不縫合，高開衩至腰。既然全開衩，自然沒什麼保暖性可言，因此都是單層，可視為一種裝飾用的外褲，這種褲子在宋代繪畫中也有出現過，可能是一時的流行。

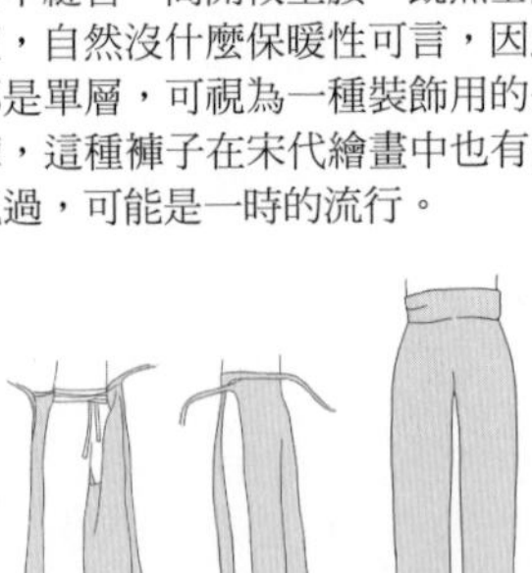

大袖霞帔最高——宋代女子禮服的華麗晉級

在中國古代，服裝不只展現出一個人的地位高低，從皇帝到常民都有不同級別的「禮服」以對應各種大大小小的正式場合；而女子的禮服款式更是令人眼花撩亂。

我在香港參加了一個小型活動，帶著我們學校的學生去展示唐代不同時期的服裝。換裝時，同為傳統服飾愛好者的學生驚訝地問：「唐代也有袖子這麼寬的衣服嗎？我還以為影樓裝才會這樣。」

雖說《武媚娘》等唐代戲劇的衣袖向來十分寬大，不過一般說到唐代女裝，主要還是拿《搗練圖》、《宮樂圖》的衣裝當範本，袖子都不寬，也難怪學生會有此一問。不過該生所謂的「袖子寬大」，其實只是符合唐文宗時「襦袖等不得廣一尺五寸以上」禁令的五十公分寬袖而已，中唐後期到晚唐五代流行的袖寬遠大於此。算起來唐代雖然有超過三分之一的時間流行緊窄袖型，但也有四分之一的時間都流行寬袖子。

這股風氣延續到了五代，例如常讓人當作「絢爛輝煌大唐氣象」的敦煌九十八號窟，女供養人頭戴繁複華麗的首飾，大袖長裙色彩斑爛，事實上反映的是五代晚期敦煌地區的服裝風格，實在稱不上什麼「大唐氣象」。不過流行就是那麼回事，就像迷你裙短到了極致時，又開始流行中長裙一樣，女人的袖子從隋代與初唐的極窄，盛唐漸漸寬鬆，到晚唐五代時的「異常寬博」，卻在宋代又再次回到窄袖風格。

從宋代的風俗畫與墓室壁畫中看來，宋代女裝一直都是以窄袖為主，只不過是在「緊窄」與「鬆緩」間擺盪而已——用比較能直觀理解的數據來說，宋代女裝的袖口通常在十三到三十公分之間。雖然比現代服裝的袖子要寬得多，但相較於動輒三、四尺的晚唐五代大袖，不到一尺的寬度當然算窄袖了。

照這樣說來，宋代女人不穿寬袖的衣服嗎？倒也不是。宋代女性的禮服就是寬袖，而且考量其造型，很可能就是來自於五代的流行服飾。

在描述宋代女子禮服款式到底長怎樣之前，得先說明一下「禮服」的概念。

服裝的級別：禮服＞常服＞便服

對我們來說，除了新娘禮服公認是白色的之外，所謂「禮服」沒有固定款式和顏色，而不管是鋼琴比賽、畢業舞會、頒獎典禮、主持晚宴，通常都說要「穿禮服」——換句話說，在現代人的腦海中，旗袍、連身短蓬蓬裙、低胸曳地長裙等，統統都算禮服，禮服泛指參加各種典禮活動時所穿的服裝。

在我們的概念中，「禮服」是模糊的，因為中國近代以來的生活方式發生了劇烈變化，「現代」與「傳統」斷裂開來，以至於無從定位各種活動的正式程度，也沒有相應的服裝規範。

如果去看歐洲人或鄰近的日本對禮服的分類，就會發現他們有很多種類的禮服樣式，用以對應不同的場合。像是晚宴服 (Dinner Dress)、晚禮服 (Evening Dress) 和舞會禮服 (Ball Dress) 就分別適用於夜間的不同活動，造型要求也不同。一般而言，舞會禮服最為華麗，暴露程度也最高，據十九世紀的說法，穿著者近乎上身半裸，但在舞會中這樣穿是合禮的，若穿到晚宴上就顯得不知禮了。

同樣的，和服也有多種級別的「禮裝」。例如已婚婦女的黑留袖對應於西方的晚禮服，適用於婚慶等重要場合，但穿著這樣隆重的服裝拜訪朋友就太誇張啦！

中國古代一樣也用不同級別的「禮服」對應各種場合，像是在戲劇裡都看過皇帝戴著前面垂珠簾的冕冠造型，那就是皇帝禮服中最隆重的一種——誠如上述，禮服有對應的場合。以宋朝為例，皇帝只有在祭天地宗廟、受冊尊號、冊皇太子、元旦受百官朝拜等最重要的儀式中才會穿戴冕服（冕冠及搭配的服飾），平時並不會穿著；其他各種「禮服」也都有相對應的祭祀與典禮，不能隨便穿。

至於古裝劇裡常看到的「皇帝穿黃袍」，則屬於皇帝的常服——常服不等於「平常穿的衣服」，而是「常禮服」的意思，在宴會與常朝時穿著，是相對「大禮服」而言的次級禮服（至於真正日常穿的服裝，稱為「便服」。）

對后妃與命婦也是如此，真正有比較多機會亮相的是常服（常禮服），《宋史．輿服志》記載：「其常服，后妃大袖，生色領，長裙，霞帔，玉墜子；背子、生色領皆用絳羅，蓋與臣下不異」，可知后妃與命婦的常服造型非常一致。

貴婦入門版：大袖＋生色領

這樣的描寫對當時人來說很好懂，但現代讀者大概會看得一頭霧水，幸好宋代墓葬中有實際出土物：南宋德安周氏墓中出土了兩件廣袖袍與相應的霞帔（音配）。周氏有安人的封號，毫無疑問屬於命婦之列，這幾件衣物正可做為命婦常服的範例。首先是「大袖」——前面說過宋代女人平時穿的衣服都是窄袖的，袖寬通常約二十公分。但禮服的袖子約有七十公分寬，在當時是十分特殊的造型，因此直接稱為「大袖」，也叫「大衣」，也就是大袖衣。

宋朝人把寫生花卉的圖案稱為「生色花」，后妃常服中的「生色領」，指的就是在大袖衣上鑲著生色花紋的領抹（不見得全是花卉，也有禽鳥、人物、樓閣等花紋），其底料是絳紅色的羅，再用描金、彩繪、刺繡等方式加工。

周氏安人的大袖衣沒有鑲上花邊，沒辦法體現貴婦的時尚感；不過福州黃昇墓中的大袖衣就豪華得多，她的五件大袖衣中有四件，在領口、袖口、下擺、衣衩等處都鑲有生色領抹，領子還分別鑲上兩種不同花樣，袖子的接縫處更以金線裝飾，可想見其繁複絢爛——雖然黃昇的封號只是「孺人」，比周氏的「安人」還低了一級，可見這類裝飾與身分高低關係不大，倒是個人愛好和財力才是關鍵。據《武林舊事》中記載，公主出嫁時嫁妝裡有「真珠大衣褙子」，以珍珠做為裝飾，就更奢華了。《朱子家禮》制定的女性服制中「婦人則假髻大衣、長裙；女有室者，冠子背子；眾妾，假髻背子」，可以看出未嫁女與妾室都不能穿大袖。因此在男女婚嫁行聘時，士宦人家會送上「銷金大袖，黃羅銷金裙，緞紅長裙，或紅素羅大袖緞亦得。珠翠特髻，珠翠團冠，四時冠花，珠翠排環等首飾」，以備婚嫁時新娘穿著。

有趣的是，妓女也是用衣著來分等級，《夢粱錄．卷二．諸庫迎煮》記載：其官私妓女，擇為三等，上馬先以頂冠花衫子襠，次擇秀麗有名者，帶珠翠朵玉冠兒，銷金衫兒、裙兒，各執花斗鼓兒，或捧龍阮琴瑟，後十餘輩，著紅大衣，帶皂時髻，名之「行首」。

每年在酒庫開工前，臨安會讓妓女、鼓樂遊行迎新，大概類似古代版電子花車。妓女中等級最低的穿衫褲，小明星級穿衫裙，行中的大姐大則是戴假髻、穿紅色大袖衣，正如良家婦女的禮服造型。

這類大袖衣並不是單穿的，裡頭還會穿上抹胸、抹肚等內衣，與長裙、紗衫或褙子等外衣，大袖衣罩在最外面當作禮儀衣物。墓葬中出土的大袖衣都是單層，反正天氣冷時裡頭多穿些，天熱就少穿幾層，不單靠這件大袖來保暖。

貴婦升級版：大袖＋寫生花邊＋霞帔＋帔墜

從《朱子家禮》中可以看到，平民婦女能穿大袖衣，可是並不戴霞帔，「霞帔」又是什麼？現代人都聽過鳳冠霞帔，鳳冠在電視上常看到，霞帔就陌生得多。唐詩裡已有「霞帔」一詞，不過當時指的是環繞著婦女漂亮臉蛋與肩領、色彩豔麗如雲霞的帔子，有時也指道士在舉行法會時身穿的華麗法服。

唐代女性的帔子在不同時期流行不同款式：初唐時流行寬大款，配戴方式有點像包著羊毛披肩似的；盛唐時像是圍巾一樣披在肩頭，長寬也類似圍巾；中唐以後帔子愈來愈長，繞身方式也更加複雜，通常在身前盤繞，帔尾放在身後或手臂外側，與寬大的袖子一同飄逸。

到了宋朝，前代流行的大袖衣加華麗帔子造型，歷經改朝換代依然保留了下來，成了貴婦的常服。而「霞帔」也是一種身分的代表，例如在宋代後宮裡，若一名宮女獲得提拔，將會得到一個「紫霞帔」的最低等級封號，再往上升為「紅霞帔」，然後是某某夫人。可知宮女並沒有配戴霞帔的資格，必須受封方可配戴。如黃昇、周氏這些命婦，配戴的霞帔和唐代的帔子已經長得不一樣了——環繞在身前的細長布帛變成兩條細長並裁出斜角的羅帶（可繡花或素面），在身前呈大V字型相連，尖角縫合處再掛上一枚「帔墜」，以其重量使霞帔平直穩當地落在身前。根據《輿服志》記載，后妃用的是玉墜子，而出土物大多是型如香囊的金帔墜或銀鍍金墜子。

霞帔掛在貴婦的肩頭，用綁帶或扣絆繫好避免滑落。放在身後的霞帔尾巴也不像晚唐五代的前輩隨便飄，而是安放在大袖衣背後下端的口袋裡收好。平民女性雖然沒有足以配戴霞帔的身分，但不妨礙她們追求造型高端大氣上檔次——她們戴「直帔」的一樣是繡花長帶，但是不切成兩條而是直接把尾端縫合掛帔墜，將這直帔掛套在大袖衣的衣領上，同樣會在身前呈大V字型，看著也與貴婦相彷彿了。《夢粱錄》裡說當時嫁娶聘禮裡「富貴之家當備三金送之，則金釧、金鐲、金帔墜者是也……或無金器，以銀鍍代之」，顯然已成為風俗。花山宋墓中出土的大袖衣沒有背後的口袋，相搭配的「綬帶」也是完整的一長條（二五〇公分），正是平民時尚的代表。

有趣的是，花山牌大袖衣還是「拖尾款」，前身一一五公分，後身一六八公分，穿在我身上大概會拖尾三十公分。同時墓裡也出土了中間長兩邊短的一片式百褶絹裙，兩者搭配起來的拖尾效果與《簪花仕女圖》或五代供養人帛畫十分相似，或許正可做為兩種服飾間的「血緣證明」。

大袖衣的故事並沒有在宋朝終結，到了明代，大袖衣改稱「大衫」，款式則是結合了「口袋」和「拖尾」，別是一種風格。而且大衫霞帔的地位再升高了一級，成為命婦的大禮服，繼續在明代譜寫它與貴婦間那些愛恨糾葛的故事。

禮服常服比一比

皇后禮服

這件參考宋仁宗曹皇后畫像繪製，是一件大禮服褘衣。宋代皇后的畫像上都是頭戴龍鳳花釵冠，身穿深青織五色翟紋的褘衣，但這身大禮服只有在受冊與朝謁景靈宮時才會穿，一年穿不了幾次。妃子與命婦的大禮服（褕翟和翟衣）在造型上和褘衣類似，只是花紋等細節不同（例如鳥紋的數量），但穿著時機一樣少得可憐。

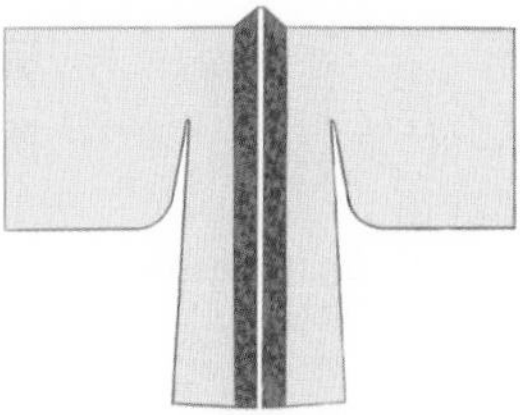

常服

大袖衣在宋代除了是后妃、命婦的常服外，也是民間已婚婦女的禮服。這種大袖衣可以做好直接穿，也可以在衣領、袖口等處加縫上花邊。由於當時人酷愛花卉造型，顏色鮮活栩栩如生的寫生花卉稱為「生色花」。

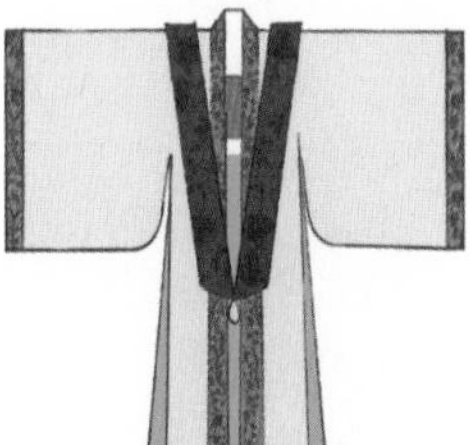

常服（生色領）

大袖羅衫＋霞帔＋帔墜

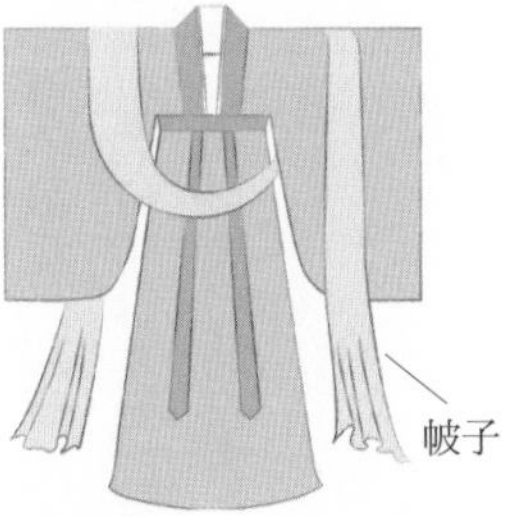

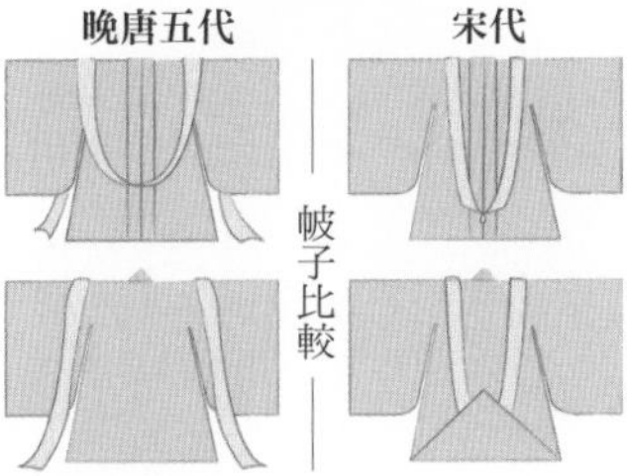

帔子→霞帔

晚唐五代時環繞在身前的細長布帛，在宋代變成兩條細長、並裁出斜角的羅帶，在身前呈大V字型相連，尖角縫合處再掛上一枚「帔墜」。宋代霞帔還會在肩頭用綁帶或是扣絆繫好避免滑落，而放在身後的霞帔尾巴則安放在大袖衣背後下端的兩個口袋裡收好。

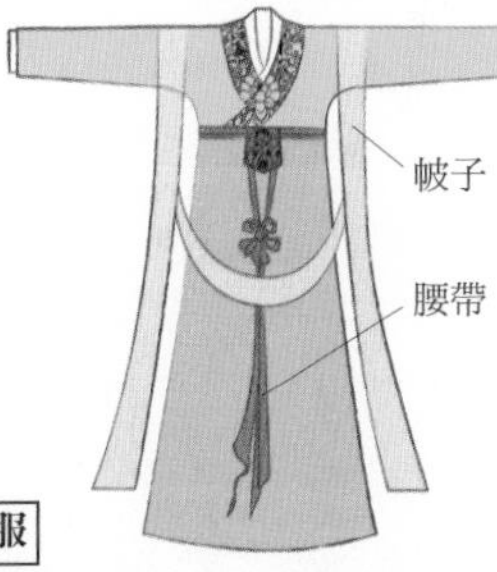

婦女便服

窄袖＋襦裙＋綬帶，參自山西晉祠聖母殿的宋代仕女塑像。宋代初期以後，帔子就比較少使用了，演變為模仿命婦霞帔的直帔。

毛皮、靴子與髡髮，北方異國風——遼代時尚

一般人常津津樂道於唐代胡風盛行，認為宋朝是個保守柔弱，胡漢對立極為嚴重的時代。事實上，宋與遼有著長達百餘年的和平，雙方彼此模仿學習，論起胡風對宋朝的影響力，未必遜於唐朝呢！

悶熱氣候不是臺灣獨有，有「火爐」之稱的重慶、武漢、長沙等城市，夏季都如同蒸籠。北京的夏天十分難捱，經常動不動就破四十度，而且日照時間長達十五個小時，氣溫根本降不下來。更可怕的是別看北京平時相當乾燥，七月間會有半個月的潮溼期，高溼度搭配近四十度的高溫，回想起來真是夢魘。不過若是雨水乾脆地傾盆而下，氣溫可能會驟降十幾度，雨後空氣清涼而乾爽，霧霾也一洗而去。若不論大雨必然給北京帶來的塞車和積水，那實在是北京夏季最讓人期待的事了。

部落穿皮草，儀典著漢服

話說回來，在宋朝時，現在的北京並不在宋的境內，而是隸屬於遼，是遼朝的「南京」。小時候看電視劇演《包青天》或《天龍八

仿自《散樂圖》。

部》，遼人都穿著一身毛皮，當時覺得理所當然。等自己在北京住了幾年，再看這些戲，頓時產生了強烈的懷疑：別鬧了，哪有辦法出場時都穿皮草，就算全球暖化，溫度也沒有差那麼多吧！（事實上，北宋初年的全球氣溫和現在差不多。）

歷史教科書裡，契丹人大約是在唐末五代時突然冒了出來，瞬間成為北方霸主。事實上，「契丹」之名始見於北魏、突厥與唐朝，直到晚唐才壯大起來，統一了北方諸族，稱帝建制，建立長達兩百多年的遼朝。契丹人還過著部落生活的時代，居住於現在內蒙古一帶，大漠疾風寒苦，加上以畜牧與漁獵為生，皮毛取得相當容易，因此他們會以皮毛製作袍服、衣帽、腰帶、鞋靴等。即使建立帝國後，依然保留了穿戴毛皮的習慣，例如契丹官員在冬季時會戴著金花或珠玉翠毛裝飾的氈笠，常服裝束時可能會披著皮草，「貴者披貂裘，以紫黑色為貴，青次之。又有銀鼠，尤潔白。賤者貂毛、羊、鼠、沙狐裘。」

遼太祖耶律阿保機的時代，實行「以國制治契丹，以漢制待漢人」的不同管理辦法。不過等遼太宗耶律德光滅了後晉，把後晉的所有衣冠、文物、儀仗等全都搬回自己家，快樂地穿戴了起來，此後就變成「太后、北面臣僚國服；皇帝、南面臣僚漢服」，重大的祭祀與儀式場合時，甚至所有人都穿著漢式禮服的場面了。

左衽夷狄，右衽諸夏

實際上，單就服裝款式來說，契丹人的服裝與漢人差異並不是很大。沈括在《夢溪筆談．故事一》裡說到：中國衣冠，自北齊以來，乃全用胡服。窄袖、緋綠短衣、長靿靴、有蹀躞帶，皆胡服也。窄袖利於馳射，短衣、長靿皆便於涉草……予至胡庭日，新雨過，涉草，衣褲皆濡，唯胡人都無所沾。帶衣所垂蹀躞（腰帶上附加的小皮帶），蓋欲佩帶弓劍、帉帨、算囊、刀礪之類。自後雖去蹀躞，而猶存其環，環所以銜蹀躞，如馬之鞦根，即今之帶銙也。天子必以十三環為節，唐武德貞觀時猶爾。開元之後，雖仍舊俗，而稍褒博矣。

說白了，北齊以來的男人穿的都是胡服，不論窄袖圓領衣、長靴，還是能裝備多種生活工具的蹀躞帶，都是當時漢人的日常服飾。只不過後來蹀躞帶上用來綁繫物件的皮帶被省略，盛唐以後的服裝愈來愈寬鬆，宋代男人流行穿鞋而不太穿靴子罷了。後來人大驚小怪地指稱遼人的服裝緊窄短小，具有草原民族的特點云云，其實和初唐繪畫上的男性裝束根本差不多。

雖然服裝外觀相似，但遼代墓室壁畫上，可以明顯看出他們習慣左衽——孔子嘗言：「微管仲，吾其被髮左衽矣。」顯然在先秦時，衣服左衽還是右衽已經是區分夷狄與諸夏（當時沒有「漢人」這個概念）的明顯標誌。諸夏（或漢人）穿交領衣時，領口呈y字型，契丹人則會穿成如反寫的y；宋、遼都流行穿圓領衣，雖然乍看領口像是一個圈，但宋人會在右邊頸側外安裝扣環，把領扣搭到右邊，契丹人則相反，衣緣線會出現在身體左側。

剃髮不分男女，或前後或地中海

相較於衣服，宋人與遼人最大的差別是髮型，北方民族有髡髮（髡，音昆，隋唐前剃男子髮的刑罰）的習俗，也就是剃掉大部分的頭髮，只留長一小部分。例如清代男子髮型也是髡髮的一種。雖然頭髮能幫助頭部保溫，生在寒冷環境的北方民族把頭髮剃掉似乎有悖於這樣的功能，不過保溫需求可以用毛皮帽子來解決，對他們並不是問題。剃掉大部分的頭髮一方面便於打理，畢竟牧獵生活中的水資源十分珍貴，不是隨時能找到水源沐浴洗滌，減少髮量也可以避免生長頭蝨等寄生蟲。另一方面，在馬背上顛簸幾個小時，不管盤多緊的髮髻都會散開，髡髮可以避免騎馬時頭髮散亂而妨礙活動。

不同族群在剃髮造型上都不太一樣，可以做為族群辨識的方法。例如西夏李元昊「制禿髮令，先自禿髮，及令國人皆禿髮，三日不從令，許眾殺之」。於是「民爭禿其髮，耳垂重環以異之」，顯然已經把髮型做為建立國族意識的工具了。

契丹男人的髡髮主要是剃掉頂髮（不用煩惱地中海禿頭問題），但剃多剃少不一定。剩餘的頭髮通常不做特殊處理，任由它自然披垂，儀式活動時才會特別用「金花織成夾帶」把頭髮綁束起來。

換句話說，蕭峰大俠入遼為官後，因為他是契丹人，應當遵守契丹習俗把頭頂剃光，剩下的頭髮披散下來，才是遼人該有的造型。這麼為難演員的髮型，難怪電視劇裡通常就用一頂皮毛帽子，草草打發掉角色的種族認同問題。

契丹髮型文化的特別在於不只是男人髡髮，女人也剃頭，而且髮型很多樣。例如在昌平出土的契丹女俑髮型即是把後腦剃光，前面的頭髮則盤成靈蛇髻；而內蒙古發現的契丹女屍是把前額和兩鬢的頭髮剃掉（額頭頓時寬了五、六公分），頂髮編成髮束和辮子在前額做造型，後腦和耳後的長髮自然披散。

契丹時尚，漢人也瘋狂

與漢人接觸久了，契丹文化自然也產生許多變化，這個變化不是從遼太宗大掠後晉文物才開始，早在唐代已有端倪。

內蒙古赤峰發現的早期遼墓中，壁畫上畫著唐代流行的《寄錦圖》與《楊貴妃教鸚鵡圖》，前者的角色造型混合了六朝與初唐風格，後者的服裝則是典型的晚唐時尚。而在宣化遼墓壁畫中，除了多數左衽以外，《散樂圖》裡的樂師頭戴幞頭（巾帕），幞頭旁邊簪著花朵，和宋人幾乎無差別。雖有少數人露出髡頂，不過也有不少男子頭束幅巾。女子則是以布帛包髻，穿著開衩短衫與百褶長裙，也有以蔽膝搭配合歡裙的打扮，與當時宋境之內的漢女差異不大。

遼人對於日益嚴重的漢化也是有所警覺的，規定了「契丹國內富豪民要裹頭巾者，納牛駄十頭，馬百匹，並給契丹名目，謂之舍利」，要繳納大筆財富才允許民眾像漢人一樣裹頭巾。不過上至國主、下至官員都習慣並裹幅巾了，由此可知，蕭峰大俠還是可以包頭巾的。

遼人服裝上追隨漢人流行的現象也很明顯，一方面是文化愛好使然，遼的君主官員並不忌諱學習漢文化，甚至不少人的漢文造詣相當不錯。雖然宋朝禁止國內的文化作品輸入遼境，但是遼人對此興趣強烈，因此走私書籍的生意十分熱絡。蘇轍出使遼朝時，遼國官員興奮地說蘇東坡的《眉山集》相當暢銷，建議可以出版全集。小蘇又是榮幸，又是尷尬地詠詩道：「誰將家集過幽都，逢見胡人問大蘇。」在這種情況下，宋土風尚自然也受到追捧。

再者，雖然契丹人的衣著原本以皮毛為主，但因從歲幣中得到不少絲綢，加上宋遼互市貿易時，絲綢常當作交易貨幣使用——宋朝的官方貨幣實際上是銅幣，然而宋錢品質好，周邊國家也愛用，但由於銅產量有限，因此禁止銅錢出境。雖然遼、夏等國家都努力試圖進口宋錢，但在公開交易上，宋人主要是以絹帛和茶葉做為對外貿易的支付品，例如一匹馬換三十四絹，不需要經過銅幣換算成「一匹馬＝四萬五千文＝三十四絹」。

雙邊貿易過程裡，遼人得到大批的絹帛，平民也能用它來做衣裳；貴族則再用這些絹帛，向宋朝商人購買紡織技術更高超、更精美的絲織品，審美品味也難免受了不少影響。

對平民來說，漢人與契丹人接觸久了，彼此也會互相學習模仿。不只契丹人服飾「漢化」，遼境內的漢人也會穿衣左衽和髡髮，從外觀上已經看不太出民族差異了；甚至北宋末年「聯金滅遼」時，燕雲一帶收歸北宋，當地的漢人因為受到北宋官員的歧視，「燕人終不改其左衽」，以此來表示對宋朝統治態度的不滿。

同時契丹服飾也傳入了宋境，北宋政府曾多次下詔「禁士庶效契丹服」、「不得衣黑褐地白花衣服，並藍、黃、紫地撮暈花樣」、「聞士庶仿效胡人衣裝，裹番樣頭巾，著青綠，及乘騎番鞍轡，婦人多以銅綠兔褐之類為衣，宜令開封府限月內止絕」、「禁服契丹服如氈笠釣之類者」等。從這些禁令中不難看出宋朝境內的遼人時尚頗受歡迎。

北方民族的髡髮髮型

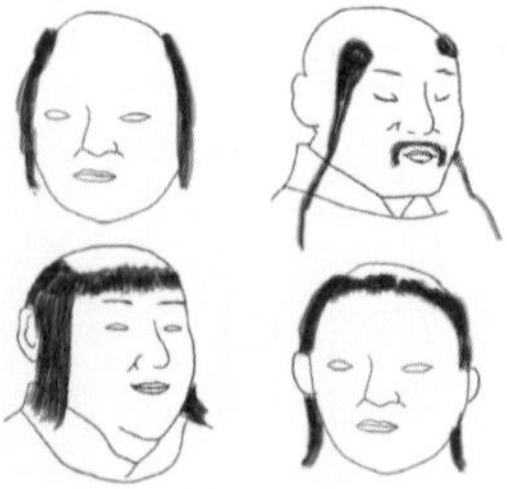

契丹人

從繪畫上看，契丹男人有全部剃光、只留下前面的頭髮分撥到兩邊當長瀏海，或是留兩邊的長鬢角；也有人是僅剃光頭頂，剩下的頭髮自然披散。

女真人

女真人也有髡髮習俗，同樣也是剃除頂髮，不過他們往往會留下後腦和兩側的頭髮，編成雙麻花辮。從繪畫上看來，短的如日本動畫中萌蘿莉常見的羊角辮，長的則有如民國劇裡女學生雙麻花長辮，甚是有趣。

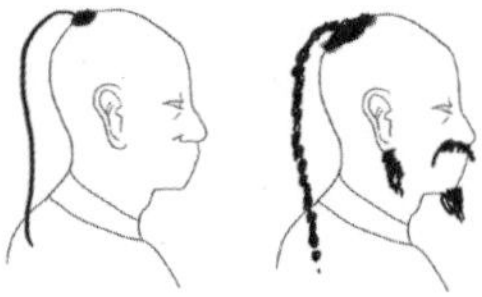

滿人

我們熟知的清代髮型也是經過一段時間的演變而來。清初時規定的髮型為金錢鼠尾式，留的髮辮要比小拇指還細，能穿過銅錢中的方孔才算合格（幾乎等於光頭）。直到後來，蓄髮數量明顯增加，現在戲劇中看到的清代男人髮型多為清朝末期髮式，約一半剃光一半蓄髮，稱為陰陽頭。

第七章

文化交融的明朝服飾

服裝裡的文化交融史——華麗的金元服飾，明朝也瘋狂

還記得幾年前步入民國一百年的瞬間，我在社群網路上大喊：「各位，我們超越元朝啦！」頓時朋友們又驚又喜，互賀這歷史性的一刻。

元朝在歷史課本裡是個疆域廣大卻國祚短暫的朝代，很少想到「短命」的元朝也統治了中國九十八年。這時間的長度還是只有落到自己身上才有概念啊！

歐洲，常有「外國人」做國王

在金、元加起來超過二百年的統治下，百姓的生活自然受到深沉影響，對「異族統治」的想法，也與後人的猜測推想有很大差異。

例如近年來有所謂「中國沒有元朝和清朝，是被殖民統治」的說法，並號稱中國朝代觀是國際史學界的笑柄等。第一次看到這個妙論，不禁大嘆：「原來蒙兀兒王朝不算印度史（泰姬瑪哈陵即是蒙兀兒王朝的建物），而那可憐的英國啊！自從私生子威廉帶著一票高盧鬼子入侵，硬生生被殖民至今，現在的王室還是德國來的，真是太悲慘了！」

翻譯成「朝代」的dynasty，意思是「統治的家系」，在外國史裡，一旦外孫（或女兒、女婿）繼位就會「改朝換代」——因為統治者不同姓了，當然就是別的王朝了！例如英國光榮革命時踢走了詹姆士二世（斯圖亞特王朝），改由他的女兒、女婿繼位，然而兩個女兒都沒有子嗣可以繼承，英國人為了

不想要天主教的君王，就從德國迎回詹姆士二世表姑的兒子（漢諾威選帝侯）當國王，稱為漢諾瓦王朝。漢諾瓦王朝的維多利亞女王和表弟結了婚，她的孩子就成了薩克森．科堡．哥達（表弟的姓氏）王朝的始祖。直到一戰時，英國民眾對於王室的敵國姓氏感到不滿，王室才把德國風十足的姓氏換掉，從此改稱溫莎王朝。

在這個意義上來說，中國的元朝和清朝即是這塊土地換了另一家統治者，對於很習慣讓外國人來當新國王的歐洲人而言，這一點問題也沒有。

而中國人自己的看法呢？在元朝和明朝統治者眼裡，同樣不是問題：元朝當然是中國正統朝代啦！

元朝，一個「正統」的朝代

首先，「元」這個國號並非來自族名，而是忽必烈征服中原後，按照「中國規矩」取的：

誕膺景命，奄四海以宅尊；必有美名，紹百王而紀統。肇從隆古，匪獨我家……在古制以當然，於朕心乎何有！可建國號曰大元，蓋取《易經》乾元之義，茲大冶流形於庶品，孰名資始之功。——〈建國號詔〉

從這份詔書裡，可以明顯看出忽必烈不認為自己是外來征服者，而把他們的統治定義成接續先代帝王偉業。除此之外，元朝也制年號、定曆法、修史書、行祭祀……總之，一個「正統」朝代該做的事，他們全都做了。

明朝的態度就更有趣了，在我們想像中，高呼「驅逐胡虜，恢復中華」的朱元璋一定是激進的民族主義者，對蒙古人恨不得食其肉、寢其皮，抱持這樣的印象去看《明史》，可能會受到很大的驚嚇：

（太祖）諭達等曰：「……元祖宗功德在人，其子孫罔恤民隱，天厭棄之。君則有罪，民復何辜……諸將克城，毋肆焚掠妄殺人，元之宗戚，咸俾保全。庶幾上答天心，下慰人望，以副朕伐罪安民之意。不恭命者，罰無赦。」

朱元璋不僅沒有屠盡元朝宗室，將領抓到元順帝的孫子時，他還拒絕臣子建議的獻俘儀式，認為不可以對前代帝王的子孫如此無禮，甚至批評他們的態度太不尊重：「元主中國百年，朕與卿等父母皆賴其生養，奈何為此浮薄之言？」

不僅朱元璋如此，元末許多士人也抱持著「荷國厚恩」的念頭，拒絕在明朝出仕為官，甚至還有不少人自殺殉元——事實上，關於蒙古人的統治何其殘暴不仁云云的紀錄，多半出自明中葉以後。由於明朝受到恢復實力的蒙古多次侵擾，加上連皇帝都被抓走的恥辱，使得他們對蒙元的印象和態度迅速惡化。但是這樣的「集體記憶」，很可能並不屬於元末明初的人。

要先有這個認知，才能理解金、元兩代不同民族間的服裝是如何彼此模仿、融合，甚至對明代服飾也產生了深遠的影響。

女真：婦女著裙撐、金銀做裝飾

創立金朝的女真人原本生活在長白山一帶，其氣候寒涼的程度，宋人形容為「盛夏如中國十月」。因為環境限制，服裝以毛皮類為主，有錢人可以用好的皮草，至於連羊皮毛都穿不起的窮人，則拿各種雜皮做衣服，不管是牛馬、貓狗、魚蛇……有什麼用什麼，不然在東北的冬天可要凍死啦！涼爽的夏季裡可穿麻布，富人則能穿上精緻如絲的細麻料，窮人只能穿粗布衣了。

女真式服裝較為緊窄，不過女裝相當特別：「去左右各闕二尺許，以鐵條為圈，裹以繡帛，上以單裙籠之。」也就是穿著裙撐架把裙子前後撐起來。有學者認為是女真人以漁獵為生，這樣的裙子既美觀，又方便行走活動。

金人剛開始入主中原的時候，積極要求漢人也仿照女真式樣剃髮易服，不從則殺，結果激起極大的反抗。後來一方面是宋、金已成對峙之勢，追究漢人髡髮問題只會給自己添麻煩；再一方面是女真人統治北方之後，獲取了大量宋與遼的高級物資，從上到下都樂得穿戴這些漂亮衣物，享受中原精緻富饒的生活，誰還想為了保持武勇風格而繼續過著老家般的苦日子啊！於是女真人迅速漢化，愈上層人士分到的戰利品愈好，漢化狀況愈嚴重，在這種情況下，還去糾結漢人要不要剃髮實在很奇怪，不久之後就「各從其便」——隨你們高興。

妙的是沒有要求剃髮易服後，不少漢人反而自動胡化了。仕於金朝的漢人為了迎合上意而做女真打扮容易理解，但許多平民也樂於模仿女真人左衽、穿著緊窄衣袍、剃髮編辮，覺得這樣比綁頭巾輕鬆多了，還方便勞作呢——再再使南宋出使金境的使者感慨萬千。

此外，因為國號為「金」，金人非常熱衷於使用金銀來裝飾，服飾上加金的各種技術迅速發展。

蒙古：多彩腰線、裙袍打褶

宋朝與金朝製作金碧輝煌的織金錦也迷倒了蒙古人，更結合西域的織金技術，發展出華麗燦爛的金錦服飾。

據馬可波羅的記載，元朝每年有十三次大朝會，所有與會貴族按節令，穿著同一顏色的「納石失質孫服」，也就是以織金錦（納石失）製成的上下同色連衣裙式長袍，並配戴大量珠寶，場面極其壯觀。質孫服（也叫一色衣）到明代稱為曳撒，迷倒許多朋友的電影《龍門飛甲》，裡面的錦衣衛就是穿著曳撒。

相較於偏好緊窄圓領袍的女真人，蒙古人似乎更喜歡交領連衣裙風格的斷腰袍，質孫服只是其中的一種款式而已。更為流行的是辮線袍與腰線袍（也稱為辮線或腰線襖子）。兩者雖然製作工藝上略有差異，但是從外觀上看來，都是衣身寬大但腰部收窄，並裝飾以鮮豔的細密線條，腰線底下滿是細褶。穿著效果是「腰間密密打作細褶，不計其數……又用紅紫帛撚成線橫在腰上，謂之腰線，蓋欲馬上腰圍緊束突出，采豔好看」。

這種腰線袍不只是蒙古人喜歡，其他族群的人也愛。雖然元朝禁止平民穿著顏色鮮豔的服裝，不過縫線或嵌條總管不到吧！可以想像以灰、褐等暗色底的衣料上，綴以鴨綠、柳青、大紅、桃紅、銀褐、鵝黃等俏麗色彩的腰線，那是多麼搶眼亮麗啊！

到了明初，百姓已是「士庶咸辮髮垂髻，深襜胡俗，衣服則為褲褶窄袖及辮線腰褶」，深受蒙古影響。明太祖因而下詔要求「復衣冠如唐制……不得服兩截胡衣」。但是說是這樣說啦！看看錦衣衛穿的帥氣曳撒，就知道這個規定沒什麼用。從《明憲宗行樂圖》來看，皇帝自己也愛穿兩截胡衣、頭戴蒙式綴珠大帽，身邊內侍也做這等打扮，又怎麼可能禁止其他官民穿呢？

下裙做細密百褶式樣的斷腰袍，在明代稱為貼裡（帶腰線款稱為腰線貼裡），可以穿在袍服裡當作內襯，形成軟襯裙的效果，也有做為正式服裝外穿的款式。而且不論男女都能著用，如江西德安熊氏墓裡出土了好幾件「連衣百褶裙」，顯然就是貼裡。

對此，明朝人自我安慰地表示：「近世搊子衣即直身，而下幅皆襞積，細折如裙，更以條環束腰，正古深衣之遺。」這種做法和深衣制是相同意思，才不是什麼胡服呢！

明代花紋裝飾，出自金元審美

服裝款式之外，明朝流行的裝飾紋樣也是來自於金、元。

金朝的貴婦流行披戴四合如意雲頭的雲肩，而官員常服的肩、胸、背間則飾以形狀頗類雲肩的金繡花紋，或者大型團紋，描繪著如春水天鵝、秋山熊鹿等自然景物。這種蓋滿兩肩與上身的霸氣裝飾法很受蒙古人青睞，他們不但用金線織出這種大片花紋，更把花樣延伸到兩袖及下襬，使整件衣物更顯華麗。

這種豪華、貴氣的花樣沒有因為改朝換代就被棄如敝屣，明朝人顯然也極為欣賞。例如明太祖畫像上，穿的那件「前後與兩肩，各金織蟠龍一」的皇帝常服，或者孔府藏的大量柿蒂雲肩紋通袖襴裝飾的袍衫等，這些現代人覺得理所當然的花紋配置法，都是來自金、元的審美。

但明人沒有止步於抄襲、模仿，而是更精益求精，在金織上再加飾以五彩妝花、搭配各種吉祥花紋，把服裝妝點得更為華美。

說起來，明代君王特賜臣子的麒麟服、斗牛服、時尚男女違反法令也要添購的蟒袍、貴婦與新娘隆重的通袖袍兒，在這些美麗的服裝裡，藏著的是一段民族文化交融的歷史呢！

元代、明代流行服飾

曳撒

上：明代服飾曳撒（一色服），來自蒙語「質孫」，意指蒙古袍，原為元代服飾之一。形式為交領連衣裙風格的長袖斷腰袍，其下有橫褶，而下腹打褶。明代早期仍多稱呼斷腰袍為質孫，並且做為內廷侍衛服飾，後來使用範圍擴大，款式也有所變化，永樂以後曳撒的稱呼增多，窄袖也演變為琵琶袖。

辮線袍

下：元代的質孫服只是斷腰袍的其中一種款式而已。更為流行的是辮線袍與腰線袍，兩者雖然製作工藝上略有差異，但是從外觀上看來，都是衣身寬大但腰部收窄，並裝飾以鮮豔的細密線條，腰線底下滿是細褶。

民族主義藏在傳統服飾中——復古，該復哪個朝代的古？

剛開始玩中國傳統服飾時，延續做十二單的習慣，在網路查資料，畫版型和裁縫討論，完成後呼朋引伴出去玩——仔細想想，根本是早期玩 cosplay 的風格嘛！

也因為如此，我對於打包著民族主義的「漢服」一詞頗感牴觸。雖然弘揚民族精神、發揚傳統文化的理念很美好，但動輒對其他民族或人群進行語言攻擊的極端支持者，實在讓人不敢領教。導致我有段時間幾乎是見「漢服」一詞就繞道而行，不想為此破壞玩樂……我是指研究服裝的樂趣。

初期摸索、找資料還算容易，鑽得深了以後就愈來愈感到所知不足。又聽說有不少網站研究有成、資料豐富，終於還是按捺不住求知欲，點開了最熱門的討論區，頓時驚訝不已……四處攻擊、批判其他民族也就罷了，自己內部打成一團是怎麼回事啊！

族群意識vs.考古依據

從戰火朝天的討論串裡，可以看到當時大致分成三派：民族傳統派、重宋派、崇明派。民族傳統派認為推廣漢服應該要強調漢族服飾「交領右衽、寬袍大袖、上衣下裳」的特點，不具備這些特質的式樣會混淆民眾對「漢服」的認知，不宜推廣；重宋派認為復興應以考古資料為準，宋代出土服飾不少，而且又未經元蒙「汙染」，可以視為漢族服飾自然發展的楷模；崇明派則主張明朝人相當重視服裝裡的胡漢之辨，可以看出他們有意塑造服裝的民族性，加上文物數量遠勝其他朝代（清朝當然是被踢開不論的），展現出不同身分、場合使用的服裝類型，要復興漢服就應該要重建完整的體系，這重責大任非明代服飾莫屬。

就像前面說的，理想都很好，但支持者的行為和言論不一定這麼美妙……在暈眩於「貴圈真亂」和匆匆逃走後，又是好長一段時間對「漢服」一詞敬而遠之了。（本文中描述的漢服運動是比較早期的狀況，近年來和緩多了……應該是啦！）

時至今日，這個話題還是經常掐起架來——民族傳統派本身是最「架空」的一派，他們本來就是有意要在現今創造一種具有強烈族群意識的「民族服裝」，特徵愈是簡單明確，造型愈是清楚易懂，就愈能讓群眾產生印象。服裝的時代性或考古依據都不太重要，可辨識度與民族意識才是重點。在主張「有考古根據才是王道」的其他派看來，民族傳統派和影樓裝沒什麼差別，都是幻想產物。

認為漢服復興需要有歷史依據，因此鑽研於服飾考古的人不少，但不管支持周制、漢制或唐宋，都受限於出土物太少而難以具備代表性（例如馬王堆服飾極為經典，但是單一墓葬如何能代表兩漢四百年的發展？），重宋派只是考古派裡實物根據相對比較豐富的一支，而其困境在於雖然宋代出土服飾不少，可也不算太多，崇明派「要復興傳統服飾，重要的是必須建立完整的服裝體系，不管是祭祀、典禮、日常生活，都要有相應服飾」的主張，可說是打在重宋派的痛腳上。

然而崇明派也不占上風，其他門派的「元蒙汙染論」總是抽得這派跳腳不已又難以反駁。後來這派不少人放棄使用「漢服」、「『漢民族』五千年來的服裝」之類的民族主義觀點，因為要把出土物的真實樣貌和意識形態湊在一起，難度實在太高了……

讀者們可能覺得奇怪了：前面不是說「明朝人重視服裝裡的胡漢之辨，有意塑造服裝的民族性」，為什麼還是受元蒙風格影響呢？

其實說來也不難理解，所謂「理想很豐滿，但現實很骨感」，不管上位者高唱著怎樣美好的理念，做不到的事還是做不到啦！

復中國之舊，是誰的「舊」？

洪武元年，開國立基的明太祖批判元朝時「悉以胡俗變易中國之制」，以至於當時人的衣著打扮全是胡風，實在缺乏民族意識。因此下詔「復衣冠如唐制」，要求從士民至官僚，衣著上都要模仿唐人造型（顯然老朱不大看得起宋朝，不想學他們）。

問題是歷經元末戰亂，平民老百姓生活窮困，過年時做件新衣已經很不容易了，哪有閒錢餘力搞件符合皇帝理想、「復中國之舊」的傳統服裝？草民沒錢，皇帝發衣服啊?!從明初許多畫像、塑像上看來，民間的服裝風格和元末差異並不太大。

就連相對有錢、更應該響應皇帝號召的官員們，服裝也沒有真的恢復唐制——事實上，明代公服的盤領大袖、展腳幞頭來自於宋制，高官用大花、小官穿小花，甚至無花的布料暗紋規定來自金制，整體造型和元代公服相仿，與「唐制衣冠」差得可遠了。還因為朱元璋忌諱「惡紫奪朱」，為了避免紫袍高官篡奪了朱家天下，明朝將唐代以來始終做為官服最高品級的紫色取消，把宋、金、元通用的「紫緋綠」三級服色改為「緋青綠」，與大體為「紫緋綠青」四級服色的唐制實在找不到太多共同點。

這種口號和現實嚴重不符的狀況看著奇怪，但道理說白了也很簡單：明朝距離唐朝有五百年（若以唐朝滅亡那年來算，相距四百六十一年），以今天來說，大概就是現代與明朝的距離，或者今天和都鐸王朝的差距。試想一下，假使今天政府高層集體中邪，通過法案要求全國改穿明代服飾（或伊莉莎白一世時期的服裝），在買不到又沒有書籍和網路資料輔佐的情況下，誰做得出來啊？連服裝長怎樣都不曉得啦！

明朝人自然也不太清楚唐制衣冠到底長怎樣，「復衣冠如唐制」只能是口號。他們所能模仿學習的，只能是當時存有許多實物的元代服制。若是認真對照唐、宋、元、明的服裝制度，會發現明初制定的皇帝與百官服飾，事實上和元朝的相似度最高——不過元制是仿金制，金人又是模仿北宋服制，勉強也說得上是「復中國之舊」吧！

服裝反應氣候變化與審美差異

其次是氣候變化導致的款式差異。

近年來「全球暖化」問題吵得很凶，按照歷史氣候學家的研究，現代和宋朝時的氣溫差不多，唐代時更暖一些。而地球在元代晚期（十四世紀中葉）就進入了小冰期，這段寒冷期一直到清末才告終。其間雖然有時稍稍回暖，總體而言比現在的平均溫度要低一度左右。

平均氣溫差個一、二度而已，這會很嚴重嗎？嗯……我來說個故事吧！

法國大革命前，由於龐貝古城的發掘，西歐掀起了一波新古典主義風格浪潮。為了追求古希臘羅馬「莊重而寧靜」的美感，走在流行尖端的仕女們拋棄了僵化厚重的洛可可禮服，紛紛穿上飄逸復古的白色高腰長裙。有人還在身上噴水，以仿效羅馬雕像服裝貼身透明的效果——結果該年冬季巴黎感冒大流行，許多時尚女性死於肺炎。

羅馬帝國基本處在溫暖期，而法國大革命前後正好是寒冷期中溫度偏低的時段，再加上巴黎和羅馬的年均溫「只」差三度——一味追求時髦與理想美，罔顧地球的寒暖變化，以及西歐與南歐的不同氣候，下場就是付出了生命的代價（於是《傲慢與偏見》裡穿著優雅高腰裙的小姐們，外出時都會乖乖加上披肩和外套）。

從流傳至今的明代容像與塑像上來看，當時的人顯然缺乏巴黎女郎追求復古風尚的勇氣，個個都包裹得十分嚴實。明代中期以後更流行起了立領，連脖子也要好好保護起來。

再者是審美品味問題。

每個時代都有當時的流行與審美觀，即使搞復古，往往只是擷取一部分，再按當下的美感重新設計成「現代人覺得好看的復古」。

例如電視上播放多次的《我的少女時代》，某次我不經意看了幾眼後眉頭就皺了起來：「這部戲設定在什麼時代？應該和我讀高中時差不多，但女生制服怎麼會穿成這樣？」對女主角衣在裙外的制服造型深感不滿，儼然是老古板學姊。而其他女學生雖然按規定把衣服紮在裙子裡，可是裙在膝上更短一大截，在那個時代不但違規，甚至短到突破大家可以想像的範圍（當時女生制服裙露出膝蓋，就會被眾人側目）。顯然即使拍懷舊片，但美感方面還是難免受到現代的影響，很難如實呈現。

雖然朱元璋要求懷舊復古，但當時人的美感不會因為改朝換代就突然翻轉。皇帝要男人穿上傳統的圓領袍，好吧！他們就把元朝風格的腰線袍當內衣穿，圓領袍側再多加兩塊衣襬，把圓領袍也撐出下襬寬大的效果，這樣才符合他們的美感。

有些婦女穿上鑲著寬大花邊的緣襈長襖，但更多的是照樣穿著元末時流行的窄袖短衣長裙。但不管衣也好袍也好，穿成左衽是必要的；底下搭配的裙子打上許多褶子，裙襬比宋代的裙子寬了一倍以上──沒有為什麼，這樣才好看啊！

口號喊久了，大家也愈來愈把口號當一回事。衣服又重新穿成交領右衽，傳統的深衣、直身再度製作出來，就連元朝時流行的斷腰袍，後來都取了「程子衣」這種附會古人的名稱。可以看出明朝人的「（文化）中國意識」，隨著時間愈來愈強烈。

不僅如此，他們更結合了傳統文化與自己的審美觀，創造出各式各樣合乎傳統文化理念，又具備時代特色的服裝，揭開了中國服裝史新的一頁。

明代服飾中的元代線索

明朝雖然也想要復興「漢服」，但各種客觀因素無法徹底擺脱多年來外族的影響，在元末明初人眼中，「衣服則為袴褶窄袖及辮線腰褶，婦女衣窄袖短衣，下服裙裳」才是好看的造型。既然規定男人要穿傳統的圓領袍，就把元朝風格的腰線袍當內衣穿，圓領袍側再多加兩塊衣襬，撐出下襬寬大的效果。

裡層的貼裡

搭配圓領袍用的內衣，稱為貼裡，其實是元朝時流行的袍服。

中間層的襯衣

穿在圓領袍裡的襯衣，實際上是元代流行的搭護。

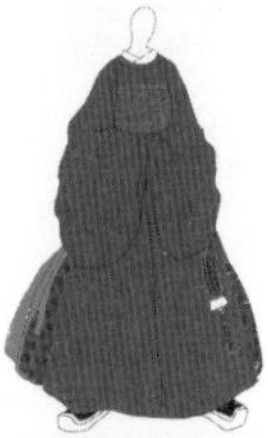

最外層的常服

孔府藏紅羅雲鶴補常服袍，在朝視事時著用，是明代官員出現在繪畫中最常見的造型。下襬兩側各加上了一塊襬，撐出寬大效果。

仿自《太平風會圖》。

在臺灣播出《女醫明妃傳》，雖然不如《武媚娘傳奇》聲勢浩大，但也引起不少人對明代服飾的好奇——有不少觀眾困惑於該劇的服裝怎麼和韓國宮廷劇那麼像，莫非抄襲韓劇？這是因為韓國宮廷劇背景多以李朝為主，李朝太祖李成桂推翻了親元的高麗王朝後，外交政策一直以親明為基本方針；而李朝君王、妃嬪及官員等貴族的服裝，也是模仿明朝的賜服而製，當戲劇故事背景在宮廷貴族中，明朝與韓國的服裝風格相似是很正常的。

以明代為背景的戲劇裡，《女醫明妃傳》算是考據比較認真的一部，可惜問題還是不少，最明顯的就是：好多是中晚明的款式，明英宗時期不會這樣穿啦！

衣著簡樸暗藏玄機

明朝服裝風格的變化在許多文獻中都有記載，大多異口同聲表示「成化、弘治以前大家都穿得很樸素，在那之後就開始追求時髦了」。成化是明英宗兒子憲宗的年號，弘治是憲宗兒子孝宗的年號，在他們父子執政之前的一百年裡，服裝明顯和後來不同風格。

據明朝人的說法，明朝前期的服裝大致十分儉樸，「平民不論貧富，皆遵國制，頂平定巾，衣青直身，穿皮靴，鞋極儉素」、「天順、景泰以前，男子窄袖短躬，衫裾幅甚狹，雖士人亦然。婦女平髻寬衫，制甚樸古……成化以來漸靡，近歲益甚」。

一方面是因為當時政府的執行力較高，管理十分嚴格，大眾不敢亂穿衣服，不然可能就是抄家的下場，《太平縣志》記載：國初，新離兵革，人少地曠，上田不過畝一金。是時，懲元季政媮，法尚嚴密，百姓或奢侈踰度犯科條，輒籍沒其家，人罔敢虎步行。丈夫力耕稼，給徭役，衣不過細布土縑，仕非宦達官員，領不得輒用紵絲；女子勤紡績、蠶桑，衣服視丈夫、子，士人之妻，非受封不得長衫、束帶。

另一方面，中晚明士宦盛讚的國初民風淳厚、服裝儉樸，背後其實暗藏著明初總體經濟的困境。明朝初年實行的是鈔錢並行制——與現代人心中「古人動輒掏銀子付帳」的幻想不同，當時白銀尚未做為法定貨幣，政府規定小額支付使用銅錢，額度較高則用鈔票，和現代的使用習慣似乎一致。然而實情是上有政策、下有對策，政府以鈔錢發薪水給公務員當作俸祿，商賈小民亦用鈔錢繳稅，看起來有進有出，然而明初時因前朝金元戰事導致人口銳減了約三分之一，民間經濟倒退，以物易物反而方便，百姓對貨幣的接受度不高。

鈔票不是明朝的發明，宋朝時就因銅錢數量不足以應付市場需求，因而發明了紙鈔「會子」。金人也學了紙鈔制度而稱為「交鈔」，元朝時則全面使用紙鈔做為法定貨幣，連銅錢都不用了。

然而很不幸的，這些朝代後來都因無限制的貨幣寬鬆（俗稱印鈔票）造成了嚴重的通膨，例如在金朝末年，「腰纏萬貫」只買得起一塊餅。

元朝鑑於宋、金濫印鈔票導致經濟崩潰，因而制定了相當完善的紙鈔政策，一開始狀況還不錯，後來權臣當國，政治混亂腐敗之外，又到處開戰、興建大型公共工程，加上大規模的災荒、饑饉、瘟疫，政府便開始濫印鈔票，物價隨之瘋漲，購物需要推著一車錢上街，市場裡鈔票堆成小山都沒人想偷。乃至於「京師料鈔十錠，易斗粟不可得。既而所在郡縣，皆以物貨相貿易」，民眾對貨幣完全喪失信心，再度進入了以物易物的時代。

雖然元朝滅亡和嚴重通膨脫不了關係，但明朝時因銅產量持續低迷，加上人類總是受限於過往的經驗，依然延續了元代的紙鈔政策——不幸的是，學的是元代晚期的版本。

現代各國的法定貨幣是以紙鈔為主，紙鈔一方面仰賴政府的信用，另一方面也以政府的黃金儲備做為擔保：理論上拿著紙鈔可以向政府換到等價的黃金。元朝的紙鈔制度一開始是以銀、絹與少量黃金做為儲備金（鈔本），並且允許百姓兌換，因此信用良好，後來金銀都被揮霍光了，濫印鈔票時幾乎沒有金銀儲備，鈔票信用一瀉千里。

明朝學的就是這種不置鈔本的發鈔法，發行時無視政府收入與市場上的貨幣數量，需要用錢就印「大明寶鈔」，拿來應付政府的日常支出、災荒救濟與皇帝的各種賞賜，發行量遠超過回收，市面上的寶鈔氾濫成災，價值自然愈來愈低，甚至鈔票一發行就開始貶值，愈舊愈不值錢。

打個比方，政府發薪水給公務員，公務員拿著面額值四萬的新鈔立刻上街購物，可以買到價值約三萬八千元的商品；市場上收錢時要看年分，明明都是一千元的鈔票，一百年後發行的值七百，九十年後的值兩百，七十年後的值二十元……這日子怎麼過啊？

日子還有更慘的——明成祖在位時銳意建設，南征北討立下赫赫功業，後世稱為「永樂盛世」。但這些不朽功業，樣樣都要花大錢：親征漠北、征伐安南、重開漕運、修《永樂大典》、三寶太監下西洋、修建紫禁城（但三大殿被雷劈了，隔年乾清宮也失火燒光了）……短短二十二年裡要做那麼多事，錢從哪來？嘿嘿，繼續印寶鈔！

到這當口，有點智商的人都不會把寶鈔當真了。雖然政府三令五申禁止民間使用金銀或實物進行交易，後來連銅錢都禁用了，違者重罰；可是民間自鑄私錢和銀錠來交易的獲利既豐又穩定，市場上的寶鈔流通狀況自然日益萎縮，嚴重時市價只值票面價格的百分之一。

政府收稅時以寶鈔與實物為主，雖也收銀和銅錢，可是採購和薪水都是發寶鈔，怎麼看都肥了國庫、瘦了百姓，再加上過度徵用民工，因而釀成山東民變。於是仁宗與宣宗執政都採取息兵養民、與民休息的政策，連焚毀的宮殿都放著不修（直到英宗時才重建）；並且增加許多回收、銷毀昏舊寶鈔的策略，努力補救洪武、永樂年間過度榨取民力的失政。

經過仁、宣兩代的努力，到了明英宗時國勢已經頗為康泰，不過當時寶鈔市值只值面額的千分之一。雖然政府規定許多稅收須用寶鈔繳納，但百姓寧可需要時花點小錢去換寶鈔，日常交易幾乎沒有人使用，做為法定貨幣基本已是無藥可救了。政府無奈之下只好放棄整治寶鈔，認同了金、銀的貨幣效力——捨棄價值浮動劇烈的寶鈔，改採具有公信力的貴金屬當作交易媒介，使得經濟發展更為蓬勃。可惜英宗在土木堡吃了個大敗仗……但幸而如此，之後幾位皇帝都採取穩健的政策，使得國力更加好轉，百姓日益富裕。

右衽始於京城下效

在辛苦工作所得可能只是幾張廢紙的年代，首先要保障的是基本生活，能吃飽、穿暖、有得住就好，事實上很難有積蓄。等生活穩定後，才有多餘的心力、財力和時間去追求華服與時髦，明代前期近乎停滯的服裝樣式，終於開始產生變化。

話雖如此，在長達一百年的「明前期」裡，服飾風格也不完全一致。明初服飾的元朝風氣依然盛行，在洪武年間去世的魯荒王墓出土的「織金緞四團龍紋圓領袍」，雖然是件常服（次級禮服），但俐落的窄袖、合宜的腰身，再再都能看出元代審美的延續。更別提那幾件腰線貼裡，令人懷疑這位年輕的親王根本沒把他爹的禁令放在眼裡嘛！

英宗天順年間的《寶寧寺水陸畫》中，不但有頭戴大帽、身穿辮線袍，充滿元蒙氣息的勁裝造型，即使是漢式交領長袍，往往也是袖型瘦窄、衣衫合體，「衫裾幅甚狹，雖士人亦然」的評語十分恰當。

到了《太平風會圖》裡，可以看出服裝變得比較寬大了——袖子較鬆、腰帶下皺褶更多，衣襬也更長。但是顯然後代的人追憶起來，這年代的服裝還是滿簡樸的呢！

女裝方面，明前期一直流行短衣長裙款，但造型有些變化。永樂初年的無錫錢氏墓中出土了半臂、上衣和長裙，半臂與上衣長六十一公分（比現在的套裝外套略長一點），製作上都是對襟款，但是衣襟和腋下的繫帶表明這衣服是穿成左衽交領的造型。袖子長而平直，袖寬約三十公分，以現代來看算是頗為寬大，不過和當時女子容像的效果差不多。

之後女裝似乎走向了緊窄化，在風俗畫中可以看到袖口明顯收窄，衣身變短（從人體比例上來說）。不僅民間如此，《明憲宗元宵行樂圖》裡可以看到宮中女子的衣袖也十分狹小。以實物來說，生活在英宗、憲宗、孝宗三代的寧靖王夫人王氏的衣服，沒有一件長度超過六十公分。日常服飾的袖子僅二十公分寬，而且袖口收窄，顯得十分爽利。也有幾件衣服袖子較寬，這些衣服皆裝飾華麗，可能是禮儀或宴會時用的禮服。

話說回來，在宮廷畫中的女子全都是衣襟右衽，可是在容像與風俗畫裡可以看到左衽依然相當流行。弘治元年有個朝鮮人漂流到中國，後來他把回國一路上的事寫成了《漂海錄》，其中記載了女子衣襟的南北差異：「（江南）婦女所服皆左衽……自滄洲以北，女服之衽，或左或右。至通州以後，皆右衽。」可知一直到孝宗時期，南方婦女都保持著左衽穿衣的習慣。但是天子腳下的京畿一帶，已經完全右衽化了。

富過三代始知穿戴

雖然後代文人說起服飾變化，總是一臉「怒其不爭」地感嘆世風日下、人心不古，但說實在的，追求華麗時髦的風氣還是上位者帶出來的。

明初由於百廢待興，從上至下都採取儉樸作風，雖然朱元璋對各種身分、階級的人都制定了極為嚴格的服裝制度，但當時即使皇室中人穿得也不華麗。例如魯荒王墓中出土了珍貴的親王九旒冕與皮弁，但「珍貴」在於它的歷史意義，而不是材質——冠體是由鐵絲、竹篾編成，上面敷以黑紗，飾以五彩玉珠。日常用的折上巾與笠帽也是這些普通材質，雖然戴著應該又輕又涼快，但造型距離豪華十分遙遠，真是讓幻想著皇室尊榮的人大失所望。

然而時隔五十年，明宣宗弟弟梁莊王的墓葬就珠光寶氣到令人無法逼視。據考古研究，其中不少金銀寶石可能是鄭和下西洋時帶回來的。一個親王都能如此，皇帝及其近臣又該如何豪奢？

《明憲宗元宵行樂圖》裡宮嬪滿頭珠翠，衣裙華麗燦金，把風俗變化歸咎到憲宗敗家實在不公平。追溯起來，宮廷的奢華風氣，其實早在他父祖輩就開始了呀！

百姓愛穿官員華服——「納捐得官」撼動服裝界

暑假回臺灣時，和妹妹一家上西餐廳用餐。對我們而言，就是個普通的聚餐，想吃就上館子。但妹夫的父親看著高朋滿座的西餐廳，感嘆道：「回想年輕時，能吃一次牛排都是難得的大事，哪能想像現在人視為日常啊！」

如此說來，家母也說過她第一次吃港式飲茶時，戒慎恐懼地帶上了家裡所有現金，結帳時發現比預想的價格便宜許多，瞬間放鬆的心情彷彿中了獎似的。像這樣的感受，我們這一輩已經很難體會到了。

仿自《孺人像》，只是孺人卻穿上了超品麒麟補圓領衫，反映出當時的僭越之風。

明初如父輩，「均貧」而儉樸

如今五、六十歲一代的人，可以說生活在一個迅速轉變中的社會。他們童年時整個社會十分貧困，因此風氣儉樸，就算是資產豐厚的人家，也不習慣大肆炫富。成年以後經濟迅速發展，社會財富快速累積，但隨著各人際遇不同，發家致富者有之，千金散盡者有之，貧富分化日益加劇。其中許多人依然保持著早年的節儉習慣，看時下年輕人的花錢風氣各種不順眼。例如飯後回家，我就被娘親嘮叨了一陣：「又不是為了慶祝，沒什麼特殊緣故就跑去吃西餐，太浪費了！」

類似這樣的感嘆，在明代中葉的文人筆下也經常出現：「回想小時候，社會風氣多麼純樸，哪像現在的人這樣奢侈浪費、各種搞怪，真是世風日下，人心不古啊！（搖頭）」

明朝建立之初，朱元璋鉅細靡遺地制定了不同身分、階級的國民，在衣食住行等各方面的一切規範，他認為元代之所以會亂，就是沒有執行好身分規範，《明太祖實錄》記載：上諭廷臣曰：「古昔帝王之治天下，必定禮制，以辨貴賤、明等威……近世風俗相承，流於僭侈。閭里之民，服食居處與公卿無異；而奴僕賤隸，往往肆侈於鄉曲。貴賤無等，僭禮敗度，此元之失政也。中書其以房舍服色等第明立禁條，須布中外，俾各有所守。」於是省部定議，職官自一品至九品，房舍、車輿、器用、衣服各有等差，庶民房舍不過三間，不得用斗拱彩色。其男女衣服並不得用金繡錦綺紵絲綾羅，止用紬絹素紗；首飾釧鐲不得用金玉珠翠，止用銀；靴不得裁製花樣、金線裝飾。違者罪之。

我個人覺得有些諷刺，出身八級貧戶的朱重八在取得權位後，制定的一系列政策都是在否定社會流動，極力鞏固社會階層：當兵的就世代做軍人、種田的最好子孫都乖乖耕種，商人有錢太可惡，敢經商就全家不許穿好料子！人人守分，朱家王朝統治到永遠……這也太不現實了吧！

靠著嚴格執法，這一套確實在明初執行了頗長時間。在後世人眼中，回憶起這些時代是很美好的，大家都窮而儉樸，有錢人也不敢炫耀。套用現代的流行語，這才沒有相對剝奪感啊！

人人得穿華服，管窺吏治崩壞

到了朱元璋的玄孫明英宗時，這樣的狀態被破壞了。土木堡之變終結了明朝在北疆長達八十年的優勢，除了極其慘痛的傷亡外，朝廷付出大批財物依然換不回被俘虜的皇帝。為了重建軍隊與防務，政府需要大量人力、物資支援，可是大明寶鈔早已信用破產，沒辦法像祖先靠印鈔票硬撐過去，那該怎麼辦呢？

現代發生天災人禍時，政府經常號召民眾樂捐，明朝政府也是同一套路。為了獎勵民眾捐獻的義舉，捐錢、捐物資的人就可以入國子監讀書，取得監生的身分——監生有補官的資格，相當於準官員，從此就不算平頭百姓了。

雖然是為了應急，但這招效果確實很好，發生天災或戰事時可以迅速募集到物資，後來竟成了常例。據《寓圃雜記》記載，明憲宗時捐四十兩銀子就能直接得到官位，號稱「義官」。光長州縣一地，六年裡有近三百人靠納捐得官，「皀隸、奴僕、乞丐、無賴之徒，皆輕資假貸以納」，有錢就買個官位，以後就能住大屋、穿華服，不亦美哉。

如此一來，原本的身分制度自然維持不下去——官老爺很了不起嗎？寒窗十年好不容易考上進士，也不過當個縣令。本少爺家裡什麼沒有就是有錢，多花點錢甚至可以買到三品指揮的官位，縣官尚且避道而行，秀才、士大夫等，自然更不看在眼裡啦！

捐官造成的吏治與社會問題姑且不管，對服裝的影響可說十分深遠：既然有錢可以買到官位，從此全家都能穿上官老爺、官夫人的華麗服裝，我有錢不也能穿漂亮衣服？只是現在還沒買官職，以後會買的嘛！

看到還不是官身的有錢人都穿上了華麗服飾，小老百姓自然也羨慕地想要跟風——反正法不責眾，官府要抓也是先抓有錢的。

為使裙如傘，人人盡穿馬尾裙

當然，這種風氣的變化並不是一夕之間完成，各地的發展有所不同。總體來說，明憲宗繼位之初，民間服裝還是普遍儉樸。但在他統治的二十餘年裡，流行起「綺靡之服、金珠之飾」，服裝材質愈用愈好，珠寶首飾愈戴愈多。

這一點在明代容像上也有所反映，雖然從畫像無法得知衣物的材質，但可以發現和明初的畫像相比，明中期服裝上的暗紋提花與織繡花紋大量增加；明初的女人通常把頭髮在頭頂簡單挽個髻，插上一、二根簪子而已，但後來髮髻愈來愈高，搭配了成套髮飾，甚至連小侍女的衣著都華麗了起來——事實上，繪畫不一定表現真實，往往更體現出美感傾向與願望。畫主本人不一定真的穿上了這樣的好衣服，但顯然希望讓人認為他們真的穿得這麼豪華。

一開始，大家只是在材質和配件上做花樣，透過一些小小改裝，讓服裝的整體效果有所改變。例如憲宗時一度流行朝鮮傳來的馬尾裙，《菽園雜記》記載：馬尾裙始於朝鮮國，流入京師，京師人買服之，未有能織者。初服者惟富商、貴公子、歌妓而已。以後武臣多服之，京師始有織賣者，於是無貴無賤，服者日盛。至成化末年，朝臣多服之者矣。大抵服者下體虛奢，取觀美耳。

馬尾裙穿在襯衣裡，效果類似現代的軟襯裙，「使外衣之張，儼若一傘」，覺得不夠蓬的可以疊穿二、三條。原本只是富商子弟與演藝圈的奇裝異服，後來卻蔓延到朝廷和民間，朝堂之上官員盡是大蓬裙。窮人就算買不起，也要「繫竹圈襯之」，可見其流行程度。後來有人提出官馬被人偷拔尾毛會造成心靈創傷，有害軍國大業，明孝宗才禁止了這種配飾。

衣衫大至膝，髻高如官帽

這類流行是在保持原本款式的情況下，變化出不同視覺效果。此後時尚之風愈吹愈凶，衣裝款式也開始變了。

嘉靖年間編纂的《太康縣志》云：

國初時衣衫褶前七後八，弘治間上長下短褶多；正德初上短下長三分之一，士夫多中停，冠則平頂，高尺餘，士夫不減八九寸；嘉靖初服上長下短似弘治時，市井少年帽尖長，俗云邊鼓帽。弘治間婦女衣衫僅掩裙腰，富者用羅緞紗絹、織金彩通袖，裙用金彩膝襴，髻高寸餘。正德間衣衫漸大，裙褶漸多，衫唯用金彩補子，髻漸高。嘉靖初，衣衫大至膝，裙短褶少，髻高如

仿自明代早期容像，可看到當時婦女與侍女裝扮皆十分樸素。

官帽，皆鐵絲胎，高六七寸，口周回尺二三寸餘。

顯然男裝流行的是斷腰袍的款式，但是腰線位置與褶量變化很大，長長短短繞了一圈，又回到半世紀前的流行上了。大致可以看出此時的流行變化還比較緩慢，二十年左右才有明顯的差異。而且同一時期裡可能老人穿年輕時的潮衣，少年人趕最新的流行，呈現「老者上長下短，少者上短下長，自後漸易兩平」的有趣狀態。

女裝則是日益寬大，孝宗時上衣短到只能蓋住裙腰（但出土物的衣長都超過五十公分，上身長度真是個謎），明武宗時流行的衣長大約七十公分，接近大腿一半，袖子也比之前寬大；等到嘉靖年間，女裝更發展成了八、九十公分的及膝長衫，衣袖也寬至五、六十公分，完全不在乎浪費布料。

不僅長寬變化極大，女裝款式也有許多變化。明前期完全是交領衣的天下，但是此時開始出現豎領（也就是立領）的款式——明英宗的錢皇后畫像中，可以看見她在圓領內穿了豎領衣。一開始豎領可能只是交領款的變化型，但正德以後，豎領對襟的款式日益流行，逐漸與交領款中分天下。等到萬曆朝更成了時尚霸主，定陵中萬曆的后妃甚至沒有一件交領衣，全都是對襟款。

除了豎領之外，圓領款式也很流行，可能是模仿官夫人的風氣所帶起，原本官夫人才能穿圓領袍，民女欣羨之餘，做件圓領衫讓自己開心一下！

但僭越日多，看看真沒人管，民女的膽子也大了起來，開始在衣服上模仿官夫人添加補子。後來更是明目張膽地穿上貴婦的袍服，堂而皇之招搖過市了。

江蘇泰州出土過一座嘉靖年間的夫妻合葬墓，丈夫劉湘並無任何官職，妻子丘淑賢卻穿著獅子補袍（武官一品夫人級）和麒麟補服（更猛，是公侯夫人級別）。顯然到了這時，「官民各有所守」樸素守法的明初風尚已成往事，公卿貴族的禮服不過就是一種高貴美麗的款式，只要買得起就能穿。朱元璋定下的服裝制度，早已沒有什麼限制效果啦！

繡龍織鳳、時世裝束缺一不可——「白銀國度」豔妝炫服

和朋友聊起「大俠的衣服必定是高科技纖維，總是可以從懷中掏出數十上百兩的銀子。一百兩快四公斤重耶，他們一定是揣著銀子練輕功」的笑談。

在武俠劇或古裝劇裡，大俠們總是拿銀錠付帳，紈褲子弟隨手甩出大元寶，宣稱是五十兩不用找，讓觀眾總覺得中國自古以來就用銀兩。事實上，中國本身的銀產量相當低，歷史上主要的貨幣一直是銅錢，間或以粟、米、絹等實物。雖然白銀也是一種有價物品，需要時可以用來支付帳款，但不常在交易中使用（就像現代人雖然覺得鑽石很值錢，但不會拿兩顆鑽石去買車）。直到明代中後期，白銀才成為官方認可的法定貨幣，這是為什麼呢？

並不是在境內發現特大的銀礦，而是在這個時候，世界已經進入大航海時代啦！

倭寇走私，白銀流入

原則上明朝政府並不打算「和世界接軌」，在元朝末年，由於張士誠、方國珍等反元勢力與朱元璋爭奪天下，加上沿海的倭寇問題，民間通倭、走私的狀況很嚴重，因此明朝立國後實施海禁，下令「寸

板不許下海」，嚴禁民間私自與他國交易，只允許朝貢國在明朝政府管理下進行貿易活動。

然而，過去之所以會有走私問題，就是買賣雙方確實有交易需求，這種需求僅靠限制眾多的朝貢貿易實在難以滿足，因此一方面屢禁不絕，民間私自下海經商，將陶瓷、絲綢、生絲、藥材等物產賣給需求殷切的日本人，換來日本生產的黃金與白銀（明朝中期以前流通的白銀，主要來源於對日交易），許多家族因而致富。

另一方面則是劫掠盛行，倭寇肆虐於東南沿海——明朝人也知道，所謂「倭寇」大多數都是下海的中國人。《明史．日本傳》稱「大抵真倭十之三，從倭者十之七」，這比例算估得高了；《皇明四夷考》中說「大抵賊中皆華人，倭奴直十之一二」，甚至有人感嘆「海濱人人皆賊，誅之不可勝誅」，所謂倭寇幾乎全是中國人啊！

當時許多海商同時兼職做海盜，其中如汪直、徐海等混得好的海商領袖成了各據一方的倭寇頭子，指揮真倭上岸燒殺擄掠，在日本諸侯間也頗受敬重。據剿倭大員胡宗憲所編的《籌海圖編》所列十四股勢力最大的「倭寇」，其頭目全部是中國人。而那些因走私致富的世家大族更與「倭寇」勾結，傳遞情報、售賣贓物等，同樣賺得缽飽盆滿，唯獨苦了升斗小民。

明朝嘉靖年間，東南倭亂極為嚴重，光江浙一地就有十餘萬百姓死於倭亂。雖然在戚繼光、俞大猷等名將征討下，最終平定了東南倭亂，但明朝政府也體認到「殺父之仇易解，奪財之恨難消」的真諦：

服裝參考孝靖皇太后便服繪製。

不讓大家有錢賺，高調唱得再好聽，底下人還是會翻臉。隆慶即位後，政府取消海禁，史稱「隆慶開海」，有意促使對外貿易正常化，讓日本的白銀暢行無阻地流入中國。

發現美洲銀礦，爭購東亞商品

而更大宗的白銀，來自於美洲，葡萄牙人先發現通往東方的航道，獨占了對東亞與東南亞的交易，澳門便曾是葡萄牙人占領的殖民地，至今仍以葡國菜聞名。為了爭奪亞洲市場，西班牙人也試圖開發新航道，哥倫布在明孝宗弘治年間意外發現新大陸（用西元紀年大家沒感覺，這裡全都對應以中國年號）。到了明世宗嘉靖中葉時，祕魯和墨西哥發現大銀礦，令西班牙人喜出望外。

美洲生產的白銀一部分流入歐洲（很不幸地造成了嚴重的通貨膨脹），但絕大部分源源不絕輸入了亞洲——當然不只中國！他們也向印度、東南亞、日本等國購買各式各樣的商品與原物料——畢竟當時歐洲的手工業生產技術遠遠落後亞洲諸國，品質低、價格貴，商人跑到亞洲採買再運回去還能打趴一票歐洲產品。偏偏除了白銀，他們拿不出亞洲人看得上的商品了。

然而亞洲各國對中國商品的需求量也極大，各國的白銀逐漸流向中國。據統計，美洲產量一半的白銀，與日本生產幾乎全部的白銀，最後都匯入中國，成為這個生產力極端旺盛的龐大帝國體內流動運輸的銀色血液……雖然多少有點血管阻塞的小問題。

有不少白銀被富豪之家鑄成巨大的銀球窖藏，也有不少成為貪官汙吏收受的贓物，並沒有進入市場流通。但不可諱言，這些用於購買各類農產品、紡織品、手工製品與奢侈品的白銀在農、工、商業者手中流轉，白花花的銀子來得容易，吃飽喝足之餘，就有心思打扮自己了。

官商衣著豪奢，百姓群起效尤

首先，當然是富商和貪官汙吏的家人比較有財力享受各種綾羅綢緞與華貴飾品——其實官員本身不用真的多麼貪腐，范進的故事已經讓讀者了解：若能考上舉人，自然有人會帶田地、金銀投身到他門下做僕人。只要正常地享受身分帶來的好處，就已受用無窮——不只他們的親眷，就連奴僕都過得比普通人家滋潤。

細緻描寫明代市井風情的《金瓶梅》可說是這個時期的縮影，不僅書中的服飾大致反映了嘉靖中期到萬曆年間的流行，對世情的刻畫也極為深刻。且看潘金蓮做為武大郎妻子時，雖然生性愛俏，但打扮起來也就只是「毛青布大袖衫兒，又短襯湘裙碾絹紗，通花汗巾兒袖口兒邊搭剌，香袋兒身邊低掛，抹胸兒重重鈕扣香喉下」，雖是個風流美人，但周身服飾用料和材質都很普通。等潘金蓮成了西門慶的第五房小妾，在自己的生日宴上就穿了一身「丁香色潞紬雁銜蘆花樣對衿襖兒，白綾豎領，妝花眉子，溜金蜂趕菊鈕扣兒，下著一尺寬海馬潮雲羊皮金沿邊挑線裙子，大紅緞子白綾高底鞋，妝花膝褲，青寶石墜子，珠子箍」，一身裝束精緻又豪華。就算讀者完全搞不懂到底長什麼樣子，至少能看出金、珠寶、綾緞等材質顯然很值錢，全然不是之前炊餅西施的打扮可以比擬。

尋常百姓看著這些美麗裝扮自然也是羨慕，尤其看見那些商家婦女招搖過市，連帶在身邊的小婢女都紅衣繡金、珠翠滿頭，心底更是有如小貓在撓：丫頭都能穿得這麼好，我一良家婦女為什麼不能穿，又不是沒賺錢……買！大不了吃兩個月泡麵。

若是住在比較繁華的城鎮中，時時看到新的流行，很難不受到刺激。而且那時的女人未必都得向丈夫伸手要錢——中國的紡織品銷路甚好，婦女繅絲、紡線、織布、刺繡等家庭手工業成品或半成品很容易換到現金，拿勞動成果做打扮自是心安理得，如隆慶年間的《長洲縣志》記載了東城的「機房婦女」特別好為豔妝炫服。

流俗之下，大眾習以為常，以至於「俗尚日奢，婦女尤甚，家才擔石，已貿綺羅；積未錙銖，先營珠翠」，家裡根本沒什麼錢，也要打扮得光鮮亮麗。這和現代粉領族省吃儉用，就為了能買個名牌包，背出去心情就好，本質上是差不多的呀！

經典禮服不可缺，流行時裝要跟風

明末清初的葉夢珠總結了明代服裝奢侈風氣的發展，《閱世編．卷八．內服》記載：原其始，大約起於縉紳之家，而婢妾效之，浸假而及於親戚，以逮鄰里。富豪始以創起為奇，後以過前為麗，得之者不以為僭而以為榮，不得者不以為安而以為恥。或中人之產，營一飾而不足，或卒歲之資，制一裳而無餘，遂成流風，殆不可復。

當時的流行有兩大類，一種是模仿高官貴族，穿上各種補服、蟒袍，甚至繡龍織鳳，「至賤如長班，至穢如教坊，其婦外出，莫不首戴珠箍，身被文繡，一切白澤、麒麟、飛魚、坐蟒，靡不有之。」不管什麼身分的婦女，都敢公然穿著命婦乃至王妃、公主的禮服招搖過市。假使今日有人穿著晚禮服逛大街，必然引來人人側目，當時的人卻不以為意。

另一種就是所謂的「時裝」，時者，隨時變遷，變幻莫測。流行的衣長、袖寬、材質、配色不停變換，由於娛樂業發達，高級妓女與名牌戲子成為創造流行的主要人物。《板橋雜記》中說「南曲衣裳妝束，四方取以為式……衫之短長，袖之大小，隨時變易，見者謂是時世妝也。」以今天的角度來說，就是演藝圈的明星、名模的服裝創造了流行。

模仿官員命婦的禮服雖然昂貴，但可以穿很久；時裝或許一衣一飾價格不高，一旦退流行便被民眾棄如敝屣，幾年累積下來，花費在衣著裝飾上的金額就更高了。

顧起元《客語贅書》記錄了萬曆時南京的時尚：「留都婦女衣飾，在三十年前，猶十餘年一變。邇年以來，不及二三歲，而首髻之大小高低，衣袂之寬狹修短，花鈿之樣式，渲染之顏色，鬢髮之飾，履綦之工，無不變易。當其時，眾以為妍，及變而向之所妍，未有見之不掩口者。」萬曆初年流行變更得還算慢，到萬曆中期時，每二、三年流行就會大變樣。誰若是落伍了，穿著幾年前的服裝出來晃蕩，看到的人都忍不住要嘲笑：這是哪個鄉巴佬呀！

假使不提文中描寫的年代，這樣的形容不也很像現代嗎？暑假時的臺灣，滿街都是一字領、露出香肩的女孩。明年的街道上，又會流行怎樣的服裝呢？

模仿士子打扮，追求風雅時尚——明代也有真、假文青

前幾年和朋友去日本玩，是工作後第一次出國，預算比學生時期寬裕許多，總算有機會體驗過去只在旅遊書看過的祇園祭、川床料理等京都特色文化。

行程中有一天，我們報名了京都觀光協會主辦的嵐山宮廷鵜飼半日遊，傍晚時觀覽嵐山夕景，之後

在百年老舖渡月亭品嘗京料理，薄暮時分登上飾以彩棚與御簾，妝點出平安貴族風情的遊船，於夜間觀覽古代流傳至今的鵜鶘捕魚技法。

那日天朗氣清，兩岸山色如黛，碧沉沉的河水盪漾著燈火搖曳的微黃，船頭身著平安裝束的船夫撐著篙欸乃前行。大堰川上清風徐來，夏日的煩悶盡去，不禁想起了《源氏物語》中光源氏探訪明石之君的情節，一時間彷彿親身體驗到了千年前平安貴族精緻優雅的生活。

正當我們笑覽川上諸舟，自謂「風雅孰能過我」時，忽聞絃聲錚錚，一艘遊船與我們的船交錯而過。造型只是普通的屋形船，昏暗暮色中但見船內一女子身著粉白夏裝和服，低著頭撥動懷中三味線，舟內眾人凝神聆聽。

兩船交會僅有片刻，我目送著那艘船往渡月橋的方向而去，河上仍飄來依稀絃音。在宛如「忽聞水上琵琶聲」的情景中，我與朋友對視一眼，都從對方表情中看到「嗚……輸了」的憾恨感。

人在山水之間，卻抱持著這等驕傲勝負之心，本身就是滿庸俗的吧……如此轉念一想，又覺得自己更好笑了。

這種「雅／俗」的意識，正好是晚明審美觀的特點，而此概念的出現，反映的是社會經濟的過度繁榮，以及階級流動帶來的不確定感——什麼意思呢？

成衣鞋子市場化，帶動時尚敏銳度

明世宗嘉靖年間，南鬧倭寇、北有蒙古，皇帝著迷修煉成仙，朝中又有嚴嵩父子亂政，看起來真是個惡劣困苦至極的年代。然而此時，經濟卻蓬勃發展了起來，江浙、閩粵等地形成了一個個「工業區」，帶動了地方經濟。

舉例來說，吳中（蘇州一帶）以絲織業聞名天下，當地人大量投身紡織業。有門路、有資金的商人可以購買織機並聘請高級織工，織造妝花、緙絲、錦緞等頂級織品，稱為「機戶」，以現在的眼光來看就是小型手工紡織廠。有技術的「機工」可以在自家紡織高檔絲綢，也可以到商家開設的機房工作，按日計酬。就算天生手鈍學不會紡織，也可以專心於養蠶繅絲，出售生絲賺取溫飽。當時江浙一帶的農地大量改為桑園，為紡織業提供原料，因此當地的糧食產量很少，主要向湖南、江西等地購買。

松江（上海一帶）則是以棉紡織業著名，號稱「松郡棉布，衣被天下」。當地本身即是棉產區，又從山東、河南等地收購棉花，運回松江紡紗織布。正德間編纂的《松江府志》記載：「（松江）俗務紡織，不止鄉落，雖城中亦然。里嫗晨抱紗入市，易木棉以歸，明旦復抱紗以出，無頃刻閑。織者率日成一匹，有通宵不寐者。田家收穫，輸官償息外，未卒歲，室廬已空，其衣食全賴此。」農民單純靠自家種植的糧食不足以度日，需要用紡織所得來維持生活開銷。可以看出這種商品經濟的生活型態在嘉靖之前已經存在，並且逐步取代過去「自給自足」的經濟模式。

規模生產帶動了技術提高與產量上升，開放海禁帶來的大量白銀更促進了商品的流通。相較於自家耕作之餘織布做鞋，大眾傾向把更多精力投入生產地方特產，拿去市場上賣掉，賺了錢再到布料行買喜歡的花布（自家染不出來），在鞋店買織好的蒲鞋（便宜，而且自己織太花時間），或者直接在成衣店買套新款服裝。女人也可以在市場上買到繡好的鞋面，花樣眾多任意挑選，回來再按腳型裁開製作即可。

由於商品市場化，大眾在製作和購買時更考慮時尚因素，原本昂貴的商品在大量製作後變得便宜許多。例如范濂《雲間據目抄》中記載：「瓦楞騣帽（騣，同鬃，馬頭上長毛），在嘉靖初年惟生員始戴，至二十年外則富民用之，然亦僅見一二，價甚騰貴……萬曆以來，不論貧富皆用騣，價亦甚賤，有四五錢、七八錢者。」這種帽子在嘉靖初年要價四、五兩，只有秀才和有錢人戴得起。但流行後製作者眾，到萬曆晚期只要一、二錢，價格跌到從前的百分之二，連乞丐都能戴啦！

問題是，什麼才時尚呢？

附庸風雅感覺好，百姓總愛裝文青

現代人追求時尚，往往是亦步亦趨地跟隨明星、偶像、政商名流或雜誌的搭配。我曾經聽過設計學院的吐槽：「什麼時髦啊！還不是我們讓你們穿什麼，你們就一窩蜂都穿了，哪有什麼品味可言。」過去的人也差不多如此，名人穿了什麼新款，大眾趕緊跟風，不然就不時髦了。

官員不喜歡這種風氣，感覺會壞了立國以來嚴格區分貴賤的規矩。但更不舒服的是士人——他們沒有官身，但又是不同於平民的特殊階層，沒考上科舉前，「不同凡俗」的身分聊可自慰。但問題是平民百姓也愛裝文藝，人人模仿起讀書人的裝扮，士子的特殊光環頓時大為失色。

這道理放在現在也通用：貴婦名媛一身名牌地在五星級飯店喝下午茶，平民百姓要跟風太吃力了。穿著一身山寨品看似富貴，其實感覺不對味，但是文青風的黑框眼鏡、格子襯衫倒是買得起。背著無印良品的包，坐在咖啡店裡，事實上也沒誰多看一眼，但頓時就覺得文青了起來，自我感覺大為良好。

當時的平民也是這麼做的，有點閒錢就模仿讀書人的穿著打扮，模仿士人遊山玩水，自覺風雅得很。民眾旅遊帶動了觀光業的蓬勃發展，當時泰山、西湖等幾大觀光區已經出現產業整合，旅行社（牙行）可以聯絡遊覽車業（車馬行）、纜車業（轎行）、餐飲業（飯館）、娛樂業（妓院）、旅館業（客棧）、景區（寺廟或景點）等不同單位安排行程，便於遊客觀光消費。雖然有很多士人痛批觀光業破壞地方的純樸風俗，使老百姓不顧本業（農業）追逐末利（商業與服務業），但也有不少人觀察到旅遊已成為一個龐大的產業，養活無數從業人員，一旦蕭條就會出現嚴重失業問題，萬萬不可輕忽。

正德－嘉靖的前中期造型，與晚明天啟－崇禎年間流行的對比，大約相距一百年的時尚差異。

掌握風雅詮釋權，士人復古求仙氣

不只外表，連生活方式也被模仿，讓古代版文青更感覺到認同危機。但他們畢竟不是官員，無法對百姓實施禁令（官員則要考慮到政策後果與政績，不能隨意而行），能夠成為言論武器的，只有身為真文青才具備的「對風雅的詮釋權」——什麼是文藝、什麼才高雅，是文人說了算。一旦眾人都學便落於俗套，士人早就做另一種姿態，表示這才是真風雅啦！

一開始士人追求的風雅法是復古，古人穿搭法自然風雅，因此戴起了唐巾、晉巾、漢巾，是不是真的古制不好說，總之名號是愈吹愈古。後來沒辦法繼續往前推衍，乾脆創造新款，如純陽巾、凌雲巾、陽明巾、諸葛巾等，或以神仙為名，或以名人為號，已經超越高雅，追求仙氣了。

不僅名稱古雅，頭巾也講究造型，以玉為飾，或是彩線勾勒花紋，色彩也變化萬千：「巾之上或綴以玉結子、玉花瓶，側綴以二大玉環。而純陽、九華、逍遙、華陽等巾，前後益兩版，風至則飛揚。齊縫皆緣以皮金……其色間有用天青、天藍者。」總之，巾是男人最重要的頭飾，力求走在流行最前線！

服裝方面也是如此，早年大眾習慣穿腰線袍的款式，後來認為那是胡風，不夠高雅，因此一窩蜂地流行起道袍（范濂也吐槽當時不追流行，還堅持穿陽明衣的人是「其心好異，非好古也」，不過是想表現與眾不同罷了）。道袍一開始衣長袖窄，後來衣襬愈縮愈短，袖子倒是愈來愈大，《閱世編》中形容為：「短才過膝，裙拖袍外，袖至三尺，拱手而袖底及靴，揖則堆於靴上，表裡皆然。」當時民謠裡唱「二可怪，兩隻衣袖像布袋」正是指此時的服裝風格。

在這樣追求時髦的時代裡，樸實的麻布已經顯得太過窮酸。大眾不但要穿絲綢，還要有提花織紋才顯得雅致，推陳出新的速度也很快，《雲間據目抄》記載：綾絹花樣，初尚宋錦，後尚唐漢錦、晉錦，今皆用千鍾粟、倭錦、芙蓉錦、大花樣，名四朵頭。視漢唐諸錦，皆稱厭物矣。羅初尚暖羅、水圍羅，今皆用湖羅、馬尾羅、綺羅，而水圍羅又下矣。其他紗綢更易不可勝計。

除了花紋，鮮豔的色彩也很重要，相較於早年流行的純色重彩色系，晚明時流行的是水紅、豆綠、玉色、月白、松花等淺淡色彩——類似馬卡龍色。這類顏色不但需要更高的染色技術才能染得精確，更重要的是不耐髒也不經久，穿這一身粉嫩顏色的道袍走在大街上，大袖飄飄，格外能顯示自己有錢又有閒，不用勞作、不怕弄髒衣服的富貴身分；或者身穿高麗紙製成的道袍，衣裡的濃紅色隱約透出紙面，也是種時尚打扮。行走時露出底下色彩絢麗，「紅、紫、黃、綠，亡所不有」的鞋履，更是引人注目。

寬衣大袖粉色系，男裝女裝無分別

婦女的打扮也追求同樣的概念──雅。

穿金戴銀自然是俗到極點，從前流行的金銀鑲寶石首飾不戴了，改以珠玉、點翠、鮮花為飾，方覺清雅宜人。衣裙也從華麗五彩的妝花或織金轉為淡雅風，「初尚刻絲，又尚本色、尚畫、尚插繡、尚推紗」，以刺繡、彩繪等工藝為裝飾，花樣自然也要清新自然，才顯得優雅。

《崇禎宮詞》裡描寫周皇后的便服裝束：

宮眷暑衣從未有用純素者……后始以白紗為衫，不加蓋飾。上笑曰：「此真白衣大士也。」自后穿純素暑衣，一時宮眷裙衫俱用白紗裁製，內襯以緋交襠紅袙腹，掩映而已。后喜茉莉，坤寧有六十餘株，花極繁。每晨摘花，簇成球，綴於鬢髻。凡服御之物，亦俱挹取其香。

這固然有上位者喜好的影響，但這套素淨雅裝、鮮花為飾的裝飾法正合當時的流行風尚，難怪時人會用讚譽的語氣記錄下來。

當時女裝和男裝一樣走起了寬衣大袖風，加上那些粉嫩的色彩又向來是女裝愛用色，事實上幾乎看不出差別。追求前衛的人終於跨過性別界限，男人穿上女衣女裙，披著內衣招搖過市，以為瀟灑。李樂《見聞雜記》中感嘆「二十年來，東南郡邑，凡生員讀書人家有力者，盡為婦人紅紫之服，外披內衣，故不論也。」士子不但裝扮嬌美，還重視保養，說不定還會上點淡妝；女人則穿起了男子裝束，模仿男人用網巾束髮，甚至戴上男子巾冠。崇禎時有官員即感慨：「承平既久，風俗日移，士庶服飾僭擬王公，恥儉約而愚貞廉，男為女飾，女為道裝。」

這是追求風雅的極致嗎？或許吧！但忍不住想起自己小時候常被媽媽吐槽「真愛作怪」——「好為奇服」到底是風雅或作怪，有時候真是不好分呀！

第八章

清朝皇帝不穿龍袍穿什麼？

九五之尊，愛穿低彩度純色暗花袍——清代皇帝低調奢華

回想小時候看過的宮廷劇，大致是以唐代與清代宮廷為主流。前幾年由於清穿小說[1]盛行，在作者群充滿夢想的筆下，「數字軍團」[2]競相爭妍，各有各的萬千魅力，令人感嘆「康熙皇子幾多嬌，引無數穿越女盡折腰」。著名的清穿小說後來紛紛拍成電視劇，讀者大概還能想起那段「不管怎麼轉臺，都有四爺等著你」的盛況吧！

由於中國大陸禁拍架空歷史劇，有些原作實為架空的故事也趕上了這陣四爺劇熱潮，如收視火熱的《後宮甄嬛傳》，原本是模擬隋唐風尚的架空小說，改編時就附會成了雍正朝的故事。在不斷重播的清宮劇轟炸下，相信大家可以輕易在腦海中浮現清代皇帝與后妃的形象。問題是，這樣的形象真實嗎？

皇帝平時不穿明黃色衣服

對於我等平凡看戲群眾而言，劇情扣人心弦、演員好看有演技、布景服裝夠漂亮，大概滿意度就有八、九成了。然而製片方往往不滿足於此，彷彿不誇耀一番「服裝耗費鉅資」、「歷史考究嚴謹」、「專家指導」就對不起社會大眾似的。聽到這樣的廣告詞，大眾不得不相信歷史上清代女子個個滿身錦繡，頂著巨大牌坊式旗頭（我經常幻想颳大風時，御花園裡大拉翅亂飛的景象）；皇帝總是穿得一身黃燦燦，從外面的龍袍到貼身龍內衣、龍內褲都是明黃帶龍紋，這就是帝王風範哪！

在這種刻板印象下，就算專家指出清朝皇帝平時基本不穿明黃色的衣服，大多是穿藍、青、絳等彩

度很低的純色暗花袍子，外罩接近黑色的石青褂子，別說製片方不會採納，觀眾也不能接受：古代階級森嚴，怎麼可能皇帝和臣子穿得差不多，皇后和宮女穿的也沒什麼差呀！更重要的是，髮型和衣服款式顏色都一樣，哪分得出誰是誰啊！

說到底，戲劇有其突出角色身分特徵和畫面豐富美觀的需求，服裝強調「戲劇性」，無法像紀錄片或普及歷史節目追求真實效果。看戲時，還是秉持著「故事本來就是故事」的平常心，不必想著「從某劇裡學歷史」，好好享受故事吧！

但話說回來，讀者想必也會困惑：假設清朝皇帝很少穿明黃色的衣服，到底什麼時候穿呢？

印象中的清代皇帝，大概是頭戴紅色調為主的帽子，身穿有披肩的明黃色長袍，上面很多龍——也就是清代皇帝畫像的造型。這一身服飾稱為「朝服」，不是普通上朝時穿，而是重大典禮和祭祀時才穿的特殊大禮服。一般而言，皇帝一年裡穿朝服的機會不超過二十次，而且大半是為了舉行祭祀而穿著。冬季朝服在邊緣與下襬鑲貂皮，搭配鑲有皮草、綴以朱緯和三層東珠冠頂的冬朝冠；夏朝服則是鑲織金邊，以玉草或藤、竹絲織成的夏朝冠除了朱緯和東珠冠頂外，在正前飾金佛，正後綴舍林，在清宮劇裡出鏡率相當高。

---

1. 清穿，即清朝穿越劇，描寫男女主角從現代穿越到清代各朝，與王侯將相、龍子龍孫或名士、平民之間的情感故事。
2. 諸位阿哥及其家眷的統稱，因阿哥人數眾多，有多少皇子便有多少位阿哥，亦以排行作稱謂，如大阿哥、二阿哥……再加上家眷人數龐多，故稱「數字軍團」。

就款式而言，朝服不愧其特殊大禮服的地位，和其他服飾的構造有很大差異：它是一件超低腰連衣裙——上身部分長及大腿，胸前與兩肩有正龍、行龍、江水海崖等紋樣組成柿蒂型大型紋飾，下緣織龍紋如腰帶狀；下裳部分狀如百褶裙，有團龍、行龍、八寶平水等紋飾。雖然清朝沒有使用傳統的冕服，還是將「十二章紋」放進皇帝朝服裡，以此象徵皇帝的特殊地位。

黃、紅、藍色朝袍各依不同祭祀場合

雖然畫像上皇帝總是單穿明黃色的朝袍，但朝袍其實有許多種不同顏色，搭配不同的祭祀場合，如祭朝日用紅色，祭夕月時穿月白（即淺藍色），祈穀、祭雩時用藍色，這些顏色特殊的朝袍專用於祭祀，也稱為祭服。著朝袍時往往要搭配外褂，在隆冬十一月至次年元宵間，皇帝要主持如祭天大典或元旦大朝等隆重儀式時，朝袍外搭配以黑狐皮的端罩（就是黑狐皮草大衣，也有紫貂款），其他日子裡穿朝袍則外罩石青色四團龍紋的袞服（披領掛在袞服外），在端罩或袞服的遮蓋下，朝袍的顏色並不顯眼。

雍正帝畫像

另一種明黃色的皇帝服飾，是皇帝的「吉服」，也就是一般說的龍袍。不僅皇帝有吉服，后妃、親王、臣工也有吉服。在清朝時，只有皇帝、太后、皇后等少數人的吉服袍能稱為龍袍。即使親王、皇子的吉服袍上的花紋怎麼看都像五隻指爪的龍，也只能稱為「五爪蟒紋」與「蟒袍」。吉服的概念在明代就已經出現，但是到了清朝才明確列入禮儀制度裡，其隆重程度遜於朝服，但禮儀級別還是很高，用於祭祀、重要節慶等場合，不是每天穿著到處晃的便服。

舉例來說，咸豐四年〈穿戴檔〉裡，記錄了咸豐皇帝的服飾替換，展示出朝服與吉服的使用時機：

正月初一日元旦令節。上戴黑狐皮緞臺朝冠，穿黃緙絲面白狐膁接青白膁朝袍、黃面黑狐皮芝麻花朝端罩，戴東珠朝珠系自鳴鐘，束金鑲珠松石四塊瓦圓朝帶，穿藍緞氈褡狼皮裡皂靴。至寅子桌、團圓桌前拈香畢……卯時三刻，至壽康宮康慈皇貴太妃母前遞如意，行禮畢，至太和殿受賀畢，至乾清宮，受皇后、嬪、貴人、常在等位禮，次受醇郡王、鍾郡王、孚郡王禮畢……朝冠、朝袍、端罩、朝帶、藍皂靴下來，換帶大毛貂尾緞臺蒼龍教子正珠珠頂冠，穿黃緙絲黑狐膁金龍袍、黃面黑狐皮芝麻花褂，戴正珠朝珠系內殿，束金鑲紅藍寶石線紐帶掛帶挎，穿青緞氈褡羊皮裡皂靴畢，上同皇后等位看戲。

簡單來說，皇帝在元旦一早，穿戴了整套朝服（包含朝珠、朝帶等配件），禮拜天地、神佛、祖先、長輩後，先到太和殿受群臣朝賀，再至乾清宮受后妃與弟弟家眷等行禮，禮儀結束後就把朝服換下（穿著時間不超過四個時辰），改穿全套吉服，以慶祝元旦。

由於年節裡活動多，穿吉服的機會略多一些。平時的穿著狀況通常類似下面的記錄：

正月二十日。上戴小毛本色貂皮緞臺冠，穿藍江綢面青白膁袍、貂皮黃面褂，戴菩提朝珠系內殿，束金鑲紅藍寶石線鈕帶，穿青緞氈裡皂靴。辦事後，朝珠下來。戌時二刻，袍子、褂子下來，換藍緙絲二色金面青白膁金龍袍、石青緙絲面黑狐膁金龍褂，戴菩提朝珠系內殿，至明殿拜斗畢，還後殿，朝珠下來。

皇帝穿著襯毛皮的藍綢常服袍與貂皮褂子，配戴著朝珠處理政務，公務結束後收起朝珠，感覺滿像現代白領一下班就拆領帶。等晚上要拜斗時才再換上吉服袍褂，拜完也差不多該換衣服就寢啦！

從上面的記載裡，可以看出吉服也要搭配石青色的外褂（即袞服，可搭配朝服與吉服，有時還用來配常服，隆冬時也配皮草外褂），通常不單穿。而且皇帝吉服不只有明黃色，藍色也不少，還有醬色、駝色等底色，由於吉服上織金彩繡十分華麗，也稱為「花衣」。

皇帝的吉服上，同樣有著傳統的十二章紋，不過圖樣小小的並不顯眼。大家第一時間注意到的是龍袍前胸、後背與兩肩各有一條正金龍，前後下襬左右和裡襟各有一條行金龍，共有九條五爪金龍在無數雲朵裡飛舞，而且從正面與背後看都是五龍，以合「九五之尊」。

除此之外，吉服下襬有著「八寶立水」的花樣——海水江崖間點綴著珊瑚、方勝、書卷等八寶紋，海水波浪底下是斜向的長條花紋，稱為「水腳」。早期的水腳很短，彎曲如水波，愈到後期愈長愈直。到了晚清，水腳已經占了整件衣服大概四分之一的長度，筆直如尺畫。這種裝飾手法在今天京劇的官服裡還可以看到。

皇帝常服比官員還樸素

在那些重要儀式、祭祀與節慶之外，皇帝日常穿的是常服袍褂，就如前面說的，顏色以青、藍為主，料子上或許有暗花，但是沒有彩色紋飾。皇帝的常服冠頂只用紅色絨線打成圓結，夏季用的常服冠正前方綴一粒大珍珠，是全身上下唯一的珠寶；冬常服冠只有鑲了一圈皮草，沒有其他飾物。相較之下，那些召來奏對的臣子雖然穿著常服，也是差不多的天青色褂子與藍色長袍，但是頭上的冠帽有寶石頂與花翎，中層以上的官員還配戴朝珠，怎麼看都比皇帝的裝扮豪華隆重。

這樣的對比看在觀眾眼裡，想必大感困惑：那個看來最樸素的，竟然是身分最高的皇帝，這太不合理了吧！

其實也沒什麼奇怪的，當今辦公室小白領向頂頭上司匯報工作時，必然要對著鏡子端正服儀幾次才敢踏進老闆辦公室。但老闆未必會像小白領西裝筆挺、領帶打得一絲不苟，而是相當隨性的模樣，說不定還一身休閒服，連西裝都懶得穿了。對皇帝而言，政務是每天的日常工作，臣子都是員工，穿得豪華隆重給他們看幹嘛？何苦累死自己，還是輕鬆簡單點吧！

皇帝服飾比一比

乾隆畫像

康熙讀書畫像

朝服

左：重大典禮和祭祀時才穿的特殊大禮服。冬季朝服在邊緣與下襬鑲貂皮，搭配鑲有皮草、綴以朱緯和三層東珠冠頂的冬朝冠；此圖為鑲織金邊的夏朝服，但大部分被外罩的衮服遮住，夏朝冠則以玉草或藤、竹絲織成，除了朱緯和東珠冠頂外，還在正前飾金佛，正後綴舍林。

吉服

儘管皇子、親王等人穿著的吉服袍上面一樣是五爪，但是只有皇帝以及皇太后、太后等人所穿吉服袍才能稱為「龍袍」。電視劇常給人以「皇帝每天都穿大黃袍滿地跑」的印象，但龍袍的顏色並不局限於明黃。穿吉服須搭配吉服冠，皇帝的吉服冠一般都稱為「正珠珠頂冠」（由金托上綴東珠的珠頂得名）。

常服

右：大襟右衽，四開衩，暗花紋或無紋。顏色較多隨皇帝喜好選用（以藍色、絳色、駝色、米色等最多見，一般不用明黃色）。此處的冠為夏常服冠，用紅結線頂，冠簷前部綴珍珠一枚。

男裝女裝傻傻分不清楚——清代宮廷禮服，男女一個樣

史博館與歌手張信哲合作，舉辦了「潮代—清繡的天衣無縫」特展。聽聞這消息，我和幾個朋友立刻相約看展覽。雖然展覽名稱主打刺繡，但是展示的服裝工藝卻不止於此，緙絲、織金、妝花、盤金、鑲滾等技法靈活組合，令人目不暇給。

我本來就對清代的漢式女裝感興趣，對漢裝的展示自然較為期待，但走進主展場宮廷禮服區，看著眼前眾多隆重華麗的皇家服飾，不由得困惑大起：等一下，這幾件衣服看起來都差不多，為什麼博物館會知道是男裝或女裝？不管款式或花紋，不是都一樣嗎？（傻眼）

回家對我媽描述一番，她深感不解說：「怎麼可能一樣，清宮劇裡男人和女人穿的明顯不同，哪裡像了？」

相信這也是讀者都有的疑問，道理說白了很簡單：在清宮劇裡看到的女裝，事實上是晚清時發展得更加繁複華美的女子便服，雖然確實精緻美觀，但不屬於「宮廷禮服」。晚清貴婦日常閒居時可以穿著那些女人味十足的便服，但是參加重要儀式或宴席時，還是得穿上與場合相配的各種禮服。

那麼清代女人的禮服是怎樣呢？

旗人須遵守滿洲舊風打扮

其實要分開討論，差異倒不在滿漢，而是「旗」、「民」——不管原本是滿人、漢人或蒙古人，

慈禧朝服畫像

只要入了八旗，就統統視為旗人，要按旗人的生活方式行事。例如道光的孝靜成皇后（道光時的皇貴妃、恭親王奕訢的生母，快去世前才尊奉為太后）出身於蒙古八旗，從畫像上可以看出她「一耳三鉗」，有著旗人女子特有的打三個耳洞、戴三對耳環的特徵。清代選秀女時，一耳三鉗與不纏足都是必要檢查項目，乾隆曾說：「旗婦一耳戴三鉗，原系滿洲舊風，斷不可改飾。朕選包衣佐領之秀女，皆戴一墜子，並相沿至於一耳一鉗，則竟非滿洲矣，立即禁止。」可以看出對統治者對旗人必須遵守「滿洲舊風」的重視。

倘若不在旗，則屬於民籍，各族女性可以穿各自的禮服。如乾隆時的《崇慶皇太后八旬萬壽圖》裡，描繪著太后壽宴時，烏壓壓的旗人貴婦中坐著幾個紅袍珠冠女子，顯然是漢人命婦；高帽對襟外褂的，則可能是回部女子。

由於治下民族眾多，滿清政府實在懶得管各族愛穿什麼，只有明文規定了滿式禮服制度。而滿式禮服最大的特點，確實就是男裝和女裝十分相似，只能從細節看出差異。

女子朝服比男人豪華炫富

清代宮廷貴婦的禮服可以分為三類：朝服、吉服與常服，但不是每位妃嬪都能享有這三種級別的服裝。像是乾隆的容妃和卓氏（一般認為她是香妃的原型），太后懿旨將她由嬪進封為妃時，也替她準備了滿洲朝服、吉服、項圈、耳墜、數珠等，可知在此之前，她雖已入宮八年，還沒有一套朝服（當然，這可能與她出身回部，日常穿民族服飾也有關係）。

朝服是清代等級最高也最隆重的服飾，男女裝的差距比較明顯：男裝是連衣裙外加對襟長外套，女裝則是假兩件長袍配無袖長背心，兩款都須再加短披風似的披領。事實上，女朝服也有如男子朝服般腰部打折的連衣裙款，但我只看過款式圖，沒見過實物圖。

所謂「假兩件長袍」的正式名稱是（女）朝袍，刻意在肩膀到腋下處加了一圈石青色的假袖緣，看上去像是同色的長袍加背心，待穿上石青色的背心式朝褂後，顯得朝褂像有兩層似的。據說設計概念是弓箭和馬鞍，呼籲不要忘記滿人的傳統。但以服裝造型而言，或許是要以這種甲冑般的寬肩效果，反襯出女子婀娜的體態吧！

附帶一提，不同身分的女人能穿著的朝服顏色不一樣，太后、皇后、皇貴妃可以與皇帝同享明黃色，貴妃與妃穿金黃，嬪、公主、親王和郡王福晉用香色。貝勒夫人以下的貴婦則使用藍及石青諸色，不能再穿黃色系啦！

在朝褂與朝袍之下有一件特殊的衣飾：朝裙。朝裙上層正紅，下接石青色的行龍紋緞，配色十分鮮明。因為穿在朝袍裡，僅僅做為一件襯裙，頂多露出裙腳的石青片金緣而已。除了朝服之外，滿族女子不管禮服或便服，通常都不搭配裙子，這也成了清朝時區分滿、漢（或說旗、民）的一項外觀特徵。

朝服所搭配的朝冠，基礎造型與皇帝的冬朝冠非常相似，只是更為花俏。冠上加裝了數隻金鳳（後宮妃嬪之外都用金孔雀）、金翟，飾以東珠、紅寶、貓眼、青金、珊瑚等寶石，後垂珠串（太后與皇后的珠串五行二就，其餘貴婦都是三行二就）。冠下再戴束髮的金約，上面也要綴以珠寶，後綴珠串。總之，地位愈高，頭上的珠寶與金鳳（或金孔雀）的數量愈多，可說是高貴的負荷。

皇帝與高層官員穿朝服時會配戴朝珠，貴婦也是，但是男人戴一串，女人戴三串：脖子上掛一串，兩肩各斜背一串。除此之外，領口還要加戴金項圈（領約），上面又是鑲著各類珠寶……老實說，女子朝服整體造型的豪華炫富度，真不是男子朝服可以比擬的。

男女吉服造型極為相似

從次一級的禮服「吉服」開始，男女裝的造型就變得十分相似：頭戴上綴朱緯，滿花金座頂上綴一顆大東珠或不同品級的寶石珠的吉服冠（官品相同時，男女頂珠相同），身穿繡龍或蟒的馬蹄袖吉服袍，外罩石青色吉服褂，戴一串朝珠。雖然因身分不同，吉服袍的顏色、袍褂上的花紋、團龍或團蟒的數量、配戴的寶石都有差異，但若是把一對親王夫妻的吉服掛在一起，乍看上去幾乎完全相同。除了衣物大小（假使福晉和親王一樣高壯，那也沒什麼差別），只能從細節區分男女。

其一是看開衩：男子吉服袍前後開衩，女子吉服袍左右開衩，而男性宗室的袍則是四開衩。換句話說，觀察上面舉例的親王夫妻兩件吉服袍，四開衩是親王的吉服，兩開衩則屬於福晉的服裝。

吉服褂倘若只有後開裾，那必然是女裝；問題是女褂也有左右後都開裾、前身對襟的款式，和男性宗室的褂差不多，這就無法區分了。倘若是一般男性官員的吉服褂，僅有左右開裾，還是能夠以此來區分男女裝。

其二是看接袖，吉服袍又稱「花衣」，因為用於節日或典禮場合，為求喜慶效果，織繡花紋十分鮮明。不過華飾彩繡部分只到手肘上半，以下會接一段素面無紋的接袖。據說這是因為手肘容易沾染墨漬或茶酒而汙染，素接袖方便拆卸替換，也屬於「滿洲舊風」的節儉樸素思維。男性吉服會直接縫上素接袖，但女性的吉服袖子卻先有一段石青底色，織繡花紋的「花接袖」，然後才接上素接袖。

以色彩紋飾增加吉服變化

原則上，后妃與貴婦應該都是按照自己的品級，穿著色彩與花紋樣式固定的吉服。但問題在於造型一來和男裝差異不大，二來所有女人都像穿著顏色不同的制服一樣，說有多無趣，就有多無趣！例如打開郎世寧所繪的《乾隆及后妃圖》，乾隆除了帽頂有梁，沒戴三對耳環和遮眉勒之外，看他面白唇紅，和后妃大頭照也沒差多少；十二位后妃一字排開，只有衣服顏色有比較明顯的差異，但整體造型全都一致。眼殘如我，乍看還以為是複製人大軍，仔細分辨才能看出她們的長相各有不同。

假使身為貴族命婦，偶爾穿著吉服入宮參加宴席也就罷了，但宮中女子穿吉服的機會比較多，例如新年要穿七天吉服、元宵三天、萬壽節（皇帝生日）也要穿七天，這些日子統統穿一樣的款式、顏色、花紋，就算換了衣服也看不出來……別說喜慶了，根本讓人覺得心情鬱悶吧！

因此，在規定的皇后明黃、妃金黃、嬪香色等顏色之外，還有許多不同色彩與紋飾的女吉服，只要遵守「上能兼下，下不得僭上」的原則即可（例如皇后喜歡，她可以穿香色的吉服；但嬪妃再喜歡明黃色，也不可以做一件來穿）。北京故宮收藏了一件「綠緞繡花卉紋錦袍」，淺綠色的緞面上繡著四季瓶花，布局一如八團紋，周邊散繡著折枝花與蝴蝶，下擺海水江崖與八寶立水，雖然看不出穿著者身分，但確實是一件非常漂亮的吉服袍。

不僅吉服開始變出花樣，頭飾也是——吉服冠實在太樸素，太沒有意思了！到清中期時，眾貴婦逐漸以裝飾各種珠翠的鈿子來搭配吉服，形成一種常見的搭配法。如光緒皇后穿著龍袍（吉服）參加不同儀式時，便搭配以珠頂冠（即吉服冠）、翡翠花冠、鳳鈿、滿簪鈿、桂花鈿子等各種不同的頭飾，可知後來變化已經非常多了。

至於最後一種禮服「常服」，對女性來說就更無奈了。常服可以有暗紋提花，但不允許有彩色花紋，而且為了遵守「滿洲舊風」，通常都是樸素低彩的色系，除了開衩不同，男裝、女裝不管色彩或造型真的完全一樣。

在清代早期，從宮廷到旗人群體裡，還是比較認真地保持民族文化特色，幾乎是把窄袖合身、低調樸素的常服袍褂當成日常便服穿著。但好日子過久了，自然想要追求舒適與華麗，可是常服的樣式與色彩都是「祖宗家法」，不能隨便更動，這可怎麼辦呢？

於是她們把腦子動到禮制沒有規定的「便服」上，反正祖宗家法不管便服，想要多寬大、華麗，自然隨我高興嘍！

各位所熟悉的清宮劇后妃服裝，就是在這種背景下出現的。至於華麗的便服故事，留待下一篇分曉。

吉服袍

這是典型難以分辨男女吉服袍的例子。男子吉服袍做前後開衩或前後左右四開衩，這件吉服袍從照片上看來前開裾非常不明顯，令人懷疑是女吉服袍。但是從沒有中接袖（花接袖）和左右開裾很短兩點來看，可以推斷這件很有可能實際是男裝。

吉服袍後來的發展形式。到清代中晚期時，吉服袍更加寬大，馬蹄袖形狀改變，並出現水腳拉長等特徵。

審美漢化，寬鬆剪裁蔚為風潮——打破禮儀規定的晚清流行穿搭

拜清宮劇所賜，對於我們這一輩的電視兒童來說，清代可能是最為熟悉的「古代」了。《一代皇后大玉兒》、《戲說乾隆》、《還珠格格》等清宮劇，構成了我們對清代的基本印象——男子腦後拖辮，頭戴瓜皮小帽，穿長袍馬褂；宮廷裡的女人穿華麗鑲邊的長袍，頭頂有如牌坊的大拉翅，上面裝飾有大朵牡丹花與穗子。傳世的清代老照片似乎也成了最佳佐證：清朝人確實是這麼穿的。

當我們如此認定時，往往忽略了清朝有二百六十八年的歷史，傳世的清代老照片呈現的只是最後幾十年的服裝風格。把它當作整個清朝統治時間的服裝樣貌，其實很不合理。

舉例來說，若是拿著現代雜誌上的時裝造型來演拿破崙稱帝或唐頓莊園，想必人人都覺得這服裝設計不正常。但我們卻理所當然地把清末，甚至民國以後的服裝樣式，直接套在順治母親、雍正妃子或乾隆女兒身上，這怎麼想都不對吧！

從簡樸合身到華麗寬大

現代人的服裝會變流行，古人當然也會。事實上，即使是受國家禮儀規定了款式的禮服，也不是一成不變，而是隨著不同時代的流行出現變化。例如史博館展出清代服飾時，我注意到一件女吉服袍的腋下有修改痕跡——想來不是「被冷落欺負的妃子含淚縫補穿壞的舊衣」這種劇情，修改者大概是利用裡襟也繡滿花紋的衣料，十分精巧地把原本窄瘦的衣身與袖籠加寬了許多。腰身增肥十分之一，說不定是

穿著者嚴重發福，改寬才好穿；但袖子加大三成，總不可能是因為手臂長了三圈肥肉吧！這樣的更動，顯然就是出自審美考量了。

這類例子在清代傳世品裡並不少見，由於宮廷禮服的款式、紋飾等都要由禮部擬定，皇帝核准後由宮廷畫師清楚畫出圖樣，再交由江南織造局製作。完成的衣料交回宮中驗收保管，需要時才裁縫為成衣，因此內務府收藏了大量已織繡了滿身花紋，只等裁剪縫製的袍料。然而在清朝中期後，不僅普通旗人的審美日益漢化，就連宮廷服飾也開始走向寬大風，不再像以前那樣堅守「滿洲舊俗」。但倉庫裡還留有許多織造華美的前代料子，當時國家有錢，工藝比後期高超得多，問題在於清前期追求合身稱體，袍料上織好、滿繡的花紋就是件窄瘦衣袍，這怎麼辦？這麼好的料子，總不能不要了吧！

於是他們把裡襟裁出利用，或是直接把衣服做寬，因此有些衣服的側邊、腋下、緣飾下端就會露出一截缺乏花紋的底料（反正穿著時不會注意到腋下部分）。原始設計與成品尺寸的落差，在這段空白裡顯露無遺。

宮廷后妃服裝的寬大化，一般認為是道光朝成形，不過嘉慶年間已現端倪。嘉慶十一年時，皇帝下令在選秀時稽查秀女裝束，「倘各旗滿洲，蒙古秀女內有衣袖寬大，一經查出，即將其父兄指名參奏治罪」。雖然嚴加警告，但顯然沒什麼用，隔

道光的孝全成皇后畫像。身穿襯衣，脖子上戴著閣䯼（也叫花領子，是一種小型的雲肩）。雲肩類的裝飾在漢女間比較普及（因為髮型複雜，常需要使用頭油作定型，為了怕頭油蹭髒衣服，因此配戴雲肩當圍兜），孝全這個造型，其實有點滿漢混搭風。

了十一年，已是「至大臣官員之女，則衣袖寬廣逾度，竟與漢人婦女衣袖相似」了。雖然嘉慶皇帝痛心地抨擊「此風斷不可長」，但是到他兒子道光帝時，就連應該嚴格遵守滿洲舊俗的宮廷禮服都淪陷，甚至出現寬袖版女吉服，更別提日常女裝啦！

由於禮儀上對禮服的要求多，例如「常服」（正式度大概和上班族套裝相近）就明確規定了「不備彩」，只能有暗紋提花，不允許有彩繡繪畫，也沒有鑲邊。要挑戰傳統、更改設計畢竟麻煩，愛美的女性便開始把腦筋動到禮制沒有規定的「便服」上，開始在便服玩花樣。

在清代前期，便服長得和常服差不多——除了袖口沒有加裝馬蹄袖，都是衣袖窄瘦、用色樸素的圓領大襟長袍，只是上面或許點綴著一些織繡花紋而已。如乾隆時的「月白緞百花妝夾襯衣」，雖然衣身散織著牡丹、梅花、水仙等各色花卉盛放，蝴蝶、蜻蜓飛舞其間，但花紋小巧，乍看只覺清新雅致。繪於乾隆晚期或嘉慶初年的《弘旿行樂圖軸》裡，眾女子穿的便服也是樸實的窄袖款，顯得極為家常。

可是到了道光年間的宮廷畫裡，后妃日常所穿的服裝已經與乾隆年間大異其趣：衣上有著規格化的鮮明花紋，鑲著華麗的衣緣，不但袖口寬大，更向上捲起，露出雪白的衣裡與手腕，上面當然戴著若干鐲子、戒指；髮型不再是樸素的盤辮或包頭，而是在頭頂紮成了二把頭，兩邊飾以不同的花卉與小巧珠寶。其實整體效果……嗯，可能和二〇一八年熱門清宮劇《延禧攻略》中的妃嬪便服相似吧（雖說在乾隆朝穿著嘉、道年間的服裝還是不太對勁，但比起過去的清宮劇，還是大有進步了）！

道光年間的宮廷服飾，已經與大家所熟悉的晚清造型有不少相似之處。這倒也不奇怪，因為道光去世後才一甲子，民國就建立了。

慈禧也熱愛外搭時尚單品

道光和兒子咸豐，兩位皇帝都是性格節儉的人。新上臺的咸豐年輕氣盛，決心改革宮廷女裝太過奢華的問題，於是下了諭令：

> 宮廷之內，樸素為先。朕看皇后及嬪、貴人、常在等，服飾未免過於華麗，殊不合滿洲規矩。是用定制遵行以垂永久。
>
> 一、簪釵等項，悉用舊樣，不可競尚新奇，亦不准全用點翠。梳頭時，不准戴流蘇、蝴蝶及頭繩、紅穗。戴帽時，不准戴流蘇、蝴蝶，亦不准綴大塊帽花，帽花上不可有流蘇活鑲等件，鈿上花亦同。
>
> 二、皮至紗敞衣、襯衣、袍、窄袖襯衣、緊身襯袖，俱不准緣邊。
>
> 三、皮至紗敞衣、襯衣，袖不准寬，俱倒卷。
>
> 再各宮女子、媽媽裡無論尋常年節，衣服上不准緣邊……經朕此次酌定後，有不遵備以違旨論。

規定詳細到「梳頭時只准戴兩支花。若有戴三支花者，即應懲辦」、「鞋底只准一寸厚，若有一寸五分者，即應懲辦」的諭令到底有用嗎？嗯，可能還是有點用，至少咸豐年間留下的后妃日常畫像，如《玟貴妃、春貴人行樂圖》裡三位宮妃的衣著，比起道光年間滿頭花飾的造型確實素淨了些，袖口也比較小（雖然不該挽的袖口依然挽了起來）。不過等咸豐御龍賓天，宮廷歸兩位太后掌管後，服裝上花紋更多更華麗，鑲滾不但變寬還好幾層，更寬大的袖子不僅挽起，可能還多了好幾個裝飾假袖……咸豐帝若泉下有知，大概死不瞑目了。

諭令中提到的「氅（敞）衣」、「襯衣」，是當時女裝的主要款式。其中的「襯衣」因為衣身完全沒有開衩，穿著時不至於露出褲腿，可說是晚清時尚打底單品。襯衣款式分成舒袖（袖型平直）、挽袖（袖子比較長，裡層做花樣，穿著時把袖口挽起露出裝飾過的袖裡）、半寬袖（主袖長只有正常一半，袖口經常加裝幾層可拆換的裝飾窄袖）。穿著時可以在襯衣上加穿氅衣、褂襴、坎肩、馬褂等外搭，用裡外不同的衣料、配色、長短、寬窄，造成對比的視覺效果；也能直接單穿，單側鑲邊的不對稱美感也別有風味。例如光緒年間的「月白緞絲鳳梅灰鼠皮襯衣」正、背面各織著一隻飛舞於海水江崖與漫天梅花之上的五彩鳳凰，如此霸氣的紋飾自然不會掩蓋在外衣之下，是為了單穿而設計的花樣。

相對來說，「氅衣」因為兩側開衩，就是一種只能罩在襯衣上，不能直接穿著的外搭款——雖然在清宮劇裡，娘娘通常只穿氅衣，毫無顧忌地露出底下的褲子，或者導演無奈加上的長裙（旗人通常不穿裙）。不過讀者們千萬記得，對當時人來說，單穿氅衣和西裝裡不穿襯衫差不多，太暴露啦！

氅衣衣身兩邊都用如意雲頭和鑲緣裝飾了開衩位置，因此花紋採取對稱裝飾法。而且因為是外搭單品，氅衣的作工自然特別講究，裝飾也格外豪華。慈禧太后傳世的畫像與照片中，有不少是身著氅衣的造型，可以想見慈禧對氅衣的喜愛。

禮服體系出現新式穿搭

雖然襯衣和氅衣原屬於便服體系，不受禮儀制度的規定。但在晚清的宮廷活動裡，可以看出它們已經隱然略帶有禮服的性質了。如同治帝大婚時，皇后妝奩中的衣物部分，禮儀等級最高的朝服共六套（材質有皮草、夾棉、單衣、紗地，適應不同季節的典禮），每套都有一件大紅織金壽字的舒袖襯衣，材質則與朝服相配。禮單隨後附上十二件材質各異，但全都是大紅五彩花紋的舒袖款襯衣，之後才記錄吉服部分。顯然這些舒袖襯衣是朝服的配件，讓皇后在穿著時可以按當時天氣或個人喜好，替換挑選需要的打底衣。

又或者像鍾粹宮發現的光緒皇后禮儀活動穿著記載，二十一項禮儀活動中，除了祭先蠶與慈禧壽宴穿朝服，絕大多數都是穿著龍袍褂（吉服）。但是她在孝全成皇后的忌辰裡穿了綠襯衣，先蠶壇獻繭時穿了花氅衣——這兩個活動按禮制都應該穿著常服才對。顯然到了光緒年間，襯衣與氅衣的地位已經約等於原本的常服，足以在禮儀場合占一席之地了。

在這些記載裡，可以發現原來的服裝禮儀制度在晚清已經明顯鬆動，正在重新調整。例如女吉服本該搭配吉服冠或鈿子，但隆裕皇后參加進春儀式時，雖身穿龍袍（吉服），卻戴著本屬於便服的坤秋帽（也叫飄帶冠，皮帽頂上有著帽花裝飾，後綴兩條飄帶）。慈禧也有戴著坤秋帽配吉服的照片傳世，顯然在當時已經是慣例的搭配法了。

若是再給清朝百年時光，或許原屬於便服的襯衣、氅衣等服飾，將會堂堂正正地進入禮儀體系中，成為新的宮廷禮服，然而，清朝沒有再多一個百年。雖然在民國初年至滿洲國期間，旗人間依然沿用過去的禮服，甚至出現「巨型大拉翅配吉服袍」這種清朝時未有的搭配法，但老照片裡的華麗，只是旗裝最後的燦爛了。

《道光帝喜溢秋庭圖》

畫中描繪的是秋日裡道光帝和后妃、子女在庭園中賞花嬉戲的情景，園中菊花盛開，透出濃濃秋意。廳中安坐著的是道光皇帝與孝全成皇后，石階上有一皇子與公主在玩耍；院中有母子倆牽著手，這是靜貴妃與皇子；另外還有一位妃、一位公主和一個宮女。這幅和樂安詳的圖軸作品中可以看到當時皇后、妃嬪、公主、宮女的打扮，例如靜貴妃外穿綠氅衣，內搭紅色有領襯衣，二把頭兩邊不對稱簪花的造型。

第九章

從民國回顧五千年的流行時尚

倒大袖短衫配褲裙——上衫下裙的民初時髦

民國一百年時，我從年初就開始構思慶祝用的玩樂活動，打算以「青天白日滿地紅」為主題做一套衣服（雖然民國元年時所定的國旗是五色旗，北伐後才改用現在的樣式）。「滿地紅」的款式好解決，清末民初最流行的魚鱗百褶裙，自然很適合「民國百年」的主旨；上衣款式卻讓我頗為猶豫，最後決定做成及膝對襟長外套——雖然款式看似尋常的長版唐裝，遠不如大襟女衫或倒大袖短衫般充滿民初風情，但雀屏中選卻更加有理有據：這是民國元年所定的女子禮服式樣。

緊窄剪裁高衣領服裝流行一時

在一般的想像裡，彷彿改朝換代後，大眾立刻就穿上了不同的衣服，例如背景設在民國初年的戲裡，女角若不是身穿旗袍，就是穿著短上衣、長百褶裙的鳳仙裝。但事實上，民國剛建立時，那些衣服根本還沒個影子呢！

從民國元年的服制規定裡可以發現，當時對禮服的定義，一方面來自西方，將西式的禮服大衣、燕尾服做為男子大禮服；另一方面承襲自社會現況，把原屬於男子便服的袍褂升等為常禮服，本是漢人女子常禮服的褂裙更提升到禮服的地位——如今廣東、香港等地婚禮中還保有「龍鳳褂」的傳統禮服，對襟短褂搭配窄身長裙的造型，就是清末民初女子褂裙式禮服的遺緒（只不過現在新娘全身以大紅為底，上面金銀滿繡，還按金繡密度分為褂皇、褂后、大五福等檔次。但在七〇年代以前，龍鳳褂都是傳統的黑衣、紅裙配色）——不僅如此，當時規定中式禮服的外褂皆四開裾，實際是用了清代的禮服形制；而且例圖造型修長纖細，正是清末流行的緊窄款。

本來晚清時衣衫寬大，不論男女袖子都有一尺多寬，服裝上往往還搭配大量鑲滾，造型極為繁複華麗。但在甲午戰爭、八國聯軍以後畫風突變，忽然走向窄瘦造型。這個變化從大城市開始，逐漸傳播至地方。到了宣統年間，寬袍大袖、大鑲大滾的造型，已經只有老派人或是鄉間才會穿了。張愛玲《更衣記》的形容極具形象：「『小皇帝』登基的時候，襖子套在人身上像刀鞘。」這個造型一直延續到了民國肇建之後。當時人吐槽：「新式衣裳誇有根，極長極窄太難論，洋人著服圖靈便，幾見纏躬不可蹲。」顯然他們認為這是受到了西方合身稱體的服裝風格影響，但衣服窄小貼身到好像一蹲下就會扯破似的，實在穿不慣啊！

事實上這一切都是相對的，宣統元年的衣衫比起十年前自是緊窄許多，但比起之後，此時還算寬鬆呢！而且當時女性有束胸的習慣，寬大的衫子套在身上，顯得有幾分端莊優雅；窄款的長襖穿上身，纖瘦的姑娘狀似一捆柴火，稍為豐滿一點就顯得肚子、肩臂格外圓胖。當時女裝最窄的位置就是在胸線上下，不管模特兒高矮胖瘦，都沒有腰身可言。

不知是不是為了修正視覺效果，本來低矮的領子開始向上發展，愈長愈高……巔峰時期甚至能蓋住耳朵。高高的衣領包住半張臉頰，領緣的弧線形成一個長長的V字型，不管圓臉方臉頓時都成了尖尖瓜子臉，可說是無敵瘦臉神器！同時衣袖收短成八分袖，刻意露出修長的前臂（早期會穿窄袖內搭，後來乾脆省略，直接露肘），搭配上窄長褲或裝飾以細花邊闌干的馬面裙，顯得格外纖巧嬌弱。

這種超高領稱為元寶領或馬鞍領，雖然功能突出，但畢竟造型太過誇張、不自然，使用上也不方便，漂亮的妝容會被衣領蹭得一蹋糊塗，不久後便被拋棄了——現在所謂的「鳳仙裝」，上衣造型特殊的翻折領口，就是這種超高衣領的變形與殘留。

「清純學生妹」素淨打扮爭相仿效

從晚清乃至民初，時尚潮流可說是由上海時髦女性引領，尤其是妓女。《清稗類鈔・服飾類六・滬妓之服飾》中對晚清風氣的描寫，實際也是民初的寫照：

> 同、光之交，上海青樓中人之衣飾，歲易新式，靚妝倩服，悉隨時尚。……至光、宣間，則更奇詭萬狀，衣之長及腰而已。身若束薪，袖短露肘，蓋欲以標新領異，取悅於狎客耳。而風尚所趨，良家婦女無不尤而效之，未幾，且及於內地矣。又有戴西式之獵帽，披西式之大衣者，皆泰西男子所服者也。徒步而行，雜稠人中，幾不辨其為女矣。

從這篇描述裡可以看到，上海妓女的服裝走在流行最前線，窄衣、短袖、扮男裝……無所不有。大概要五、六年以後，這些款式才遍及全國，但那時她們早已經改穿新款了。

但與此同時，另一群人也開始引領服裝潮流，那就是「女學生」。現代人大概只會想像什麼「清純學生妹」，但樸素的女學生裝束在當時恐怕比華服豔妝更能炫耀身分——要知道那是個雖然鼓吹男女平等，但觀念上依然強烈重男輕女，而且國家普遍窮困的時代，要讓女兒就讀新式學校，沒有出眾家世和豐厚財力支援絕對辦不到。女學生素淨的裝扮不僅象徵文雅氣質與知識才藝，也暗示著家世的富貴。樸實無華的女學生造型大受世人的追捧，甚至連妓女也多做女學生打扮，滿足一下身為世家小姐的幻想。《北平風俗類徵》中記載當時的青樓風尚：「出局而貂狐金繡，仍為庸妓，自負時髦者，必做學生裝。」

學生裝束以素淡為尚，通常是以淺色衫子搭配深色長裙，衣裙或衣褲同色的搭配也很流行；臉上淡妝或不化妝，手上不戴鐲子、戒指，頭上不加簪釵、耳墜，模仿當時日本女性把頭髮梳高、鬢髮虛攏，以絲帶綁個大蝴蝶結當裝飾的「東洋髻」，這就是最時髦的打扮。

晚清時繁複的鑲滾自然是不用了，僅在衣緣加上「韭菜邊」、「線香滾」等細緄邊；大紅、大綠的配色不再時興，而流行玉色、湖色、雪青、銀紅等淺淡色系。民國元年以後，灰青、鳶紫、墨綠等灰調配色也頗受歡迎，當時人認為這種色調「極雅素之美」，流行色感類似現代的「高級灰」。這種大異於舊時代審美情調的服飾風格，時人給它取了個很有時代感的名字：文明新裝。

喇叭型七分袖小露性感

拚命追求素雅其實沒什麼意思，閨閣婦女依然會試著在服裝上變點新花樣，但總體美感仍是素淨雅致風。例如晚清時流行在衣服上五彩線繡、盤銀平金的繡花樣

民國十年到二十年間十分流行的倒大袖長裙款，也稱文明新裝，民國十八年的《服制條例》裡，和當時開始流行的旗袍並為女子禮服。在倒大袖短衫流行的時候，姑娘們寧願冬天在衣服裡加襯皮草或毛氈，也要把手臂露出來吹風，這就是時髦啊！

式，此時則流行單色繡（如純用黑色，效果如同墨繪，也有純用白線刺繡的），彩繡的配色也較為單純，圖案在衣服上的數量和大小都明顯縮水。又或者以素色花邊裝飾衣邊、採用盤花扣，領口裝飾華麗別針等，變化多端。

民國元年時，流行的上衣長度大約在膝蓋處，此後逐漸縮短，到民國十年後衣長已經和現在的女裝差不多。下襬有寬、有圓，衣身緊窄，但袖子卻是喇叭型的七分袖（因而俗稱為「倒大袖」），近一尺長的袖口露出一大截纖長的小臂，與下身看似樸素、實際精心裝飾的裙襬或褲裙，以及裙下纖細的腳踝相互映襯。

當時已經有了時裝的概念，從現存的月分牌與商品廣告美人畫中，可以看到當時把「上衫下裙（或褲）」玩出了各種花樣：衣領忽高忽低，甚至交領、無領、方領、雞心領，各種領型並呈；衣裙長長短短，隨時尚而變。上衣最短的時候堪堪過腰，大圓弧的下襬，兩側開衩甚至高到胸下（裡頭當然有穿襯衣，不要想太多）；短襖外搭著蕾絲無袖小馬甲，腰側垂下長長的絲巾；喇叭袖口裝飾著細細的花邊，或者剪成花瓣型，也有人在半截窄袖接上寬蕾絲花邊，充滿中西合璧的風情；寬口褲裙只及小腿肚，顯得英姿煥發；夏季則搭配著半透明的及踝黑紗裙，裙腳墜著細流蘇——當然，裙底還是穿著長襯褲的。

民國十年至二十年間，可說是倒大袖短衣款式的鼎盛時期。在國民政府北伐完成後，民國十八年重新制定的《服制條例》裡，把藍色短衣（特別註明了「袖長過肘與手脈之中點」）搭配及踝黑長裙的造型列為女子禮服之一，可見這種款式在當時的流行程度。

雖然到民國二十年以後，時尚名媛又轉而投入旗袍的懷抱，但上衣下裙（或褲）的款式依然在女性的生活中留存了很長一段時間，同時隨著當時流行改變樣貌。例如流行修長款式的旗袍時，女衫也是直身窄袖，不再是圓襬倒大袖款；民國三十年以後旗袍開始有明顯收腰，同時期的女衫也把腰線從胸下降至正常腰圍。等旗袍開始採用西式剪裁以後，女衫自然也跟著掐胸線腰線，改成西式裝袖，看起來簡直就像是半截版旗袍了。

現在說起張愛玲，大家最有印象的應該是一張高抬著頭、右手插腰的照片吧！許多人會很自然地把該形象與張愛玲小說中隨處可見的旗袍女性連繫在一起，卻沒有注意到她穿的是件窄袖短衫（注意腰下已經出現衣襬鑲緣了）。

對現代人來說，什麼褂裙、唐裝、中式上衣等，凡是領子豎起來的，或是斜襟盤扣的，統統被畫入旗袍一類，殊不知它們是完全不同的服裝。眾人已經淡忘，在旗袍之前還有另一種款式，在那個混亂但一切皆有可能的時代裡，烘托著民國初年才女、名媛的風采。

從模仿男裝到大秀身材——民初旗袍不「傳統」

學校舉辦了一年一度的文化創意大賽，參賽隊伍中有不少都是以清末民初為故事背景。雖然看著年輕的女角們身穿倒大袖短衫，搭配或長或短的黑裙子，讓我忍不住在心中吐槽：「妳們太前衛了，這造型提早十年了吧！清末不是這樣穿啦！」但總體而言，服裝設定還是大有進步——記得幾年前，設定在這個時代的故事裡，夫人、小姐們可都是穿著露大腿的旗袍滿舞臺轉呢！如今她們能注意到清末民初的女性不穿旗袍，已經很不錯了（不知道這種「教育成果」到底是哪部電影或電視劇的貢獻）。

旗袍大概是現代人生活中最常接觸的「傳統服飾」了，因為它的名字讓大家理所當然地認為它是直接由清代旗人女裝延續而來。但這種直覺卻忽略了一件很重要的事：清朝時「男從女不從」，不在旗籍的民女根本不穿滿式袍服，廣大人民群眾怎麼會把旗人女裝當作「傳統服飾」呢？

在民國元年規定的國民禮服裡，雖然把滿式的男子袍褂定為禮服之一（因為漢人男性本來也這麼穿），可是女子禮服就採用漢式的上衣下裙款式——畢竟那是絕大多數婦女穿著，更是公認的正裝造型，原則上家家都有，無須為了政府規定而另行置備，也算是便民的考量。而滿人依然保留著原本的旗裝，現在網路上能看到的滿人婚禮老照片，有不少都是民國以後拍攝的。

模仿男裝穿長袍

如果說在清代和民國初年只有旗人會穿旗裝，那麼今天的「旗袍」是怎麼出現的，又是怎麼變成我們心目中的經典服飾呢？

這是個好問題。前面說到，因為服裝慣例根深柢固，漢人女性不太會去模仿滿人的女裝。但是並不妨礙她們模仿男裝——晚

在長袍與長馬甲的流行風潮影響下，出現了假兩件式的倒大袖旗袍馬甲（如圖左），後來更演變成了倒大袖款的旗袍（如圖右）。當時的旗袍造型寬大，通常只開低衩，甚至完全不開衩。

倒大袖短衫經常會搭配馬甲，短馬甲顯得俏麗，長馬甲則使身材看起來修長纖瘦，婀娜多姿。

清以來，女著男裝就是女性極為「進步」的一種打扮，如「鑑湖女俠」秋瑾就以常著男裝而著稱。民國建立以後，各種西方風潮傳入，讀了幾年新式學堂的女青年，為了追求男女平等，決心反抗傳統女性形象，如外觀上的「三綹梳頭，兩截穿衣」，男女平等從自身做起。於是她們把裙子當成幾千年來女性受壓迫的象徵，毅然拋棄，模仿男人穿起了一身長袍。當時報紙上還有女著男裝的漫畫題詩：「楚楚衣冠闘豔裝，臨行反覆鏡中量。昨宵微醉歸來晚，阿母相逢錯認郎。」描寫的情境甚是有趣。

張愛玲《更衣記》中如此形容早期的旗袍：「她們排斥女性化的一切，恨不得將女人的根性斬盡殺絕。因此初興的旗袍是嚴冷方正的，具有清教徒的風格。」從傳世實物及影像中來看，當時的女用長袍極為寬大，也沒什麼裝飾。若是再搭配馬褂與帽子，看上去像極了清秀的男人，和大家腦海裡「前凸後翹、玲瓏有致」的旗袍造型完全是兩個世界。

倒大袖短衫外搭及踝長馬甲

人各有志，並非所有女性都醉心於外觀上追求男女平等。依舊穿著短衣長裙，追求窈窕女性美的姑娘們，卻創造出了另一種旗袍——時髦的倒大袖短衫可能令身材顯得有些圓潤，尤其是當時流行的圓下襬款式，實在不容易穿得好看。愛美的姑娘發現若是在短衫外罩上一件及踝長馬甲，比起一般的衫裙造型更顯婀娜修長，別有一番風情。於是喇叭袖短衣配長馬甲成了一種流行搭配法，後來出現了假兩件式帶喇叭袖長馬甲，再演變成了倒大袖旗袍。

無論是出於哪種心態，大約在民國十年左右，女性開始穿上了長袍款式的衣物；到民國十八年（北伐完成後），重新制定的《服制條例》裡，對女子禮服的規定是：

甲種

一、衣：式如第四圖，齊領，前襟右掩，長至膝與踝之中點，與褲下端齊，袖長過肘，與手脈之中點，質用絲麻棉毛織品，色藍，鈕扣六。

二、鞋：質用絲棉毛織品或革，色黑。

乙種

一、衣：式如第五圖，齊領，前襟右掩，長過腰，袖長過肘與手脈之中點，左右下端開，質用絲麻棉毛織品，色藍，鈕扣五。

二、裙：長及踝，質用絲麻棉毛織品，色黑。

三、鞋：質用絲棉毛織品或革，色黑。

其中的女子乙種禮服明顯是上衫下裙款式，而甲種禮服就是旗袍。可以想見在當時，旗袍與衫裙已是並駕齊驅，甚至略勝一籌的時尚地位——只不過那時的人並不稱它為「旗袍」，大多稱為長衣或長衫，像英文裡就依然保留了「長衫」的音譯（Cheongsam，粵語發音）。

從《服制條例》的例圖來看，女子甲種禮服和男子的袍長得一模一樣，不僅下襬十分寬大（注意：裡頭沒規定女袍要開衩，但是男袍卻註明左右都開衩），而且最重要的是：長袍底下配褲子。

開衩內搭襯裙、襯褲、長絲襪

雖然旗袍（或說長衫）一開始的著裝理念可能是要模仿男子、消弭性別差異，但是當它成為時裝以後，發展的道路就已經不是創造者所能決定的了。不僅衣身逐漸削瘦合體，更開始在衣服的裝飾、配件上翻出各種花樣，長長短短、寬窄變化，每年的流行都有所不同。

有趣的是，原本該是旗袍「本家」的旗人婦女，身上的旗裝也愈來愈像當時流行的長衫款式。例如末代皇后婉容留下的宮廷裝束照片，明顯有著當時流行的花瓣型緣邊、喇叭短袖等裝飾元素。等她和溥儀出宮後，更是日常都有時髦的旗袍打扮，不再穿著寬大平直的旗裝了。

當年的上海是引領流行的先鋒，巴黎最新一季的時裝甫一亮相，隨即乘船出海，沒幾個月就穿到了上海的貴婦名媛身上。她們將歐洲新款的造型、裝飾技巧化用至日常服飾中，帶動了上海本地的流行，再由上海輻射至全國。當年上海的民謠：「鄉下小姑娘，要學上海樣，學死學煞學不像。等到學來七分像，上海已經翻花樣。」文字裡充滿了「上海人」的優越感：上海以外的都是鄉下人啦！

雖然隨著流行，旗袍的長短寬窄、領型開口、袖子長度、開衩高低都有所變化，但都要配上外袍長度相當的襯裙、襯褲，腳上穿著長絲襪，才是完整的一套民初旗袍。現代旗袍露大腿這種美感，當時人恐怕是吃不消的。雖然在抗戰前一度流行拂地長旗袍開衩至大腿，但隨即又開衩低至膝蓋以下。整體來說，民初旗袍的開衩大概都是在膝蓋而已——更重要的是，無論是老照片或繪畫，都會冷酷地告訴觀眾：別想像大露美腿了，她們在旗袍裡會穿襯褲！就算旗袍高開衩至大腿，露出來的也是「同樣質地的長褲子，褲腳上閃著銀色花邊」。襯褲的花邊與亮片、襯裙的衩邊裝飾都是旗袍整體造型的一部分，疏忽了就不夠美啦！

至於現代人愛說的「旗袍顯身材」……那也是幻覺。仔細看老照片，會發現當時的旗袍美女要不是沒什麼胸，再不然就是有點下垂——在「天乳運動」的號召下，雖然當時已經不流行束胸，但也不需要集中托高加水餃墊，單純呈現乳房的自然狀態而已，而且胸的問題還是小事呢！

民初旗袍剪裁胸小、屁股大

出於好奇與研究心，我曾買過兩件民初旗袍，大約是民國二十年前後的款式，當時旗袍的樣式已經和現在較為相近。但這兩件都給我同樣的穿著感受：胸小、腰粗、屁股大，最嚴重的是脖子好緊，我快窒息啦！

我的第一反應是認為買錯衣服，導致尺寸不合，但對比幾十件年代相當的旗袍後，遺憾地得出了結論：

一、當時真的會把脖子部分做得比較緊，藉此營造出脖頸細長的效果（胖瘦與我約略相合的旗袍頸圍都太小，脖子適合的衣服基本上大我兩號）。

二、大概到抗戰後期，旗袍才開始有比較明顯的收腰（現代旗袍的胸省、腰省，則是到民國四十年以後才有）。前期只有微微內收，而且收腰位置還不在正常腰線，而是在胸下腰上，可以說都屬高腰款。

三、相較於胸圍，臀圍明顯放大了一圈，不僅便於活動（旗袍在當時是日常服飾，便利性很重要），而且顯得穿著者臀部格外豐滿——雖然現代人不愛大屁股，但在當時，飽滿如蒜頭的臀部毫無疑問是女性美的體現——豐臀映襯之下，腰也彷彿更細了些。加上高腰線拉長了視覺感，因而顯得身材修長。

扣除胸小脖子緊的問題，我倒是更喜歡民初旗袍溫和含蓄的審美，以及怡然自在的穿著態度。畢竟現代旗袍被當作禮服看待，穿上身以後連飯都不敢多吃，時時得提醒自己抬頭挺胸收小腹，這種衣服完全是穿來受罪的。之前我已經做了好幾件民初風格的倒大袖女衫，不管當作正裝還是日常穿著都相當合適。下次，就來試試看旗袍款吧！

附錄

古裝的剪裁、顏色與正式禮服

不經尺規不成「裁」——漢服的版裁

「幅」是古代表示衣寬的計量單位；「中縫」則是中國傳統服飾特有的處理方法，源自老祖宗的智慧，不但可以用最經濟的方式使用布料，還可以做出貼合身形、維持儀態的衣物。了解漢服版式的基礎概念，你也可以輕鬆讀懂古代記載的服裝樣貌！

欣賞古典人物畫時，不知道各位是否注意過古代畫家在描繪服裝時，不管是畫人物的正面或背面，衣服上都有一條正中的縫線。

對照之下，現代人比較熟悉的旗袍與唐裝就沒有這條線——唐裝雖然對襟釘扣，女裝為了突顯腰身，胸下和背後兩側往往會掐腰，但背片中間通常不會另做中線；旗袍可能會因為背後裝拉鍊而有縫合線，但除非是款式需要（例如左右兩邊用不同料子拼合的創作風格旗袍），不然也不會在正前方弄條縫線出來。這個小結構被稱為「中縫」，可以說是中國傳統服飾的特點之一（和服與韓服也是如此），常被賦予正直、公平等種種道德意涵，不過說白了，中縫的最主要成因是——古代布料不夠寬。

布料：家庭手工業的產品

俗話說「男耕女織」，紡織在古代是家庭手工業，務農人家在田邊種桑和苧麻，就可以養蠶繅絲、積麻織布，不僅自家能拿來做衣服，還可以出售。所以《管子．牧民》篇中說：「藏於不竭之府者，養桑麻、育六畜也。」

種桑麻和養牲畜都是拚經濟之道，政府鼓勵百姓在種田之外多元發展，才能富國富民——前幾年我在中國大陸農村的圍牆上看到「想要富，多養豬」的標語，差不多就是這個意思。

正因為紡織與家庭經濟息息相關，古詩〈上山採蘼蕪〉中男主角評論前妻和新歡的優劣時，就是叨念兩人的紡織技術：「新人雖言好，未若故人姝。顏色類相似，手爪不相如……新人工織縑，故人工織素。織縑日一疋，織素五丈餘。將縑來比素，新人不如故。」

一疋是四丈長，而素又是比縑昂貴的絲織品。男人面對美貌各有千秋而賺錢能力大勝新歡的前妻，不禁懊悔感嘆道：「她還是不如妳呀……」

由布幅決定的服裝版型

織布雖然是家庭手工業，但每家的產品規格卻差距不大，幅寬通常在五十～六十公分之間。即使發展出專門生產高級絲織品的大型緹花織布機，由專業織工織出的錦緞也是這種寬度——因為這就是織布人雙手張開、方便投梭的距離。

例如唐代規定市售布料要規格化，《唐律疏議》中記載當時布料的標準是幅寬一尺八寸（約五十四公分），絲綢一疋須長四十尺（約十二公尺），麻布五十尺（約十五公尺）。如果長寬不足、偷工減料，製造者、品管和販售者都要抓來打六十大板。雖然並非所有朝代都像唐朝規定詳細，但傳統的紡織方式限制了布料的寬度，所以布料寬度始終不出五十～六十公分。製作衣服時便不得不橫向拼接，整件衣服上自然會出現好幾條垂直接縫。

「天衣無縫」這個成語原來是古人對神仙世界的幻想——仙人必然有著超越時代的高科技，可以做出無接縫的一體成型服裝！據說近年已開發出一種將布料纖維噴上人體而迅速乾燥成型的「噴罐布料」。古人見之，大概就會認為這是神仙天衣了吧！

垂直拼接，合身又便利

讀者可能會問：拼接不一定要從中間接縫，也可以直接拿寬面來當衣身，只接長袖子啊？沒錯，這也是種節省布料的好方法，如《魏志．倭人傳》記載當時的日本人「作衣如單被，穿其中央，貫頭衣之」——布料中間挖個洞套頭穿，是種樸素又簡單的服裝。從正倉院藏的文物上看，有些半臂（類似現代的短袖小外套）也是只用一個單幅，從前中開縫來穿。

但是垂直拼接的裁縫法自有其難以取代的優點：其一，是可以做出多樣化的款式。五十幾公分寬的衣身，只適合胸圍／腰圍／臀圍在一百以下的一般體型，「胸懷大志」或「肚裡能撐船」的人只能望衣興嘆。從中間拼接不但可以適應各種體型，款式也不受布料寬度限制，想把衣服做得緊窄合身或寬鬆飄逸皆可。其二，則能節省布料和作工。若是巧妙拼版，垂直拼接可以更完美地運用所有布料而不造成浪費。而拼接時整幅布料相接，也免去了處理布緣的手續——「不修邊幅」不僅顯得邋遢，衣服也容易損壞。現代可以用拷克機，三分鐘就能把衣服所有布邊鎖完；但在古代只能使用「去來縫」或「鎖邊縫」手工處理，這種麻煩的事自然能省則省。

持中守正的穿衣哲學

還有重要的一點就是方便調整衣物。現代人已經習慣生活中到處都可以看到鏡子，但對於「以水為鑑」、「以銅為鏡」的古代人來說，要看清自己的穿著儀態卻不那麼容易——銅在古代中國長期做為貨幣，達官貴人揮霍起來可以用黃金來做馬桶，拿大到可以照全身的銅鏡來「正衣冠」，對有錢人而言不算什麼，但平民能有面小菱花鏡照照臉就不錯了。

那麼一般人要怎麼確認自己的衣服穿正了沒呢？衣服的中縫就是個很好的參考，只要看看前中縫位在身體正中、摸摸背中縫對準脊椎，就可以放心出門啦！

中縫線不僅可以方便穿衣者調整衣物，也可以看出人的儀態（如果脊椎側彎、高低肩等狀況嚴重點，衣服就穿不正了）。因此，衣服的中縫線被賦予了種種象徵平、直、均、正的道德概念，期勉大家要形如其衣、心如其貌，也能夠端莊正直。

此外，由於幅寬有限，裙子也是用縱向拼接的方法製作。「裙拖六幅湘江水」就是指女孩子穿著用六幅水波紋布料拼合而成的長裙——換算成今日的度量單位，寬約三～三．五公尺，可真夠華麗了吧！

輕鬆看懂古代服制

了解「幅寬」的概念後，就可以輕鬆讀懂古代記載的服裝大小。例如「衣用四幅」，可以直接推算出通袖長（從左袖端到右袖端的總長）大概是二百～二百三十公分之間，比較正式的禮服就會做到這麼寬大。像初唐流行四幅裙、中晚唐流行六幅裙，連皇帝都抱怨女人衣裙穿得太寬、太大而浪費錢，要求「婦人製裙不得闊五幅以上，裙條曳地不得長三寸以上，襦袖等不得廣一尺五寸以上」。從這些描述中，令人不難想像那個時代的時尚風格。

由於布料昂貴（以唐代為例，當時絲綢價格大概是現代的十倍以上），衣裙寬大顯得豪華闊綽，八幅裙看起來就是沒有十幅裙有氣勢。有些人寫古風小說時也特別著眼此處，極力描寫角色的服裝奢華，但也可能寫得太過頭。有次我看到一篇穿越小說（文中服裝走明朝風格）描述當時流行二十四幅裙，愣了兩秒鐘後拍桌大笑——已經知道「N幅」是什麼意思的讀者們應該可以立刻算出，二十四幅的裙子，那可是寬過十三公尺以上呢！

輕鬆說「幅」

清朝黃宗羲《深衣考》中，附有宋朝朱子深衣的模擬圖。這張圖片雖為黃宗羲模擬朱熹書中描述深衣的文字所繪，不一定能貼合宋朝的原貌，但線條清晰易懂，可做為今人理解「衣用四幅」、「裙用六幅」的簡明圖例。

圖中可以看出，上身的部分乃由四幅布料拼接製成，下裳部分則用六幅布料斜對切出十二片。雖然當時的布幅較為窄小，僅約五十二公分，對切之後扣掉縫分，每個裁片的上緣大約是十五~十六公分，十二片連成一件總腰寬約一八〇公分、下擺寬約三六〇公分的「裳」，尺寸十分寬大。雖然做好的版型為直領，但穿著時會拉到左腰際打結，斜穿成交領式，因為腰部真的太寬了。

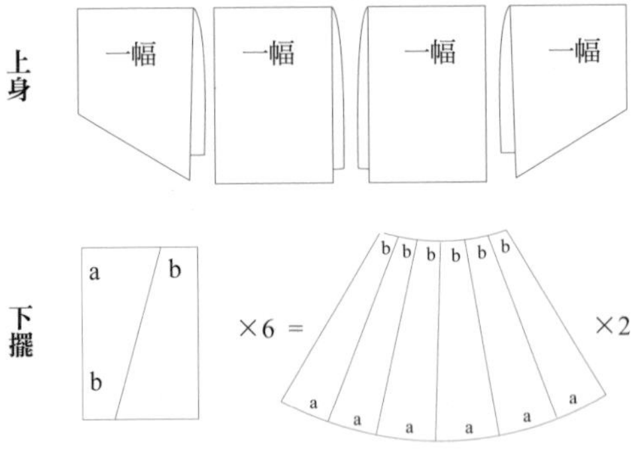

不久前應邀討論《芈月傳》（芈，音米）的服裝，然而我在此之前沒看過這部戲，只得上網搜尋相關劇照，看著看著卻莫名有種眼熟的感覺：「唔，此女身穿萌黃的單、紅梅香的三衣，表著看似是白裡紅梅的雪之下，表紅梅裡濃紅梅的今樣色無紋唐衣，看來是個平安中期身分尋常的侍女，下身穿著黃色的裙子，顯然家境不甚寬裕……什麼，你說那是秦惠文后？不會吧?!」看著畫面頗具平安風情的秦國後宮，我只能體貼地猜測那是服裝造型師心目中最兼具華麗與豪奢的「東方宮廷風」，這樣設計也可以理解……吧？

上述有如咒語般的「萌黃」、「紅梅香」都是日本的色名，「萌黃」指的是草木發芽時略帶黃色調的嫩綠色，「紅梅」是紅梅花瓣般的粉紅色，「香」（日文漢字「匂」）則是指漸層色搭配。另外不同的色彩互為表裡時，又有各種不同的名稱。精緻的配色反映了日本人細膩的季節感與色彩感，但卻不會出現在先秦的宮廷——好幾種染料當時還沒傳進中國呢！

朱砂貴重，大紅費工

以紅色來說，先秦時最上等的紅是「朱色」，不單純指「朱砂般的顏色」，同時也是「用朱砂染成的顏色」。

之前有朋友看了篇「先秦流行『君子佩玉』的主要功能是用來壓住衣裙，避免風吹走光」的文章，問我是否贊同。姑且不論當時的禮服上衣下裳很難走光，裳外繫著的芾（音福，衣服上的蔽膝）或韠（音畢，柔皮製的蔽膝）是皮革製品不易吹開，光說「我朱孔陽，為公子裳」的朱裳，恐怕是飄不起來的。為什麼呢？這是因為朱砂乃是礦物，無法像植物染料的色素一樣直接附著在布料上，因此染朱紅時得先將朱砂打成細膩的粉狀，再與澱粉調和成糊劑，以此沾黏於布料纖維中。要用與布料等重的朱砂才能染出紅色，若要染成鮮明的朱色則需要三倍的朱砂，當時朱紅色十分「貴重」，貴族方能穿著。

雖然當時也用茜草根來染紅，不過茜草裡帶有黃色素，染出來的顏色呈現橘紅或橘黃。我曾嘗試過染茜，本以為可以染出現代濃豔的「茜紅色」，但第一次的成果有如摻水的橘子汁，加染到第三次才達到略暗偏橘的紅色。《爾雅．釋器》云：「一染謂之縓（音全，赤黃色），再染謂之赬（音撐，淺赤色），三染謂之纁（音熏，淺絳色）。」回想起自己染茜色的狀況，當真心有戚戚焉。

假使繼續以茜草深染，並改以涅（皂礬或青礬，即硫酸亞鐵）當媒染劑，可以再染出緅（音鄒，青赤色）、玄、緇等黑中帶紅的色調。《周禮》中記載君王玄衣纁裳，在先秦時這幾種顏色都是高貴的色彩——光看染色的繁瑣度和所需的工錢與染料費，平常人就穿不起啦！朱砂、茜草從殷商以來就是紅色染料的主力，直到漢代時紅藍花傳入中國，才取代了它們的地位。

紅藍花就是大家在宮廷劇裡常看到的紅花，雖然在戲裡往往是用來害人墮胎的邪惡道具，但它不但是婦女活血調經的常用藥材，也廣泛應用在繪畫顏料、服裝染色、化妝飾容等。紅花可以染出嬌媚的銀紅、粉紅、桃紅、蓮紅等色（日本紅梅色就是用紅花染出來的），但是要重複上染多次才能染出濃豔的「真紅」、「猩紅」，而且紅花色素和沉麝等香料放在一起久了會褪色，也不大耐日晒，因此紅花染出來的料子依然價格高昂。

另一種紅色染料是原產於東南亞與南亞一帶的蘇木，也叫蘇枋或蘇芳。嵇含《南方草木狀》中記載了南人以蘇枋染絳，可能在魏晉南北朝時已有少量傳入中國，唐代時從海外大量進口蘇木，在敦煌都能買得到。

雖然蘇木的色調偏向木紅色，不及紅花嬌美，但是因為染料裡的色素豐沛，所需用量比紅花和茜草少得多，也更易於染出深色。附帶一提，這幾味植物性紅色染料全都有活血化瘀的功能（意即都不適合孕婦內服），在治療相關疾病但缺乏藥材時，拿「緋布」煮一煮，也可以當作替代品。

此外，蘇木以明礬媒染時呈現美麗的絳紅色，改以青礬媒染時則變成紫色，後來也成為染紫的常用染料。

紫服味久，玄青顯白

說到紫色，大家可能都記得「齊桓公好服紫」的典故。眾人追捧紫衣時「五素不得一紫」，一方面是需求大而價格飆漲，再一方面當時染紫是將紫草根搓洗出色素，再重複深染而成。要染出略深的紫色需要重複染四、五次以上，極為費時耗力，價格高昂也是理所當然。孔子曾經說過「紅紫不以為褻服」，因為這兩種顏色的衣料都很貴，拿來做內衣穿太奢侈啦！

齊桓公遏止紫色流行的方法是宣稱自己討厭紫布的臭味，這也反映出紫草染色的特點：有明顯的味道。我以紫草染過幾塊料子，做成的衣服放了幾年後依然帶有紫草特有的氣味。

對於這個問題，漢代以後的人用紅花和藍靛套染，紅藍混合後變成紫色——而且紫草染出的紫色有些灰暗，套染法可以染出比較明亮鮮豔的紫（但不會像現代染料般浮華），唐代人還多了蘇木可以選擇。不過唐代社會還是比較推崇紫草染出的紫，到了明代，染坊裡染紫就已改為蘇木和紅藍套染法了。

藍染在中國歷史十分悠久，蓼藍（蓼，音瞭）、大藍、菘藍等多種植物都可以用於染藍。早期是用新鮮藍草汁來染色，因此頗受產季限制，春秋戰國時期發明了發酵法，此後就可以預先製作藍靛（也叫靛青），需要時再將其還原染色。成語「青出於藍」出自荀子《勸學篇》：「青，取之於藍，而青於藍。」指的正是以製靛染青的工藝。

優質藍靛染出的布料不但色彩濃郁，而且「紅焰之色隱然」，來源於靛藍裡的微量靛紅，這種顏色稱為「紺」（音幹，深青揚赤色），用於齋戒等重要場合。後代皇后禮服也大多是紺青或深青色，大概也是著眼於這種顏色沉穩又高貴華麗，同時還能顯白的好處吧！李漁《閒情偶記》中大讚玄青色「面白者衣之其面愈白，面黑者衣之其面亦不覺其黑」，而且顯年輕、顯素雅，可謂妙處無窮。

藍草不僅能染出深青色，透過不同的濃度和染色時間，可以變化出縹色（縹，音漂，色青白）、天藍、翠藍、月白等各種藍色。由於藍染的布料不易褪色又耐洗滌，十分受到平民百姓歡迎。此外藍草還有清熱涼血、消炎解毒的功能（現在常聽到的板藍根就是藍草的一種），其染成的青布也可以當作感冒時的替代用藥。據說臺灣早年種藍作靛的人家，光憑著手上染痕就可以在店家賒帳——因為制靛收入穩定，不怕他賴帳！

君愛柘黃，妃喜鬱金

三原色中的紅和藍都說過了，接下來要說的黃色，也是種時代性比較強的色彩。在秦漢以前，黃色染料以梔子為主——不是大家熟悉的梔子花，而是單瓣梔子所結的果實。梔子可以染出鮮黃到橙黃等顏色，染色方法簡單，染出的顏色也很秀麗。

在《史記．貨殖列傳》中記載「千畝梔、茜……此其人皆與千戶侯等」，可知當時對梔子、茜草等染料作物需求量很大，種植收益極佳。《漢官儀》云：「染園出梔、茜，供染御服」，可見君王也穿梔子染出來的服裝。然而梔子黃不抗日晒，後來就慢慢退出布料染色的圈子，但還是用於食物染色，例如黃蘿蔔通常就是用梔子染色。魏晉南北朝時可能比較流行用黃蘗（音播）來染黃，鮑照《擬行路難》：「銼蘗染黃絲，黃絲歷亂不可治。」描繪了把黃蘗木切細染絲的工藝，也暗指詩中女主角的心苦──黃蘗味苦。後來也常用黃蘗染紙，以苦味來防蟲蛀。

唐、宋時有兩類黃色的名聲最大：一是黃櫨或柘木（柘，音浙）所染出的赭黃色（赭，音者），這兩種染材染出來的料子在日光下呈現帶著紅光的黃色，到了燭光中又變成泛著黃光的紅色，這種特殊效果很受隋文帝喜愛，因此常穿柘黃袍。唐代皇帝沿用了這個習慣，並進一步禁止其他人使用。一直到明末，柘黃色都是皇帝專用的顏色，清朝時才改以明黃為皇帝服色。

日本從中國學了這個規矩，天皇的服裝顏色稱為黃櫨染，在古代禁止其他人使用。對這顏色好奇的讀者，可以去找天皇當年登基大典時的照片來看看。另一種顏色是鬱金色──此鬱金不是荷蘭鬱金香，而是原產地在中南半島的鬱金和薑黃（現代主要用來做咖哩）。其所染出的顏色稱為鬱金色，在唐宋時期的女裝界極為熱門。

雖然它們也是不耐日晒的染料，但鬱金色略帶螢光感，比起其他染料染出來的黃色更加明亮醒目；加上染料本身也是香料，其染出的衣物自然帶有香味，這兩樣特點使得當時人十分著迷，經常寫入詩詞中，例如「淡黃衫子鬱金裙」，是用兩種不同的黃色搭配出詞人記憶中永恆的倩影；「入夏偏宜澹薄妝，越羅衣褪鬱金黃」，顏色略褪的羅衣展現出夏日慵懶的氣氛。

據說楊貴妃就是鬱金色的愛好者，經常穿鬱金色的裙子，因此鬱金裙也成為不遜於石榴裙的流行款。李商隱〈牡丹〉詩：「垂手亂翻雕玉佩，折腰爭舞鬱金裙。」更是以身著鬱金裙婀娜起舞的舞姬，比喻風中搖曳的牡丹花（垂手、折腰都是舞姿），極富形象化。

明代染黃色則是以槐花為主，可以染出鮮豔的黃色。槐花不但可以染黃，改用青礬媒染時又可以得到「油綠色」，和藍靛套染時則是「大紅官綠色」，另外也可以用槐花花蕾來染綠，是種兩用型染料。

織錦閃色，染藝繽紛

除了上述染料外，還有許許多多礦物和植物都曾用在染色中。當時的人還使用不同顏色的絲線紡織出各色布帛錦緞，如經緯異色織出的「閃色」、花紋鮮明的「織錦」等，使色彩的世界更加繁華燦爛。現在的人誇讚日本十二單高貴豪華，但不知道這種服飾的起源本是因為平安中期廢止遣唐使，從中國進口的唐錦缺貨，高貴的妃子或許還穿得上彩色的唐錦，其他家世稍遜的女子只得疊穿不同顏色的衣物以模仿唐錦繽紛色彩，以此互相爭妍呢！

據統計，《說文解字》裡有近四十種色彩名稱，可見在東漢以前所使用的色彩已經十分多樣化，不過和後代還是遠不能比的——清代的《雪宧繡譜》裡，記載了七百多種色彩名稱！這不單表現出後世人更加細膩的色感，更反映出近兩千年來染色工藝的巨大進步。

十二單

正式名稱為五衣唐衣裳，是日本女性傳統服飾中最正式的一種。於十世紀後開始做為貴族女性的朝服，現代在各種大禮場合是日本皇族女子正式禮服。按照不同季節、穿著者的身分與場合，顏色和花紋有特定的複雜搭配。右邊女孩身上的唐衣（表衣外面的華麗短褂）是深蘇芳色，三衣則是淡蘇芳色的漸層。

新婚之喜小登科

雖然政府制定各級女子禮服，但女性的身分、級別絕大多數都是隨丈夫或兒子的品級而定。男性獲得官位時，母親和妻子同時獲封而取得榮譽地位，就是戲劇中常說的誥命夫人。她們參加重要儀式時可穿上與地位相符的禮服，不過女性需要「按品大妝」，穿戴正式服裝的場合也比男性官員少得多，故在服裝制度中屬於附屬地位。還沒結婚的女子參加典禮時沿用母親所得的誥命品級，雖然也有女人直接受封的例子，如皇帝的奶媽，但受封而能穿上品級禮服的女性中，這類相對稀少。

至於老百姓要穿什麼呢？婚姻是人生大事，政府允許老百姓借用最低品級的九品官服穿著自嗨一下，新郎、新娘在這一天成了官員與官夫人，所以結婚又稱為「小登科」。

男著爵弁、女穿褖衣，隆重又夢幻的漢服婚禮

唐代以前，女子結婚禮服以黑色系與深藍色系（青色）為主流，和戲劇中一片鮮紅的婚禮場景大異其趣。電視劇裡身穿大紅禮服的新娘，大概要到宋代以後才能找到。

看到維多利亞女王婚禮時的畫像，雖然繪畫相當於那個年代的美圖軟體，比起真人總是更加美貌幾分。但是畫面中少女甜美嬌柔的幸福笑容，即使百年之後依然令人感動。維多利亞女王不但是「歐洲的祖母」，統治期間締造了大英帝國「領土之上，太陽永不落下」的盛況，對於服裝時尚也有巨大影響——如今西式婚禮中的白色禮服，正是維多利亞女王婚禮帶來的風尚。

西洋白紗，流行不到二百年

在現代人的想像裡，西方婚禮中的新娘必然是一襲白紗。但十九世紀以前的新娘在結婚時，往往就是穿上自己最好的禮服而已。尤其工業革命以前物資相對匱乏，家族中的衣物經常是代代相傳，珍貴的禮服通常以深色為主，在深色布料上的髒汙、磨損、縫補、修改等痕跡比較不明顯。

當然，在維多利亞女王之前也有新娘穿著白色禮服參加婚禮，但實屬特例，因為白色是喪禮用色。例如蘇格蘭的瑪麗一世嫁入法國王室時穿著白色禮服，兩年後丈夫去世，據說就有人批評是新娘祝衰，剋死了可憐的新郎。不過維多利亞時的英國一片榮景，資本主義情勢大好，女王的白色婚服頓時成為高

貴楷模、時尚樣本。白色婚紗的「傳統」發源於維多利亞的婚禮，實際上不到二百年歷史。中國也有一位新娘，她不經意間的回眸一笑，兩千多年來都在人們的遐想中反覆綻放：

> 碩人其頎，衣錦褧衣。齊侯之子，衛侯之妻。東宮之妹，邢侯之姨，譚公維私。手如柔荑，膚如凝脂，領如蝤蠐，齒如瓠犀。螓首蛾眉，巧笑倩兮，美目盼兮。碩人敖敖，說於農郊。四牡有驕，朱幩鑣鑣，翟茀以朝。大夫夙退，無使君勞。河水洋洋，北流活活。施罛濊濊，鱣鮪發發，葭菼揭揭。庶姜孽孽，庶士有朅。——《詩經．衛風．碩人》

這首詩是描寫春秋時著名的美女莊姜嫁給衛莊公時的場景——頂級的家世、氣派的車隊、雄壯的侍衛、華麗的陪嫁陣容（《芈月傳》女主角就位在這個級別），都只是襯托女主角的背景；茅草嫩芽般白嫩纖細的手指、凝凍油脂般光透美肌等描寫，也不過是堆砌著漂亮的形容詞。但是莊姜目光流轉間嫣然一笑，頓時這幅美人畫就有了生命和靈魂，令讀詩的人低迴吟詠，魂牽夢縈。

相較於體型嬌小的維多利亞，莊姜給人的第一印象是高大豐美，不愧是山東姑娘。不過現代讀者大概會覺得有些困惑：作者從各方面描寫了這位美女，怎麼沒寫到她穿著怎樣的禮服呢？其實是有的，就是那一句「衣錦褧衣」，錦衣上蒙著細麻罩衣（旅行用防塵衣）。對當時人來說，沒有描寫她穿什麼的必要——既然她嫁作國君夫人，那當然是穿翟衣啦！

結婚禮服這方面，東西方態度是一致的：大家把最好的禮服穿出來就對了！

魯哀公曾經對這點表示過不解：國君最高級的禮服是冕服，穿著機會相當少，通常是當祭服用，此外就是在諸侯朝覲等重要場合才會穿著。為什麼婚禮這種相對尋常、家家都有的禮儀活動也要穿冕服呢？還要寡人親自去迎親，這不會太隆重了嗎？孔子表示：「『生命的意義，在創造宇宙繼起之生命』，世上還有比這更隆重的禮嗎？（天地不合，萬物不生。大昏，萬世之嗣也，君何謂已重乎？）」好吧！雙引號裡的話其實是蔣公說的，不過意思是一樣的嘛！

地位愈高，婚禮服飾愈華麗

按照周代的禮制，王后有六種高貴度不同的禮服：褘衣（玄色）、揄翟（青）、闕翟（赤）、鞠衣（黃）、展衣（白）、褖衣（黑），用以對應不同的場合（前三種因為上面都有鳥紋，又稱「三翟」）。王后之外的貴婦則按照其夫的品級，享有數量不等的禮服，如莊姜是衛侯夫人，她就有揄翟以下的五種禮服；而她隨從裡的庶士某甲，其妻的禮服就僅有褖衣了。

相對於衣裳制的男子禮服，女子禮服皆為深衣制。結婚時大家都穿上自己最高等的禮服，戴上相應的假髮造型和首飾。由於各種禮服顏色不同，當時並沒有「結婚禮服是哪種顏色」的問題。如莊姜穿的婚服，可以推測是青色的揄翟、戴著「副笄六珈」（假髻與裝飾簪）；而庶士某甲的妻子，就是穿著黑色褖衣、髮上戴「次」（一種假髮）嫁人了。

至於平民百姓「禮不下庶人」，所以沒有禮服可言，穿上好衣服就可以成親啦！（深衣是貴族最低檔的禮服，卻是平民唯一算得上禮服的衣物，推測當時平民結婚可能穿的是深衣。）話雖如此，結婚時的禮服還是會特別裝飾一下。衣裳加裝緣飾的禮服是專用於婚禮的「上服」，乃是特殊盛裝，日後恐怕很少有機會再穿。

例如《禮記・喪大記》中記載當時人死後招魂（復），會使用其人最隆重的禮服，因為禮服主要用於祭祀，可以溝通鬼神。但文中又特別註明了「婦人復，不以袡」，即為女子招魂時，不可使用加袡的禮服。可知加衲版禮服不是正常用於祭祀的服裝。

由於春秋戰國時期，禮崩樂壞的情況日益嚴重，傳統的禮儀流散了許多。尤其戰國時各國僭稱王號，又各自發展其禮法和特色服裝，再加上秦末的動盪、典籍的流散，等到漢代儒學者們試圖重建禮儀時，能找到的只剩「士昏禮」的資料，其他貴族婚禮的記錄全都消失了。西漢時對這類禮儀似乎不甚講究，東漢時重訂的禮制大致沿襲周禮。不過雖然女子禮服仍為深衣制，一般貴婦按傳統，依身分級別穿著不同色彩而上下一致的禮服，戴著各式假髻。但皇后和太后是特殊的，她們的禮服上下不同色，並且「隱領袖緣以絛」，在接縫處加綴織帶，皇后還會頭戴假髻與步搖——不是大家在古裝劇裡常看的垂流蘇狀髮飾，據學者考據，很可能是造型頗像現代新娘常帶的花環或皇冠式「步搖冠」。

結婚時貴族婦女穿著多彩的重緣袍，如公主、侯夫人可「彩十二色」，地位愈低的人可用顏色愈少，如商人只能用緗（橘色）縹（藍色）而已。從文字描述來看，大概是周代加緣婚服的華麗版吧！

至於平民，婚禮可用士禮。在當時來說，這種造型已經算是樸實無華了。

到了魏晉南北朝，理論上禮服都是沿用漢制，不過每個時代當然也有自己的變化。例如南朝時就以袿襹大衣做為女人的禮服和婚服，大致是漢代深衣的變體，衣裾邊有著尖銳如刀圭般的造型（可能是特別修剪出的衣角），衣袖寬大。其藝術誇張化的模樣，大概可以參考《洛神賦圖》。

新娘蓋頭起源於魏晉

讀者大概覺得這些服裝實在太不親切、太讓人沒有認同感了，古裝劇裡上演的結婚場景都是騙我們的嗎？

呃，至少「新娘蓋頭」是真的有，但是秦漢以前沒這東西（你看路過的詩人把莊姜大美人觀察得多仔細），大概到魏晉時期才變成婚姻習俗。唐代儒學者認為，那是因為東漢末年天下大亂，人們朝不保夕，沒有太多時間和物資準備婚禮，只能一切從簡。因此婚禮時就只是「以紗縠幪女氏之首，而夫氏發之，因拜舅姑，便成婦道」，雖然不是古裝劇裡用的紅綢巾，比較像西方的頭紗，但是連蒙首送嫁、新郎揭蓋頭等情節，在此時都已經有了。

這個風俗南朝時可能就不再流行，取而代之的是障扇，用扇子將新娘的臉遮起來。到了唐代還發展成有趣的風俗：新郎得吟詠幾首詩，哄騙新娘把扇子放下，露出漂亮的臉兒讓親友羨慕，這個儀式稱為「卻扇」。唐朝在國家統一後，重整了魏晉南北朝混亂的禮儀，因此對唐代的結婚禮服知道得比較詳細：皇后穿的是深青色織翬翟紋的褘衣、太子妃穿青色織搖翟紋的褕翟、內外命婦（五品以上的官員妻女或妃嬪）是穿青色繡翟紋的翟衣、六品以下的官員妻女則是青色無花紋的大袖連裳型禮衣。以上這些禮服都會鑲上朱紅色的衣緣，同時搭配花釵與博鬢。當然首飾數量和衣服上的花紋都有品級規定，不可隨意逾越。雖然嚴格來說官家小姐不算命婦，但結婚時，她們可以「攝母服」，按照自己老媽的品級打扮。

貴族與官員新郎們則是按照自己的品級，穿著冕服或爵弁服迎親——老規矩，把你最隆重的禮服穿出門吧！

至於民女，結婚時一樣穿青色禮衣，頭戴花釵，只不過衣緣沒有裝飾。平民的新郎在這一天可以穿上「絳公服」，雖說只是官員的次等禮服，但在大喜的日子總算當了一次新郎「官」啦！

廣大的平民百姓婚禮上，新郎穿紅，新娘穿青，有人說這就是「紅男綠女」一詞的由來，但是我深表懷疑。因為此時說的青並不是指綠，而是藍，但又不是現代人直覺上想到的藍色——當時所謂的青，大概是比「青天白日滿地紅」的「青天」還要再濃郁一些的深藍，而皇后禕衣的「深青」，已經是接近黑的墨藍色了！

整體來說，唐代以前的男子禮服隨當時的禮儀規定而有所不同，但女子結婚禮服以黑色系與深藍色系（青色）為主流，和戲劇中一片鮮紅的婚禮場景大異其趣。大家在電視劇裡看到身穿大紅禮服的新娘，大概要到宋代以後才能找到。

士階層的男女婚服

《儀禮》中記載士階層的婚禮時，男方穿士的最高級禮服爵弁——造型和配色都和冕服很像，但冠上沒有冕的珠串（旒），玄衣和纁裳上都沒有花紋（冕服上有特定的章紋）。然而纁裳加諸「緇袘」，也就是黑色的裙緣。新娘則是穿著士妻最高級禮服的褖衣，再以淡紅色裝飾衣緣，稱為「纁袡」。設計上都是衣緣裝飾和紅黑搭配，頗有情侶裝的效果。

男：爵弁服，以玄色絲衣，纁色下裳組成，裳緣飾以「緇袘」。

女：士妻著最高級禮服褖衣，加飾以淡紅緣為「纁袡」。

從周代深衣到民初褂裙，流行服飾變身正式禮服

我和同事觀賞學校民樂團（在臺灣稱為「國樂團」）的期中表演。當天學生都身著中式服裝——男生穿民初風黑色學生服，演奏樂器的女生穿紅色斜襟上衣搭配黑長裙，其他女孩則是短旗袍。

現代的中式女裝，不管哪種款式都十分貼合身材，勾勒胸型、收緊腰身、肩袖緊束，衣服成了一層華麗的外皮，纏裹在女人身軀上。裙裝倒也罷了，旗袍還會展露出臀部的曲線，對身材沒點自信的女人絕不輕易嘗試。看著學生們有點過短的旗袍，側邊還加上高開衩，縱然青春無敵，但未免過於火辣，我和同事默默對視，不知該說什麼才好。表演結束後，我們看著場上各式服裝（愛好傳統的同學們穿著唐代、宋代、明代風格的服飾來捧場，這也相當合理），同事突然有感而發：「在我們這個時代，像這樣的場合，到底要選擇怎樣的服飾才好呢？」

民國禮服——藍斜襟配黑長裙最正式

這確實是個有趣的問題，當天我也穿了一件民國初年款式的倒大袖上衣，在比較正式的場合，通常都會穿大襟短上衣搭配黑長裙，因為那是法定的女子禮服款式（曾經是）。民國十八年公布的《服制條例》裡，女子禮服是藍色長旗袍（但底下搭長褲）或藍色斜襟上衣配黑長裙，男子禮服則是袍褂。常有人對於祭孔典禮時官員身穿「滿族的長袍馬褂」表示不解，其實和民族一點關係也沒有，而是因為「法定禮服」，在重大典禮時穿著自是理所當然。只不過《服制條例》已於民國九十二年廢止，現在並沒有

公定的國民禮服。馬總統遙祭黃帝陵時身穿西裝，採用國際通用的男子正裝，也說得上合情合理。

其實在《服制條例》之前，還有更早一版的服制——民國元年公布的服制中，男子禮服是西式禮服，「長袍馬褂」在當時屬於常服（次級禮服）。女子禮服則是「褂裙」，也就是清末民初的老照片裡，那些比較老派的夫人盛裝打扮的造型。

事實上這兩套服制都不是憑空想像的禮服制度，更近似於對當時服裝風俗的追認與確定（顯然民國元年和十八年時的流行變化很大）。但也因為時裝變成了「法定禮服」，在禮俗中就有了特殊的意義，如現在潮汕地區婚俗中新娘穿著的「龍鳳褂」，就是從民初的「褂裙」演變而來。

唐代新郎，捨黑爵弁著紅公服

這種「時裝禮服化」的狀況自然不是近代才有，太陽底下無鮮事，至少一千年前的中國人就是這樣了。

漢代獨尊儒術以後，儒家所推崇的周代文化和禮儀也讓後面的朝代視為正統而承襲。每個自視正統的朝代都要從禮書裡找出周代的服裝設定，整上全套禮服進行各種典禮，不這樣做就不能代表自己奉天承運，位正中國。不僅統治者這麼做，他們還抱持著「以禮教化百姓」的美好期望，鼓勵百姓依禮行事。例如在周代禮儀中極為重視的婚禮，從周代一直到唐代，都是使用新人最隆重的禮服，而且服裝上呈現為「男著衣裳，女穿深衣」的樣貌，理由是深衣為一件式連衣裙款式，象徵女子專一，上衣下裙呈兩件式，讓新娘這樣穿兆頭不好啊！

這個傳統在宋代卻產生了一些變化。按周代的規矩，婚禮關係到「萬世之嗣」，對任何人都非常重要，應該要穿上最隆重的禮服才對。唐代以前的君王大體都是穿著冕服納后，但是《宋史》裡，卻明文記載了天子納后的禮儀——皇后依然穿著最隆重的禮服「褘衣」，但在納后儀式中，皇帝卻是「服通天冠、絳紗袍」，穿著隆重度次於冕服的通天冠服。

女權主義者可能要怒了：「憑什麼?!這不是貶低女性的地位嗎？」我倒不這麼想，因為在太子與親王的納妃儀式裡，這些小伙子還是要穿冕服迎親，新娘子也是穿著與身分相應的禮服，「男尊女卑論」說不過去。但是天子婚禮與世間眾人婚禮最大的差別在於「天子不親迎」，所有的新郎都該親自將新娘接回家，只有皇帝是派使者持節奉迎。宋代天子婚禮中禮服的差異，我想其所表現的是推崇君權、皇帝至尊，連皇后也不能比肩的態度吧（這樣解釋感覺也沒有比較好）。

宋代新郎官——愛穿官服

也不能說宋代皇帝就完全不遵守傳統——唐朝時，民間婚禮中新娘穿青色禮服，頭戴花釵；新郎則流行穿「絳公服」迎親，即使是能穿爵弁服的官宦子弟，也可能選擇穿著隆重度較次的紅色公服，因為流行嘛！唐代的皇后褘衣是深青色，皇帝在婚禮中穿冕服，看上去兩個人的禮服都接近黑色。

宋代天子婚禮中，皇帝新郎身穿紅衣，新娘皇后穿著青衣，從配色來看，很可能是直接來自唐代婚俗的沿襲。但是民間的婚俗卻與宮廷禮儀大異其趣，《宋史》中記載的士庶人婚禮規定，基本上是從《朱子家禮》裡抄出來的：

> 婿之父服其服……子服其服（三舍生及品官子孫假九品服，餘並皂衫衣、折上巾）。——《宋史·卷一百一十五·志第六十八·禮十八（嘉禮六）》

> 淳熙中，朱熹又定祭祀、冠婚之服，特頒行之。凡士大夫家祭祀、冠婚，則具盛服。有官者襆頭、帶、靴、笏，進士則襆頭、襴衫、帶，處士則襆頭、皂衫、帶，無官者通用帽子、衫、帶；又不能具，則或深衣，或涼衫。——《宋史·卷一百五十三·志第一百六·輿服五》

簡單說，有官職的人穿公服迎親（依官位高低，有紫、紅、綠、青等色），官宦子弟可以假九品服（青色），一般百姓穿黑色圓領袍衫結婚。

不過朱熹這麼規定，平民百姓可不見得照做。在《東京夢華錄》中記載北宋百姓在結婚前「先一日或是日早下催妝冠帔花粉，女家回公裳花襆頭之類」，男方家送給女方新娘禮服與首飾化妝品，女方家則回送新郎禮服，以備迎親當天新人穿戴。大喜之日裡，「婿具公裳，花勝簇面」，新郎官穿著官服，襆頭上插滿花卉飾品，喜氣洋洋地成親。

《東京夢華錄》成書時朱熹還沒出生，民間自然沒有《朱子家禮》可依從。但是記載南宋民俗的《夢粱錄》成書於南宋末年，書中婚俗卻與《東京夢華錄》相去不遠：

> 先三日，男家送催妝花髻、銷金蓋頭、五男二女花扇，花粉、洗項、畫彩錢果之類，女家答以金銀雙勝御、羅花襆頭，綠袍、靴笏等物……其婿服綠裳、花襆頭。——《夢粱錄·卷二十·嫁娶》

新郎官不但穿官服，還是綠袍，用的可是六、七品服色呢！雖然兩書中都沒有記載新娘穿什麼，但是《夢粱錄》裡寫到下聘時「亦送銷金大袖，黃羅銷金裙，緞紅長裙，或紅素羅大袖緞亦得」，顯然是當新娘禮服用。可見宋代民間婚禮中，新郎流行穿綠色，新娘服飾可能以紅色為主，穿著大袖衣與長裙，頭戴花髻和銷金蓋頭。

袍衫與大袖衣在晚唐五代時僅是一種時裝，但到了宋朝就成了民間禮服，連天子和后妃也將它們當作常服穿著。雖然婚禮中新郎身穿一件式袍衫，新娘穿的卻是衣裙兩件式，顯然完全不合古禮「男著衣裳，女穿深衣」的規定，但是就連朱熹都沒批評或試圖扭轉，可見當時世風之強大。

明代新人綠配紅

《朱子家禮》中的婚禮程序，倒是在元代比較有可能照章實行。一來是因為元朝並不強制統一風俗，而是規定各族人按自己族群的習俗行事。政府規定漢人的婚姻採行「漢兒舊來例」，主要參考《朱子家禮》。

二來，雖然歷朝都對官民服色有所管轄，但是元朝對服色的管制尤其嚴格，《元史》中記載「庶人除不得服赭黃，惟許服暗花苧絲紬綾羅毛毳」，同時禁止民間使用柳芳綠、

明代結婚禮服

左：明朝政府規定百姓結婚時，新郎可以借用九品官服，但有品級的官員就得穿上合乎自己身分的服裝，不能任意逾越，只能用簪花披紅表達婚禮的喜慶氣氛。理論上新娘應當穿戴著「花釵大袖」，但是明代中期以後女裝僭越成風，市井婦女都公然身穿蟒袍、麒麟袍等華貴衣物。如圖中的小官夫妻，新娘服裝檔次高過丈夫好幾級，在明代後期相當常見。

清代結婚禮服

右：平民新郎身穿綴有九品練雀（或不在官品規定的隨便一種鳥）補子的仿官服做為結婚禮服，而官員新郎就得穿著與官品相合的禮服了。為了與新郎服飾對應，新娘身上的霞帔後來也綴上鳥補，搭配以紅色的蟒袍及帶有華麗刺繡的馬面裙。但是因為鳳冠和霞帔已經不屬於國家規定的禮服，後來造型就愈變愈接近戲曲風了。

對襟披風

上：明代中期以後十分流行，是一種男女通用的時裝。圖上的廣袖披風是晚明的流行，到了清代則流行起《雍親王十二美人圖》那種窄袖款式，並且逐漸禮服化。

對襟女褂

左下：民國元年服制中規定的女褂，要求衣長及膝、左右與背後下端開衩，周身可加繡飾。下面再搭配以馬面百褶裙，實際就是把當時的女子盛裝法制化。

倒大袖上衣

右下：民國初年流行的女裝，特色是喇叭狀的七分袖與短窄的衣身（有些圓下擺的衣服開衩甚至高到胸下）。搭配及踝長裙，穿著時接近黃金比例，視覺效果甚佳。

天碧、真紫、雞冠紫、胭脂紅等亮麗顏色，民眾只能穿暗褐色衣服。陶宗儀《南村輟耕錄》中提到人物繪畫敷彩，所舉出的四十種顏色裡，有一半是不同色調的褐色系，可以想見當時服裝以褐色為主。加上「服色等第，上得兼下，下不得僭上」的明確規定，想來當時民間婚禮中，新郎、新娘的服裝色彩並不豔麗。

到了明代，政府允許百姓在婚禮時，除了朱熹規定的「皂衫、折上巾」外，也可以借用九品官的服裝。就算只是個平民百姓，婚禮當天新郎也能身穿綠色九品官服，新娘則是紅色大袖衫搭配素色彩繪霞帔與銀帔墜，頭戴珠翟冠，做一把官夫人的癮。可是相較於政府規定的大袖衫，明代的新娘似乎更中意圓領袍——特別是裝飾雲肩、通袖襴、膝襴紋樣的通袖袍。這種裝飾風格從金元時期開始流行，在明代服飾中也極為熱門。根據明代的通俗小說，新郎身穿皂衫或公服，披紅簪花；新娘身穿大紅通袖袍（常搭配綠裙子），頭上罩著繡有吉祥圖案的紅蓋頭，是當時最常見的婚禮造型。

清代成親——男著滿服，女穿鳳冠霞帔

到了清代，清朝政府也允許民間假九品官服成親，但是「男從女不從」、「官從民不從」的潛規則，狀況就變得很有趣：新郎身穿滿式石青色補褂（就是清宮劇裡常見的官服），簪花披紅；新娘則是穿戴著傳統的鳳冠霞帔、紅色喜袍。

在當時人眼中，新娘的鳳冠霞帔非常重要，徐珂《清稗類鈔》載：「其平民嫁女，亦有假用鳳冠者……至國朝，漢族尚沿用之。無論品官士庶，其子弟結婚時，新婦必用鳳冠霞帔，以表示其為妻而非妾也。」可說是傳承自明代，婚禮中嫡妻身分的具體象徵。

只不過「鳳冠」和「霞帔」在清朝時已經和明代的造型不同了。清朝並沒有特別對漢族官夫人的服飾進行規定，鳳冠隨著時間和大眾的創意，變出了各種奇妙造型。而霞帔也從明代的兩條長帶合併，變成一件可以穿在身上的長馬甲，除了官品補子外，各種流行元素如流蘇、絡子、雲肩紋、水腳花紋、平金彩繡……也全都做上去，在石青底色映襯下，更顯得五彩輝煌。

新郎穿著一身近黑的石青，新娘雖然袖子、衣襬大紅，但衣身包裹著霞帔，看來也是石青色。婚禮習俗繞了一大圈，新郎、新娘又回頭穿青黑色啦！此外，清代漢族婦女還有另一種禮服，也是起源自明代。那是一種類似褙子的對襟長外套，當時稱為披風，原是晚明的時裝，到了清初依然十分受歡迎。說起《雍親王十二美人圖》的造型，讀者可能會恍然大悟吧！那就是披風的清初流行款。但隨著時間過去，披風模仿著官服外褂，地位愈來愈高，逐漸成為漢族婦女的禮服。披風在清代也稱「褂」或「大褂」，搭配以大紅繡裙，是正妻才能穿著的隆重服裝；假使丈夫去世，寡婦就只能穿湖色、雪青之類素淡顏色的裙子。

為什麼要特別提起披風呢？還記得前面提到的民國元年服制嗎？裡頭的女子禮服，正是披風加長裙啊！

一代又一代，大眾將過去的流行服飾保留下來，做為此時的正裝，而到了下個時代，我們的時尚可能會淘選出某些「經典」，又成為新時代推崇的禮服。敢問看官，您認為在我們這個時代，到底要選擇怎樣的服飾當作禮服才好呢？

圖片版權

© 龔元之：p.22 左上、p.42、p.99、p.103、p.135 中右、p.150、p.182、p.252、p.299

© 陳妍卉／ Nao 亂亂畫：p.143

© 視覺中國：p.54 下、p.55、p.66、p.67、p.74 左上、p.79 左下、p.82、p.91、p.101 左下、p.102 右上、p.102 右中、p.102 左下、p.107 上、p.107 中左、p.107 中右、p.118 左下、p.127 上、p.127 中左、p.135 中上、p.135 中左、p.135 下、p.136 中、p.170 中上、p.170 右上、p.170 右下、p.267

© 旅讀中國：p.34、p.58 左、p.58 中、p.120 下、p.142、p.159

© 陳巧廷／旅讀中國：p.23、p.75、p.85、p.110、p.111、p.112、p.151、p.164、p.180、p.183、p.188、p.189、p.190、p.191、p.197、p.200、p.207、p.208、p.214、p.222、p.223、p.228、p.229、p.235、p.239、p.242、p.247、p.269、p.279、p.282、p.292、p.305、p.310、p.311

© 許瀞文／旅讀中國：p.43 上、p.43 中、p.44 右上、p.44 左下、p.45 右、p.128

© 王銘偉／旅讀中國：p.135 右上

© 任中豪／旅讀中國：p.170 左上

© 李雅婷／旅讀中國：p.176

©Wikimedia Commons：p.22 下、p.32 左上、p.33、p.43 下、p.44 左上、p.74 右上、p.74 右下、p.76、p.78、p.79 右、p.84、p.92 左下、p.92 右下、p.93、p.101 中上、p.101 右上、p .101 中下、p.102 左上、p.107 下、p.119 右上、p.119 中左、p.120 上、p.127 下、p.144、p.151、p.160 上、p.161 右下、p.162、p.258、p.261、p.263、p.274

©Supersentai Wikimedia Commons：p.18

©moguphotos Wikimedia Commons：p.22 右上

©hanfulove2 Wikimedia Commons：p.22 左下

©Paul_Canning Wikimedia Commons：p.22 右下

©Keith Schengili-Roberts Wikimedia Commons：p.32 左下

©Klaus-Dieter Keller Wikimedia Commons：p.32 右

©LACMA Wikimedia Commons：p.118 上、p.161 左上

©DAM Wikimedia Commons：p.161 右上

©Bendrl Wikimedia Commons：p.161 中左、p.161 中右

©Huangdan2060 Wikimedia Commons：p.45 左

©North_qi_Yang, Zi-hua ／楊子華 _Wikimedia Commons：p.170 左下

©hanfulove Wikimedia Commons：p.58 右

©PHGCOM Wikimedia Commons：p.92 左上

© 李璧蕙／ CTPphoto：p.161 左下

© 林綸詩／ CTPphoto：p.44 右下

© 王苗／ CTPphoto：p.50 左

© 陳一年／ CTPphoto：p.50 右

© 郝勤建／ CTPphoto：p.54 上

© 王苗／ CTPphoto：p.54 中

© 鄭雲峰／ CTPphoto：p.74 左下、p.119 左上

© 呂福元／ CTPphoto：p.74 左下

© 程惠敏／ CTPphoto：p.92 中上

© 柯炳鐘／ CTPphoto：p.92 右上、p.135 左上

© 郭群／ CTPphoto：p.102 中、p.119 左下

© 黃焱紅／ CTPphoto：p.102 左中、p.160 下

© 邱子渝／ CTPphoto：p.102 右下

© 言浩生／ CTPphoto：p.118 右下

© 石寶琇／ CTPphoto：p.119 中右、p.119 右下

© 鄭嘉琪／ CTPphoto：p.127 中右、p.136 上、p.136 下

©RF123：p.101 左上

HISTORY系列 042

古裝穿搭研究室：超乎你想像的中國服飾史

作　　者—龔元之
主　　編—邱憶伶
責任編輯—陳映儒、旅讀中國
行銷企畫—陳毓雯
封面設計—李莉君
內頁設計—黃鳳君

董 事 長—趙政岷
出 版 者—時報文化出版企業股份有限公司
一〇八〇一九臺北市和平西路三段二四〇號一至七樓
發行專線—（〇二）二三〇六—六八四二
讀者服務專線—〇八〇〇—二三一—七〇五
（〇二）二三〇四—七一〇三
讀者服務傳真—（〇二）二三〇四—六八五八
郵撥—一九三四四七二四時報文化出版公司
信箱—一〇八九九臺北華江橋郵局第九十九信箱

時報悅讀網—http://www.readingtimes.com.tw
電子郵件信箱—newstudy@readingtimes.com.tw
時報出版愛讀者粉絲團—https://www.facebook.com/readingtimes.2
法律顧問—理律法律事務所　陳長文律師、李念祖律師
印　　刷—金漾印刷股份有限公司
初版一刷—二〇一九年六月二十一日
初版五刷—二〇二三年五月十八日
定　　價—新臺幣三八〇元

時報文化出版公司成立於一九七五年，
並於一九九九年股票上櫃公開發行，於二〇〇八年脫離中時集團非屬旺中，
以「尊重智慧與創意的文化事業」為信念。

古裝穿搭研究室：超乎你想像的中國服飾史 / 龔元之著.
-- 初版. -- 臺北市：時報文化, 2019.06
面；　公分. -- (History系列；42)
ISBN 978-957-13-7847-3(平裝)

1.服飾 2.歷史 3.中國

538.182　　108009265

ISBN 978-957-13-7487-3
Printed in Taiwan